A MELHOR METADE

Dr. Shäron Moalem, Ph.D.

A MELHOR METADE

Evidências Científicas sobre a Superioridade Genética das Mulheres

Tradução
Mirtes Frange de Oliveira Pinheiro

Editora Cultrix
SÃO PAULO

Título do original: *The Better Half — On the Genetic Superiority of Women.*

Publicado mediante acordo com Farrar, Straus and Giroux, Nova York.

1ª edição 2021.

Editor: Adilson Silva Ramachandra

Gerente editorial: Roseli de S. Ferraz

Preparação de originais: Alessandra Miranda de Sá

Gerente de produção editorial: Indiara Faria Kayo

Editoração eletrônica: Ponto Inicial Design Gráfico

Revisão: Vivian Miwa Matsushita

Dados Internacionais de Catalogação na Publicação (CIP)
(Câmara Brasileira do Livro, SP, Brasil)

Moalem, Shäron

A melhor metade : evidências científicas sobre a superioridade genética as mulheres / Shäron Moalem ; tradução Mirtes Frange de Oliveira Pinheiro. -- 1. ed. -- São Paulo : Editora Pensamento Cultrix, 2021.

Título original: The better half : on the genetic superiority of women

ISBN 978-65-5736-111-5

1. Genética médica 2. Longevidade - Aspectos genéticos 3. Mulheres - Doenças - Aspectos genéticos 4. Mulheres - Fisiologia 5. Mulheres - Saúde e higiene I. Título.

21-68597 CDD-613.04244

Índices para catálogo sistemático:

1. Mulheres : Promoção da saúde 613.04244

Cibele Maria Dias - Bibliotecária - CRB-8/9427

Direitos de tradução para o Brasil adquiridos com exclusividade pela
EDITORA PENSAMENTO-CULTRIX LTDA., que se reserva a
propriedade literária desta tradução.
Rua Dr. Mário Vicente, 368 — 04270-000 — São Paulo — SP
Fone: (11) 2066-9000
http://www.editorapensamento.com.br
E-mail: atendimento@editorapensamento.com.br
Foi feito o depósito legal.

Para minha melhor metade.

Procurei — da maneira mais corajosa possível,
mas não sem certa vergonha — tratar de um
tópico anteriormente ignorado, porém verdadeiro:
a nobreza e a primazia do sexo feminino.

— *HENRICUS CORNELIUS AGRIPPA,*
ANTUÉRPIA, 16 DE ABRIL DE 1529

Nota do Autor

Alguns dos nomes, detalhes de casos e características que poderiam identificar as pessoas mencionadas neste livro foram mudados para proteger a confidencialidade de pacientes, colegas, conhecidos, amigos e familiares. Em alguns casos, as descrições e os cenários foram alterados para reforçar o anonimato, bem como esclarecer uma teoria ou diagnóstico.

O objetivo deste livro é servir como obra de referência, não como manual médico. Por esse motivo, não deve substituir nenhum tratamento prescrito por médicos. Se você suspeitar que tem um problema de saúde, recomendo que procure assistência médica competente.

Sumário

Prefácio

Mais robustos. mais altos. mais velozes. Mais fortes. Esses são os adjetivos que sempre usamos para descrever os homens. Mas e se cientificamente os adjetivos mais precisos fossem débeis, frágeis, fracos e vulneráveis?

No fim de 2019, um evento imprevisto começou a tomar forma na, até então pouco conhecida, cidade chinesa de Wuhan. Aos poucos, começaram a chegar relatos provenientes da "grande muralha digital" da China sobre um novo vírus potencialmente letal que teria a capacidade de infectar um grande número de pessoas. O que o mundo estava vivenciando era a chegada de um novo coronavírus, e, com ele, o início de uma pandemia que está mudando inúmeros aspectos da vida moderna.

Infelizmente, essa tragédia em curso confirmou a previsão que fiz em *A Melhor Metade*. Eu previ que no próximo grande desafio microbiano, os homens seriam mais afetados adversamente. E, no início de 2020, à medida que o vírus se alastrava por todo o mundo, ficou bem claro que o número de óbitos era maior entre os homens do que entre as mulheres. Em alguns países, a proporção chegou a dois homens para uma mulher.

No início, a maior parte das tentativas de lançar luz sobre essa discrepância não levou em consideração as diferenças biológicas inatas entre os sexos, concentrando-se quase de maneira exclusiva nas variáveis comportamentais. Aparentemente, a confiança nas explicações comportamentais é um hábito arraigado muito difícil de abandonar.

Especialistas foram convocados a explicar, um a um, a "misteriosa" vantagem de sobrevivência feminina que estava sendo observada. Eles citavam os maiores cuidados de higiene por parte das mulheres, por exemplo, lavar bem as mãos com frequência, como uma das primeiras explicações para o menor índice de mortalidade feminina. À medida que foram surgindo mais evidências, quase todas essas explicações baseadas no comportamento se mostraram insuficientes. Vamos analisar o exemplo da higiene. Os homens, diziam, eram o sexo menos higiênico, e muitas vezes não lavavam as mãos; esse argumento foi usado como uma das principais razões para o maior índice de mortalidade masculina por Covid-19. Entretanto, alguns países começaram a relatar que, embora as mulheres estivessem sendo mais infectadas, morriam mais homens. O mesmo padrão era observado entre os profissionais da saúde. Apesar de 75% deles serem do sexo feminino, um número significativamente maior de homens estava morrendo em todo o mundo. Portanto, com certeza não podia ser apenas uma questão de lavar as mãos.

Obviamente, o comportamento influencia os quadros de saúde, mas não poderia ser o único fator determinante da maior mortalidade masculina. O que estamos testemunhando em meio a essa pandemia sem igual de coronavírus é o ressurgimento de uma das histórias mais antigas da humanidade: de que quando há uma calamidade, seja escassez de alimentos ou pandemia, mais mulheres sobrevivem. Esse novo coronavírus ilustrou com clareza mórbida quanto os homens podem ser biologicamente frágeis. E não é só no caso de pandemias, desde o início da vida, em todo o mundo as meninas têm mais chances de chegar ao seu primeiro aniversário em comparação com os meninos.

A mesma desigualdade nos índices de sobrevivência pode ser observada em relação ao câncer. Enquanto fizemos grandes avanços na área da saúde feminina de modo geral, dados dos últimos cinquenta anos mostram que o número de homens que morrem de câncer de quase todos os tipos é alarmantemente maior do que o de mulheres. Essa pandemia de coronavírus nos ensinou que está na hora de enfim aceitar o fato de que, embora em geral os homens tenham mais massa muscular e mais força física, quando se trata de sobreviver aos infortúnios físicos que o ser humano enfrenta do nascimento até a idade avançada, as mulheres quase sempre vivem mais que eles. E isso se dá, em grande parte, porque elas herdam e têm o uso vitalício de dois cromossomos X, enquanto os homens usam apenas um. A capacidade de usar dois cromossomos X confere às mulheres maior diversidade genética de modo geral, o que permite às suas células cooperarem entre si e compartilharem diversos recursos genéticos.

A herança de dois cromossomos X não apenas torna as mulheres imunes a muitas das doenças genéticas ligadas ao X que acometem os homens, mas, o que é mais importante, dá a elas uma vantagem de sobrevivência significativa ao longo de toda a vida. Eu chamo essa vantagem inata das mulheres de nascer com dois cromossomos X de *lei da homogameidade.*

Essa lei é inequívoca e brutal. Se você herdar dois dos mesmos cromossomos sexuais, como as mulheres homogaméticas herdam, terá uma vantagem genética. Se você for um homem heterogamético XY, terá uma desvantagem genética. O objetivo deste livro foi chamar a atenção para a lei da homogameidade e a sua importância para elucidar as diferenças de origem genética entre os sexos. A medicina moderna não atende bem a nenhum dos dois sexos quando ignora suas diferenças biológicas básicas. Em algum momento no futuro, a sobrevivência dos dois sexos genéticos será de suma importância para a manutenção da diversidade genética da qual depende a nossa sobrevivência como espécie. A Covid-19 deixou absolutamente claro que quaisquer que sejam as circunstâncias e condições ambientais, as mulheres provavelmente terão mais recursos internos para sobreviver.

A questão é, será que os números desproporcionalmente mais elevados de morte de homens em decorrência do coronavírus serão um incentivo persuasivo suficiente para enfim aceitarmos as gigantescas diferenças biológicas que existem entre os sexos?

— Dr. Shäron Moalem, Ph.D.

Introdução

Eis alguns fatos fundamentais: as mulheres vivem mais que os homens. As mulheres têm um sistema imunológico mais forte. As mulheres são menos suscetíveis a deficiências de desenvolvimento. As mulheres costumam enxergar o mundo mais colorido e, de modo geral, conseguem combater melhor o câncer. Em suma, as mulheres são mais fortes que os homens em todas as fases da vida. Mas por quê?

Essa pergunta ficou martelando na minha cabeça em uma noite de verão, enquanto estava sendo transportado de ambulância para o hospital, depois de sofrer um grave acidente de carro. Deitado naquela maca e conectado a monitores, comecei a refletir sobre dois eventos específicos do meu passado. Um deles ocorrera quando eu cuidava de bebês prematuros em uma Unidade de Terapia Intensiva Neonatal (UTIN); e o outro, dez anos antes, quando me dedicava à neurogenética e trabalhava com pessoas em seus últimos anos de vida. Os dois eventos pareciam estar conectados de alguma maneira, mas eu não sabia exatamente como.

Então, em meio à caótica atividade dentro daquela ambulância, eu compreendi. Alguns acontecimentos de nossa vida nos fazem questionar certas pressuposições básicas; os dois eventos que me vieram à mente naquela noite de verão, e o momento que os sucedeu, estão relacionados ao argumento que apresentarei neste livro. A tese é a seguinte: as mulheres são geneticamente superiores aos homens.

Quando comecei a realizar pesquisas como neurogeneticista (alguém que se especializa nos mecanismos genéticos das doenças neurodegenerativas), uma das dificuldades inesperadas que enfrentei foi reunir números suficientes de idosos sadios para participar dos estudos. Mesmo com perguntas bem formuladas e todo o apoio financeiro necessário, havia sempre o mesmo entrave: tinha de atrasar a pesquisa porque não conseguia encontrar voluntários sadios pareados por sexo e idade. O processo de recrutamento podia levar anos.

A menos, obviamente, que Sarah estivesse ao seu lado. Sarah tem quase 90 anos e dois quadris de titânio; porém, com seu andador, ela é incansável. Entre suas atividades semanais estão curso de pintura em aquarela, natação, sessões de exercícios aeróbicos e, para arrematar, *soirées* dançantes periódicas. Como se não bastasse, Sarah participa de quase todos os eventos diários dos clubes para a terceira idade espalhados pela cidade. Além disso, é membro de uma organização de trabalho voluntário que promove visitas a idosos hospitalizados que não têm família nem amigos para lhes fazer companhia. E, por acaso, ela é minha avó.

Meus familiares sempre pedem que eu fale com Sarah e lhe diga para diminuir o ritmo. Todos ficam preocupados com o fato de ela se manter tão ocupada. Sempre respondo a mesma coisa: é justamente por ser tão ativa e gostar tanto de suas atividades diárias que ela está tão bem. E, o que é mais importante, se ela abandonasse suas atividades sociais, em pouco tempo eu ficaria sem voluntários idosos para minhas pesquisas.

Minha avó começou a me ajudar a recrutar participantes para meus estudos há quase vinte anos. E ela nunca hesitava em me dar conselhos. "Ninguém vai querer participar do seu estudo se estiver usando jaleco branco e crachá", disse ela. "Se eu fosse você, tiraria o jaleco. E os enfermeiros também, nada de jalecos. Eles nos assustam. Fazem-nos lembrar as cirurgias que fizemos. Por que eu iria querer isso? Sem o jaleco, você seria como outra pessoa qualquer. Afinal de contas, está pedindo que as pessoas doem um pouco de si mesmas, o que não é pouca coisa. Você vai ver que tem muita gente que quer ajudar."

Segui seu conselho e deixei o jaleco de lado. Funcionou. Depois que passei a me vestir como uma pessoa comum, eu fazia apresentações para possíveis voluntários e conseguia recrutar mais participantes do que precisávamos. O único problema era que, mesmo que todos os presentes concordassem em participar, sempre havia uma gritante escassez de indivíduos de um grupo demográfico específico. Simplesmente não havia um número suficiente de homens.

De um modo geral, mulheres idosas vivem pelo menos quatro a sete anos a mais que os homens da sua faixa etária. Essa discrepância na longevidade torna-se ainda mais expressiva à medida que nos aproximamos do extremo final da expectativa de vida humana. Acima dos 85 anos de idade, existem duas mulheres para cada homem. Entre os indivíduos centenários, a vantagem de sobrevida das mulheres é ainda maior: hoje, de cada cem pessoas com mais de 100 anos, *oitenta* são mulheres e apenas vinte são homens.[1]

---

1 Antes, achávamos que o fator atenuante que explicava a diferença de longevidade entre os sexos era de natureza comportamental. Por exemplo, muitos homens morriam combatendo como soldados ou desempenhando atividades de maior risco. Hoje sabemos que a vantagem genética de longevidade das mulheres pode ser atribuída a fatores de natureza biológica.

VAMOS VOLTAR DEZ ANOS NO TEMPO, para uma noite no início do outono, quando as folhas começavam a mudar de cor. Recebi uma mensagem no *pager* para comparecer à Unidade de Terapia Intensiva Neonatal (UTIN). Rebecca, a enfermeira de plantão, encontrou-me na pia para higienização das mãos e me passou informações sobre dois bebês prematuros que tinham sido internados havia alguns dias. Gêmeos fraternos, Jordan e Emily nasceram com 25 semanas de vida — mais de três meses antes da data prevista. Coloquei uma bata limpa, luvas nitrílicas azuis e máscara, pois a última coisa de que aqueles bebês precisavam era ser expostos a qualquer coisa que, inadvertidamente, eu pudesse ter levado comigo do saguão do hospital, onde estava sentado minutos antes quando meu *pager* tocou.

Rebecca era enfermeira do hospital havia mais de três décadas e, apesar das longas jornadas diárias e do difícil trabalho na UTI neonatal, parecia ter muito menos que seus sessenta e poucos anos. Sua voz e sua maneira de ser transmitiam serenidade, por mais grave que fosse a situação. A maior parte da equipe do hospital, inclusive muitos médicos, pedia sua opinião quando estava pensando em efetuar alguma mudança nos cuidados dispensados aos pacientes pediátricos. Enfermeira mais antiga da UTI neonatal de nível 4, Rebecca era uma verdadeira "encantadora de bebês". E o que ela me contou naquela noite mudaria o curso não apenas das minhas pesquisas, mas também da minha vida.

Felizmente, a maioria de nós não tem noção do esforço que os recém-nascidos prematuros têm de fazer só para chegar ao fim do dia. Pequeninos e frágeis, precisam lutar para sobreviver, sozinhos em suas diminutas incubadoras transparentes. Essas incubadoras, concebidas como úteros artificiais, fornecem um ambiente controlado até que os bebês tenham idade e força suficientes para não necessitar mais delas.

Uma UTI neonatal de nível 4 abriga os bebês mais prematuros e mais doentes. Muitas das incubadoras usadas têm um sistema de filtragem de ar que reduz o risco de infecções ao proteger os bebês do mundo externo. Elas também produzem a quantidade certa de umidade do ar. A pele dos bebês muito prematuros ainda não está totalmente formada e é incapaz de fornecer a barreira necessária para evitar a desidratação.

Investe-se um volume imenso de tecnologia e capital humano nas vidas preciosas que ocupam esses bercinhos de acrílico. Enfermeiros, médicos e familiares se unem em uma luta constante para manter os bebês vivos, para estimulá-los a se desenvolver e se fortalecer.

Nunca ficamos realmente habituados à cacofonia dos equipamentos da UTI neonatal. Os ventiladores mecânicos e os monitores emitem ruídos e, de vez em quando, o som de um alarme é alto o bastante para desorientar até mesmo a equipe médica mais experiente. Não admira que as pesquisas tenham mostrado que o espetáculo de luz e sons da medicina moderna pode ter um impacto negativo sobre a saúde dos bebês prematuros (os médicos vêm tentando sanar esse problema).

Fui apresentado à UTI neonatal primeiro como estudante de medicina e, depois, como médico. Durante minha permanência nesse local, ora eu ficava maravilhado, ora aterrorizado. Às vezes experimentava os dois sentimentos em sucessão e, em outras, ao mesmo tempo.

Mas, sobretudo, há muita espera por lá. Mesmo com todos os avanços que fizemos ao longo dos anos, o que esses corpinhos precisam, mais do que qualquer coisa, é de tempo. Os bebês estão na contramão da corrida contra o tempo; sua biologia precisa do maior tempo possível para amadurecer. É evidente que eles vão parar na UTI neonatal por várias razões, mas em muitos casos estão lá porque um nascimento prematuro coloca em risco o cérebro e os pulmões, que levam mais tempo para se desenvolver em comparação com os outros órgãos.

Um dos maiores desafios dos bebês mais prematuros, e que determina a chance de sobrevivência deles, é o grau de desenvolvimento dos pulmões. Os pulmões dos bebês prematuros têm de absorver oxigênio e liberar dióxido de carbono a uma taxa compatível com a vida muito antes do que deveriam. Ainda não sabemos ao certo por que alguns bebês nascem antes do tempo, mas felizmente temos desenvolvido intervenções mais eficazes para aumentar suas chances de sobrevivência.

Regular a temperatura corporal e ainda manter afastados os trilhões de microrganismos que estão sempre em busca de um alvo fácil pode ser trabalhoso demais para alguns bebês prematuros. É um milagre que esses bebês, separados do ambiente protetor do útero materno muito antes de estarem prontos para enfrentar os desafios externos, consigam sobreviver meses antes da data prevista para o nascimento. Inúmeros fatores podem contribuir para a morte ou a vida de um bebê prematuro, desde a idade gestacional ao nascer até acidentes de percurso imprevistos. De forma surpreendente, um dos indicadores mais importantes de sucesso diante das adversidades da vida é algo muito simples, como eu estava prestes a descobrir.

Depois que examinei Jordan e Emily, Rebecca me conduziu por um longo corredor até uma sala tranquila, onde pude passar algum tempo com os pais dos bebês. Os hospitais não costumam ter espaço físico para as famílias se reunirem confortavelmente. Tínhamos sorte de ter uma sala daquelas para conversas assim.

Sentei-me com Sandra e Thomas para falar sobre os cuidados dos gêmeos, e não demorou muito para que estivessem me contando a jornada que haviam empreendido para se tornar pais. Após várias tentativas fracassadas, séries de injeções hormonais e até mesmo fertilização *in vitro*, eles quase tinham desistido de ter os próprios filhos.

Então, finalmente aconteceu. Embora estivessem muito felizes com a gravidez, no início tentaram não ficar muito empolgados. Sabiam, por experiência própria, que uma notícia boa podia se transformar com rapidez em notícia ruim. Porém, com o passar dos dias e das semanas, começaram a acreditar que aquela gravidez teria um final feliz. Quando a ultrassonografia revelou que Sandra e Thomas esperavam não um bebê, mas dois, o sonho do casal de formar uma família enfim parecia estar se tornando realidade.

Mas, assim que respiraram aliviados, os problemas voltaram. Antes, ficavam imaginando como seria o apartamento tranquilo no Brooklyn repleto de sons alegres de dois bebês, mas agora rezavam para que os gêmeos sobrevivessem.

Um dia, Rebecca me enviou uma mensagem tarde da noite, pois não estava gostando do aspecto de Jordan. Seus anos de experiência lhe ensinaram que seus instintos quase sempre estavam certos. Como eu estava cuidando dos gêmeos desde a internação deles, ficava ansioso para vê-los — eles vinham mudando com rapidez desde o dia em que tinham chegado. Portanto, o relato de Rebecca era preocupante. É verdade que depois de duas semanas na UTI neonatal Emily e Jordan já respiravam bem sem o auxílio de aparelhos, mas eu sabia que ainda não estavam fora de perigo.

Ao me aproximar da incubadora de Jordan, tentei me desvencilhar do emaranhado de fios conectados aos equipamentos que o ajudavam. Rebecca, depois de realizar a mesma rotina que eu toda vez que entrava na UTI, impreterivelmente, lavar as mãos, colocar avental, luvas e máscara, foi ao meu encontro. Ambos sabíamos que a situação de pacientes tão novos era muito delicada. Rebecca disse que eu deveria me preparar para o pior no caso de Jordan. E ela estava certa. Doze horas depois, Jordan faleceu.

Alguns anos depois, encontrei Rebecca por acaso na lanchonete do hospital. Eu trabalhava em outra instituição e tinha voltado para dar uma palestra. Após tantos anos de trabalho dedicado, Rebecca ia se aposentar no final do mês; ela queria passar mais tempo com seus sete netos e dois bisnetos. Disse-lhe que minha experiência com ela na UTI neonatal naquela noite ainda estava vívida em minha memória.

— Sim, a gente nunca esquece deles — disse ela. — Ainda me lembro do rostinho de cada bebê. — Ela pegou a xícara de café e sorveu um gole.

— Queria lhe perguntar uma coisa — disse eu. — Aquela noite, na UTI neonatal, como soube sobre o Jordan? O que a fez pensar que ele não ia sobreviver?

— Não sei direito... mas, depois de fazer esse trabalho durante tanto tempo, a gente sente. É uma questão de experiência. Não existe uma explicação. Às vezes, é alguma coisa que os resultados dos exames laboratoriais não revelam no início. Talvez seja apenas intuição. Mas uma coisa é certa: na UTI neonatal, quase sempre é muito mais difícil para os meninos do que para as meninas. E acho que não é só na UTI neonatal. Perdi meu marido há doze anos, e quase todas as minhas amigas também são viúvas.

Fiquei ali calado enquanto refletia sobre o que Rebecca acabara de falar. Não pude deixar de pensar em minha avó e na escassez de homens no limiar da trajetória de envelhecimento humano. Era como se todas as pesquisas que eu já tivesse feito e toda a minha experiência clínica se juntassem naquele momento para formular uma pergunta.

— Sempre ouvi dizer que os homens eram o sexo mais forte. No entanto, o que tenho visto até agora é o oposto, tanto no consultório quanto em minhas pesquisas genéticas. Por que os homens, na verdade, parecem ser o sexo mais fraco? — perguntei.

— Talvez você não esteja fazendo a pergunta certa — disse ela pensativa, enquanto mexia no restante do café na xícara. — Em vez de pensar na fraqueza masculina, talvez a pergunta que deveria fazer é: O que faz as mulheres serem mais fortes?

//

A resposta à pergunta de Rebecca me ocorreu seis anos depois: era um lindo dia de verão, perfeito para um passeio na praia. Depois de um longo inverno e uma primavera bastante chuvosa, enfim surgiu o sol. Prometi a Emma, minha esposa, que passaríamos algumas horas tranquilas, só nós dois. Como não estava de plantão naquele dia, desliguei o telefone. A última coisa de que me lembro foi de segurar a mão dela enquanto percorríamos uma rua quase vazia, cantando a música que ouvimos na primeira vez em que dançamos: "Dance Me to the End of Love", de Leonard Cohen.

Mais tarde, testemunhas disseram que fomos atingidos em cheio na lateral por alguém que atravessou o farol vermelho a mais de 70 quilômetros por hora. Nosso carro capotou duas vezes. O impacto foi fortíssimo, o teto afundou para dentro e nenhum dos *airbags* se abriu. Devido ao estado em que o carro ficou, os socorristas se prepararam para terríveis lesões traumáticas. Tínhamos sorte de estar vivos.

Nós dois sofremos alguns hematomas, com sangramento dos ferimentos causados pelo vidro temperado, que se estilhaçou durante a capotagem. Considerando a gravidade do acidente, as lesões eram bastante leves e semelhantes, mas as de Emma eram um pouco mais graves. Sabe o que pensei quando estava imobilizado em uma prancha rígida naquela ambulância que se dirigia a toda velocidade para o hospital? Dei graças a Deus por Emma ser mulher e ter dois cromossomos X.

Lembrei-me de quando Rebecca sugeriu que eu me perguntasse por que as mulheres são mais fortes no começo e no final da vida. Eu sabia, com base no meu trabalho como médico e em minhas pesquisas, que, mesmo que as lesões de minha esposa fossem iguais às minhas, provavelmente sua recuperação seria mais rápida. Seus ferimentos cicatrizariam mais depressa e o risco de contrair infecções subsequentes seria menor, pois o sistema imunológico dela era mais forte. Tudo somado, com certeza seu prognóstico seria melhor que o meu.

A razão disso é que o corpo dela podia usar dois cromossomos X, enquanto o meu podia usar apenas um. Em relação às diferenças cromossômicas básicas entre os sexos, as células de todas as mulheres genéticas têm dois cromossomos X, enquanto as células dos homens genéticos têm um cromossomo X e um cromossomo Y.[2] Na hora de lidar com os traumas da vida, as mulheres têm opções, e os homens, não.

Recebemos os dois cromossomos sexuais de nossos pais biológicos antes de nascermos. A superioridade genética da minha esposa começou bem antes de nos conhecermos. Quando ela tinha apenas vinte semanas de vida, dentro do útero materno, já possuía uma vantagem de sobrevida em relação a mim, vantagem essa mantida ao longo de toda a vida. Isso se dá mesmo que levemos em conta fatores de estilo de vida e comportamentais, como riscos ocupacionais e suicídio. Desde o início, a tendência era ela viver mais do que eu, não importando o que a vida nos reservasse.

E a vantagem da minha esposa não é somente em relação à longevidade. O risco de ela desenvolver câncer em um órgão que ambos temos, por exemplo, é menor que o meu. E, se ela tiver câncer, suas chances de sobreviver serão maiores, pois

2 A maioria dos seres humanos herda dois cromossomos sexuais, cujas fórmulas cromossômicas são: 46,XX e 46,XY. É possível herdar muitas outras variações de cromossomos sexuais, como 45,XO; 47,XXX; 47,XXY; e 47,XYY.

as pesquisas mostram que as mulheres respondem melhor ao tratamento que os homens. É evidente que o câncer de mama acomete mais as mulheres, mas, de modo geral, o número de homens que morrem de câncer por ano é maior do que o de mulheres.

Aparentemente, o preço que as mulheres pagam por ter um sistema imunológico mais agressivo, mais eficaz no combate aos microrganismos invasores e às células cancerosas, é serem autocríticas — em termos imunológicos. O sistema imunológico das mulheres genéticas tem muito mais probabilidade de atacar a si próprio — exatamente o que ocorre no caso de doenças como lúpus e esclerose múltipla. Portanto, a única coisa que tenho a meu favor é uma menor probabilidade de desenvolver uma doença autoimune.

O que eu sabia naquela noite em que fomos levados às pressas para o hospital era que as células da minha mulher já começavam a se dividir, passando por um processo de seleção celular para combater os microrganismos que, é bem provável, teriam entrado em seu corpo no momento do impacto. Elas já começavam a lançar mão de sua sabedoria genética coletiva para realizar o trabalho de reparo nos tecidos. E, em cada área do corpo dela, fossem os leucócitos, que fazem parte do sistema imunológico, ou as células epiteliais, que compõem a pele, as células estariam sofrendo um processo potente e flexível de seleção. Meu corpo, como era composto de células geneticamente idênticas, não tinha essa opção.

Embora todas as mulheres genéticas tenham dois cromossomos X em todas as suas células, cada célula usa apenas um deles. As células da minha esposa usariam o cromossomo X que ela tinha herdado do pai ou o cromossomo X que havia herdado da mãe. As minhas não podiam se dar a esse luxo. Cada uma delas teria de usar exatamente o mesmo cromossomo X hedado de minha mãe. Então, depois do acidente que sofremos, a única coisa que meu cromossomo Y podia fazer era observar, impotente.

A capacidade de usar diferentes cromossomos X era uma das principais razões da superioridade genética de minha esposa. Enquanto nosso quarto se enchia de balões com mensagens desejando uma rápida recuperação, as células do corpo dela usavam diferentes cromossomos X e continuavam a se dividir velozmente. No começo havia uma divisão meio a meio entre as células que usavam o cromossomo X da mãe dela e as células que usavam o cromossomo X do pai dela, mas logo depois apenas um cromossomo X passou a ser usado, aquele que se mostrou mais eficiente na realização do trabalho solicitado.

Mesmo antes da chegada dos socorristas, os glóbulos brancos dela já se dividiam usando um cromossomo X em detrimento do outro. E, para enfrentar os desafios da cura, em todos os outros locais do corpo dela provavelmente ocorria a mesma competição celular para que se utilizasse apenas o X mais adequado ao trabalho solicitado. Se você tivesse observado o *meu* sangue esperando encontrar a mesma coisa, teria ficado desapontado.

O uso de dois cromossomos X confere às mulheres maior diversidade genética. E é graças a esse conhecimento genético diversificado que as mulheres sempre se saem melhor. Quer seja a sobrevivência de uma recém-nascida na UTI neonatal, a capacidade de uma mulher em combater infecções ou o menor risco de ela ter uma deficiência intelectual ligada ao X, tudo isso se deve ao simples fato de que as mulheres têm um grau de flexibilidade genética que os homens não possuem.

Apesar de pertencermos à mesma espécie e de termos mais semelhanças que diferenças, existe uma importante razão para que as mulheres sejam mais bem-dotadas do ponto de vista genético. Nossa própria existência depende disso há milhões de anos. É o fato de ser o sexo mais forte, em termos genéticos, que permitiu às mulheres sobreviverem tempo suficiente para garantir a sobrevivência da prole, o que, por sua vez, significa a sobrevivência de todos nós.

Minhas pesquisas genéticas e descobertas clínicas, minhas experiências de vida, o trabalho revolucionário dos meus colegas e os achados de cientistas pioneiros que desafiaram as doutrinas de sua época levaram a esta conclusão incontestável: as mulheres são o sexo mais forte.

Em *A Melhor Metade*, vou falar sobre os principais desafios que enfrentamos ao longo da vida e mostrar como as mulheres genéticas conseguem superá-los, deixando os homens para trás em questões de longevidade, resiliência, intelecto e vigor. Vou contar também como a medicina e as demais áreas do conhecimento ignoraram esse fato.

Quando estava na faculdade de medicina, aprendi a esperar que as mulheres se queixassem mais dos efeitos colaterais dos medicamentos que eu prescrevia em comparação aos homens. Aprendi também que a razão disso era comportamental: as mulheres costumam externar mais os problemas e, em geral, vão mais ao médico que os homens.

Mas, se é tão somente um viés de relato, por que tantas mulheres apresentam efeitos colaterais graves que requerem intervenções médicas significativas? O General Accounting Office dos Estados Unidos, órgão com funções semelhantes às do Tribunal de Contas da União no Brasil, fez uma revisão de dez medicamentos retirados do mercado e constatou que oito deles haviam sido excluídos por serem considerados perigosos para as mulheres. Além disso, é com mais frequência para as mulheres que os médicos, inadvertidamente, receitam doses excessivas.

Há anos sabemos que, da perspectiva médica, as mulheres são mais sensíveis a compostos químicos como o álcool; ainda assim, prescrevemos medicamentos para ambos os sexos como se fossem exatamente iguais. Isso precisa mudar. Há quase vinte anos o Institute of Medicine da National Academy of Sciences dos Estados Unidos publicou um relatório que afirmava o seguinte: "Ser homem ou mulher é uma variável importante e fundamental que deve ser levada em consideração". Então, tratemos de levá-la em consideração.

Com exceção da ginecologia e da obstetrícia, os fantásticos avanços alcançados pela medicina moderna que todos usufruímos foram quase todos produzidos por pesquisas feitas exclusivamente com participantes do sexo masculino, animais machos e tecidos e células de indivíduos do sexo masculino. A lacuna criada pela falta de estudos pré-clínicos de medicamentos realizados com participantes do sexo feminino, animais fêmeas e tecidos e células de indivíduos do sexo feminino tem obrigado os médicos a estimar ou, ainda pior, adivinhar qual seria a melhor dose ou o melhor tratamento para suas pacientes.

Quando estava elaborando um estudo para testar a ação bactericida de um antibiótico que descobri há quase vinte anos, lembro-me de como fui ingênuo em relação à inclusão de mulheres nas pesquisas básicas e nos estudos clínicos. Para testar ainda mais os efeitos de um dos medicamentos que descobri, contratei uma empresa especializada em experimentos independentes, para que pudesse corroborar ou refutar meus achados. Ao planejar o estudo para a empresa realizar em meu nome, imaginei que ela usaria um número igual de camundongos machos e fêmeas.

Eu estava errado; foram usados apenas camundongos machos. Fiquei sabendo que essa não era a única empresa que agia assim. Todas faziam exatamente a mesma coisa. Quando perguntei por que, disseram que era mais fácil (e barato) usar animais machos. De forma curiosa, como viria a descobrir, o sistema imunológico dos camundongos fêmeas é muito mais forte, o que pode complicar os resultados de um experimento que esteja tentando combater infecções em ambos os sexos de modo equiparável.

Na verdade, sempre interpretamos mal a capacidade física das mulheres e subestimamos sua força genética. Em *A Melhor Metade*, vou mostrar como essas percepções, a assistência médica e a cultura das pesquisas precisam mudar. O futuro da medicina e a nossa sobrevivência como espécie dependem disso.

1 | Os Fatos da Vida

Este livro trata de escolhas. Não das escolhas que fazemos conscientemente todos os dias, mas das escolhas biológicas que ocorrem a cada segundo em cada mulher genética. Esse fenômeno começa no instante em que o óvulo da mãe aceita um espermatozoide do pai e tem início o processo de fertilização.

Eis aqui alguns princípios básicos da biologia que serão necessários para a exposição dos meus argumentos: cada célula humana tem um total de 46 cromossomos. Dois desses cromossomos são sexuais. Se você herdou um par XX, é uma mulher genética; se herdou um par XY, é um homem genético.[3]

---

3 Como mencionei na Introdução, muitas variações cromossômicas sexuais podem ser herdadas, inclusive algumas raras, como 45,XO, chamada de síndrome de Turner; 47,XXX, chamada de trissomia do X ou síndrome do triplo X; 47,XXY, chamada de síndrome de Klinefelter; 47,XYY, chamada de síndrome de Jacob; 48,XXXX, chamada de tetrassomia do X; e 49,XXXXX, chamada de pentassomia do X.

Assim como os volumes de uma enciclopédia, nossos 23 pares de cromossomos contêm genes que fornecem as informações genéticas que viabilizam nossa vida. Acredita-se que tenhamos cerca de 20 mil genes distribuídos nos 23 pares de cromossomos. Embora alguns cromossomos contenham mais genes do que outros, cada um dos cromossomos é muito importante.

Em geral, cada um dos 23 pares de cromossomos tem versões dos mesmos genes, exceto nos homens genéticos, que herdam um X e um Y. O cromossomo X contém quase mil genes, mas o cromossomo Y contém apenas cerca de setenta, a maioria envolvida na produção de espermatozoides.[4] Durante muitos anos acreditou-se que um dos genes no cromossomo Y também fosse responsável pela "hipertricose auricular", ou seja, o crescimento excessivo de pelos na orelha de homens mais velhos. Estudos mais recentes indicaram que nem mesmo esse aspecto nada glamoroso pode ser atribuído somente ao cromossomo Y.

Mesmo sem compreender todos os processos científicos que ocorrem durante a concepção, chegamos a um ponto em nossa evolução como espécie em que não é preciso ter relação sexual para fazer um bebê. Estamos prestes a dominar a arte da concepção manipulativa. Antes tema de ficção científica, as tecnologias de reprodução assistida, capazes de fertilizar óvulos humanos fora do corpo sob condições laboratoriais extremamente estéreis, agora são corriqueiras. Mas somos capazes de muito mais. Podemos criar uma criança usando material genético e celular de três genitores e até mesmo editar o próprio DNA.

---

4 Pesquisas recentes revelaram novas implicações para a saúde de muitos dos genes encontrados no cromossomo Y. Infelizmente para os homens, de modo geral, as notícias não são boas. Algumas das informações genéticas do cromossomo Y foram associadas, entre outras coisas, a inflamação, supressão da resposta adaptativa protetora do sistema imunológico e até mesmo a maior risco de doença arterial coronariana.

No entanto, o chamado processo "natural" pode ser tudo, menos simples. Cerca de 500 milhões de espermatozoides iniciam a jornada rumo ao óvulo, nadando pelo aparelho reprodutivo da mãe a uma velocidade impressionante. Depois de atravessar o colo do útero e o útero, eles vão para uma das duas tubas uterinas, onde encontram um óvulo. Apenas um espermatozoide consegue penetrar as duas camadas externas desse óvulo. E o que desencadeia o curso genético que vai determinar seu destino biológico é o fato de esse espermatozoide estar transportando um cromossomo X ou um cromossomo Y. Tudo é decidido nesse exato momento, desde o risco de você ter câncer ou uma doença neurológica, como Alzheimer, ao longo da vida, até a sua capacidade de combater infecções virais, dependendo do conjunto de cromossomos sexuais que você herdou: XX (mulher) ou XY (homem).

O sexo biológico nem sempre coincide com a identidade de gênero. O gênero não depende dos cromossomos sexuais, mas sim da percepção que a pessoa tem de si mesma como sendo do gênero masculino, feminino ou outro que não se enquadre em nenhum dos dois. Gênero é um conceito e uma identificação do próprio indivíduo, bem como o papel que ele assume na sociedade. O gênero é atribuído às crianças no nascimento com base nos cromossomos sexuais e na anatomia genital externa, ou mesmo muito antes do nascimento, depois, digamos, de uma ultrassonografia ou de um teste cromossômico do feto realizado com base em um exame de sangue da mãe.

Os indivíduos podem aceitar seu gênero ou mudá-lo. No entanto, quando se trata de cromossomos sexuais e o imenso efeito que têm em nossa vida, não há opção. Um indivíduo não escolhe herdar um cromossomo Y ou dois cromossomos XX, ou qualquer combinação de ambos.

Em relação à diferenciação sexual nos seres humanos, podem ocorrer variações genéticas em genes que alteram o curso do desenvolvimento físico. O gene *SRY* encontrado apenas no cromossomo Y desempenha um papel decisivo na diferenciação sexual, pois desencadeia o processo de transformação das gônadas indiferenciadas em testículos no feto, que produzem testosterona. Essa cascata de desenvolvimento celular desencadeada pelo gene *SRY* também leva à formação da genitália externa masculina. Mas, nos raros casos em que as células de uma pessoa com um cromossomo X e um cromossomo Y não conseguem responder à testosterona, ela se desenvolve externamente como mulher, mas com testículos internos e sem útero, colo do útero e tubas uterinas. É isso o que acontece na síndrome da insensibilidade androgênica completa (SIAC), doença genética causada por uma mutação herdada no receptor de androgênio, ou gene *AR*. A maior parte desses indivíduos XY só descobre que tem essa síndrome quando entra na puberdade e a menstruação não surge.

Apenas em raríssimas ocasiões um bebê que nasceu com dois cromossomos X pode se desenvolver fisicamente como homem. Isso pode acontecer quando uma pequena parte do cromossomo Y que abriga o gene *SRY* é herdada com dois cromossomos X. Embora seja incomum, é possível que uma criança se desenvolva externa e internamente como homem sem o gene *SRY* ou sem nenhuma parte do cromossomo Y. Participei da descoberta de uma via alternativa raríssima de desenvolvimento sexual em um menino chamado Ethan, que nasceu biologicamente como homem, com dois cromossomos X e sem o gene *SRY* ou outros fatores genéticos que causam reversão sexual, algo considerado impossível em termos genéticos. O que descobrimos é que Ethan tinha uma duplicação do gene *SOX3*, que, no caso dele, transformou uma mulher genética XX em um homem fisicamente. Acredita-se que o gene *SOX3* seja o predecessor genético do *SRY*, e que ambos desempenhem papel fundamental na diferenciação sexual.

O desenvolvimento sexual humano é complexo. Ainda hoje, geneticistas e biólogos do desenvolvimento tentam deslindar as trilhas aparentemente infinitas da diferenciação sexual. Sabemos que o sexo cromossômico e as diferenças baseadas nele são fatores biológicos. Eis aqui a razão: os óvulos da mulher contêm apenas um cromossomo X e, portanto, é o espermatozoide do homem que vai determinar o sexo biológico da criança. Se o espermatozoide contiver um cromossomo Y, na maior parte dos casos haverá o desenvolvimento de um menino genético, e todas as células desse menino terão de usar o mesmo cromossomo X, o que ele herdou da mãe. Por outro lado, se esse espermatozoide contiver um cromossomo X, então o óvulo fecundado percorrerá uma via genética pré-programada para se tornar uma mulher.

Durante a maior parte da história humana não sabíamos como o sexo de uma criança era determinado ou, no mínimo, não tínhamos os instrumentos para provar, com certeza científica, como o sexo se diferenciava. Havia muitas teorias, e membros respeitados de várias culturas confiavam em sinais dos deuses ou em complexos calendários lunares. Na Índia, algumas pessoas ainda usam fórmulas ayurvédicas milenares para tentar garantir o nascimento de um menino. Algumas mulheres religiosas me disseram que eram estimuladas a se concentrar em imagens de santos durante a relação sexual para aumentar a probabilidade de conceber um filho homem santificado.

Historicamente, a importância de ter um filho homem (sobretudo em sociedades patriarcais nas quais títulos e propriedades eram transmitidos somente por meio de um herdeiro varão) levava as pessoas a tentarem de tudo para fazer a balança pender a favor do XY. Há mais de 2 mil anos, Aristóteles voltou sua atenção para esse problema, talvez a pedido de alguns clientes mais velhos que queriam garantir um herdeiro varão. Ele já era fascinado pelas origens embriológicas dos animais e tinha se tornado um ávido coletor e dissecador de embriões. Os ovos fertilizados de uma ave doméstica comum, a galinha, eram especialmente abundantes e de fácil acesso.

Aristóteles documentou seus achados nas páginas de *Da Geração dos Animais*, publicado em meados do século IV a.C. No livro, Aristóteles descreve com precisão, pelos padrões científicos atuais, algumas das variações no início da vida. Ele teorizou corretamente que alguns animais (como as galinhas que dissecava) nasciam de ovos, enquanto mamíferos com placentas entravam neste mundo através de um nascimento em vida, enquanto outros, ainda, como os tubarões, tinham ovos que eclodiam dentro do corpo da fêmea. Acredita-se que Aristóteles tenha sido a primeira pessoa a entender o propósito da placenta e do cordão umbilical.

Porém, em relação à forma como o desenvolvimento masculino e feminino diverge, todas as teorias de Aristóteles foram sendo derrubadas com o passar dos anos. Para ele, era a quantidade de *calor* fornecida pelo parceiro durante a relação sexual que mais tarde determinava o sexo da criança. Ele acreditava que uma quantidade específica de calor era a substância energética necessária ao desenvolvimento de todos os bebês. Quanto maior o calor fornecido ao embrião pelo pai, maior a probabilidade de esse embrião se desenvolver como um menino. Uma quantidade insuficiente de calor produziria uma menina. Afinal de contas, as mulheres eram consideradas homens malcozidos[5] pelos pensadores da época. Quanto maior o calor do fogo da paixão, maior a probabilidade de que uma mulher desse à luz um menino.

O que fazer, então, quando não houvesse paixão suficiente no momento ou o homem fosse velho demais para ficar

5 *Half-baked* no original, que tem também o significado de incompleto, inacabado, malfeito. (N. da T.)

excitado, mas ainda assim quisesse produzir um herdeiro varão? A solução de Aristóteles era simples: o casal devia tentar conceber durante os meses mais quentes do ano. O ideal, portanto, seria o verão. Antes que isso seja descartado como puro charlatanismo, Aristóteles havia de fato descoberto algo quando achou que o "calor" influenciava no sexo da criança. Mas não nos seres humanos.

No caso de alguns vertebrados, como jacarés, tartarugas e certos lagartos, a temperatura de incubação dos ovos fertilizados pode influenciar no sexo dos filhotes. Temperaturas mais altas podem favorecer o desenvolvimento de machos no caso de crocodilos, bem como no caso do tuatara, um réptil primitivo endêmico da Nova Zelândia conhecido como "fóssil vivo". Mas, no caso de muitas outras espécies de vertebrados, como o cágado-de-carapaça-estriada e a tartaruga-grega, temperaturas mais altas durante a incubação na verdade produzem fêmeas.

A teoria de "cozimento" do macho persistiu por muito tempo, chegando a ser adotada pela Igreja Cristã em seus primórdios. Pode ser difícil de acreditar, mas ainda há muitas pessoas que acham que expor uma mulher a bastante calor — não apenas durante a concepção, mas durante toda a gestação — aumentará a probabilidade de que ela venha a ter um menino.

A primeira vez que ouvi falar dessas crenças sobre o calor durante a gestação foi por intermédio de Anna, uma paciente minha que estava grávida. Como já tinha três meninas e seu marido era o único homem na família dele, ela torcia para que fosse um menino.

Quando a conheci, ela disse que não estava curtindo muito a gravidez. Anna estava sob enorme pressão. A sogra acreditava piamente que aumentar o nível de calor pudesse produzir um menino, por isso havia comprado uma fórmula ayurvédica para elevar sua temperatura corporal interna.

Infelizmente, muitas dessas fórmulas fitoterápicas são incompatíveis com gravidez, mesmo que os extratos e os chás sejam naturais. De fato, Anna deu à luz um menino alguns meses depois, mas o bebê tinha diversas anomalias congênitas, provavelmente causadas pelos efeitos teratogênicos do elixir que ela havia tomado.

Mais de mil anos depois de Aristóteles, quando a medicina (liderada quase inteiramente por homens) ampliava seus conhecimentos sobre vários fenômenos importantes — como a descrição da circulação sanguínea por William Harvey, médico inglês do século XVII; o uso de uma vacina contra a varíola no século XVIII; e até mesmo a descoberta e o uso de imagens de raios X por Wilhelm Conrad Röentgen no fim do século XIX, feito que lhe valeu o Prêmio Nobel —, ainda não havia consenso científico em relação à determinação do sexo. Na verdade, a maior parte da história genética de homens e mulheres foi escrita e reescrita por homens, algo que, em minha opinião, exerceu um impacto negativo na maneira como tratamos os dois sexos de uma perspectiva médica.

Depois de nada além de teorias medíocres sobre as origens de homens e mulheres e suas diferenças, nossa compreensão das bases cromossômicas do sexo começou a tomar forma no início do século XX, como resultado de descobertas feitas por cientistas pioneiras. Uma delas foi Nettie Stevens.

Quando Nettie estudava os cromossomos da larva-da-farinha (larvas do besouro da espécie *Tenebrio molitor*), ela descobriu o que havia escapado por tanto tempo a outros cientistas. As larvas revelaram que tanto as fêmeas quanto os machos da espécie tinham vinte cromossomos (como você deve se lembrar, os seres humanos, por sua vez, têm 46). Mas, nos machos, um dos vinte cromossomos era muito menor que os outros. Nettie havia descoberto o cromossomo Y.

Em seu trabalho histórico publicado em 1905, Nettie postulou e descreveu a determinação sexual cromossômica.

Seu trabalho explicou com clareza, pela primeira vez, que as fêmeas têm um complemento cromossômico sexual XX, enquanto os machos têm XY. Ela compreendeu que essa era a diferença que separava os sexos em suas vias específicas de desenvolvimento.

Na faculdade, nunca estudei sobre Nettie. Aprendi que nossa compreensão dos cromossomos sexuais se devia a outra pessoa: Edmund Beecher Wilson, um geneticista contemporâneo de Nettie que foi considerado o originador do conceito do sistema de determinação cromossômica do sexo. O que o meu livro da faculdade deixou de mencionar foi que Beecher teve acesso aos resultados da pesquisa de Nettie antes de sua publicação. Além disso, seu trabalho (com resultados semelhantes aos de Nettie) foi publicado às pressas em agosto de 1905 no *Journal of Experimental Zoology*, um periódico de cujo conselho editorial por acaso Beecher fazia parte.

Outra cientista que nem sempre obtém o devido reconhecimento é a geneticista britânica Mary F. Lyon. Suas pesquisas foram fundamentais e merecem nossa atenção. Em 1961, Mary revolucionou o mundo da genética ao publicar um artigo na revista *Nature*. Em uma única página, ela mudou para sempre nosso pensamento e compreensão da genética, e as implicações de suas hipóteses e descobertas ainda hoje são pesquisadas e estudadas. A partir do seu estudo genético sobre a cor da pelagem de camundongos, Mary forneceu a base de nosso entendimento sobre como homens e mulheres diferem do ponto de vista genético. Ela descreveu a "inativação do cromossomo X", ou seja, que um dos dois cromossomos X nas células das mulheres é "aleatoriamente" inativado e silenciado durante o período inicial do desenvolvimento, antes mesmo que a mãe perceba que está grávida.

O impressionante é que já se passaram mais de cinquenta anos desde que o artigo visionário de Mary foi publicado, e a verdade é que ainda não entendemos de fato todas as etapas envolvidas na inativação, ou silenciamento, do cromossomo X. Como uma célula escolhe entre dois cromossomos X no início da vida? Trata-se de uma competição? Como a inativação do X é suprimida em homens genéticos que são XY?

Uma das dificuldades é que esse processo enigmático não pode ser visualizado. Pressupomos que ele ocorra por volta do estágio de desenvolvimento em que há apenas vinte células, depois que o óvulo se fixa na parede do útero. Uma maneira de solucionar esse enigma seria trabalhar com embriões humanos *in vivo*, mas isso esbarra em questões éticas.

Nesse estágio bastante inicial da gravidez, o grupo de células que mais tarde formarão um bebê já tem um sexo cromossômico, XX ou XY. Mas somente nas células femininas XX é que começa a ocorrer um processo de inativação do X. E as células femininas XX fazem todo esse processo dentro do útero, longe dos olhos indiscretos dos cientistas. É por isso que ainda há muita coisa que não sabemos sobre a inativação do cromossomo X nas células humanas.

O que realmente sabemos é que as células humanas usam o RNA de um gene chamado *transcrito específico do X inativo*, ou *XIST*, encontrado no cromossomo X, e este forma um arcabouço que recobre todo o cromossomo X prestes a ser silenciado. Durante essa fase inicial de desenvolvimento, nenhum dos dois cromossomos X foi silenciado, e ambos expressam o *XIST*, mas no final só um deles acabará sendo subjugado e silenciado. Como as células masculinas normalmente não têm mais de um cromossomo X, o processo de inativação do X não tem de ocorrer dentro delas.

Então, qual dos dois cromossomos X femininos é silenciado? Em geral, o melhor dos dois engana o *XIST* e permanece ativo. Tive pacientes mulheres, por exemplo, que tinham um cromossomo X danificado ou anormal, e dentro das suas células esse cromossomo X danificado era sempre aquele que tinha sido silenciado e desativado. O arcabouço do *XIST* atua espremendo e, depois, condensando e silenciando o cromossomo X em uma estrutura chamada corpúsculo de Barr.[6] No final, cada célula feminina tem um cromossomo X ativo e um cromossomo X inativo na forma de corpúsculo de Barr.

Assim como em uma boa luta de artes marciais mistas (MMA), apenas um cromossomo X "continuaria de pé" em cada célula. Como os dois cromossomos X são iguais, o silenciamento era considerado aleatório, como em um jogo de cara ou coroa. Ao final desse processo, o cromossomo X silenciado, ou corpúsculo de Barr, ficava inacessível à célula feminina. Pelo menos, era isso o que pensávamos.

Durante a maior parte dos cinquenta anos desde a publicação do artigo de Mary Lyon sobre a inativação do cromossomo X, acreditamos que o aparato genético da célula de uma mulher não fosse capaz de "abrir" ou acessar o corpúsculo de Barr (lembre-se de que este é o cromossomo X silenciado). Acontece que Mary Lyon não estava 100% correta: o X silenciado não está *totalmente* "desligado". Pelo contrário, as mulheres têm disponíveis os dois cromossomos de todos os seus trilhões de células — o X silenciado ainda está ajudando a célula a sobreviver. Cerca de um quarto dos genes no cromossomo X "silenciado" na verdade ainda está ativo e acessível às células femininas. Chamamos esse fenômeno de "escape da inativação do X".

Como mostrarei nos capítulos subsequentes, o fato de ter outro cromossomo X fornece potência genética extra a cada célula, o que constitui uma vantagem para as mulheres em relação aos homens. A verdade é a seguinte: se você é

6 Até recentemente, só conhecíamos duas pequenas regiões nas extremidades do cromossomo X, chamadas regiões pseudoautossômicas 1 e 2, que ainda estavam ativas nos cromossomos X silenciados ou corpúsculos de Barr em fêmeas. Essas regiões gênicas são muito pequenas — contêm somente cerca de trinta genes, ou apenas poucas páginas de material genético — em comparação com o volumoso restante do cromossomo X.

mulher e herdou dois cromossomos X em cada uma das células, tal como os três bilhões e meio de outras mulheres deste planeta, suas células têm opções. E, diante das adversidades da vida, essas opções vão ajudá-la a sobreviver.

Assim como em cada volume da enciclopédia genômica que mencionei antes, cada cromossomo fornece instruções gênicas às quais recorremos todos os dias de nossa vida. Você precisa de mais lipase pancreática para ajudar a quebrar a gordura do sorvete de pistache que acabou de tomar? Não tem problema. As células do seu pâncreas usarão as instruções do gene *PNLIP* localizado no cromossomo 10 para produzir um pouco mais. E quanto à lactose do sorvete? Não tem problema também. As células que revestem seu intestino podem usar as instruções do gene *LCT* localizado no cromossomo 2 para produzir a lactase (enzima que quebra a lactose, o açúcar do leite) de que você precisa para não haver problema de distensão abdominal.

Então por que o cromossomo X é tão importante? Bem, porque sem ele a vida humana não seria possível. Ninguém nasce sem pelo menos um cromossomo X. Além de possibilitar a vida, ele fornece uma base a partir da qual desenvolvemos e mantemos o cérebro, e também criamos o nosso sistema imunológico. Trata-se de um rico volume genético de instruções que orquestram o desenvolvimento e muitas funções essenciais do corpo humano.

//

Os seres humanos não são as únicas criaturas na Terra que usam os cromossomos para a determinação sexual. Comecei a trabalhar com abelhas melíferas há mais de vinte anos, e meu interesse nas pesquisas foi desencadeado por uma pergunta muito simples: O que acontece com uma abelha quando ela fica doente?

As abelhas melíferas têm de coletar pólen e néctar de diversas flores, muitas vezes longe das colmeias. Ao longo dessa jornada, são expostas a todo tipo de micróbios.

Ao contrário dos animais vertebrados, como os seres humanos, as abelhas não produzem anticorpos para combater infecções quando são invadidas por algum microrganismo. Em vez disso, esses insetos se tornaram bastante hábeis na guerra química. Como uma farmácia pessoal sob demanda, as abelhas são capazes de personalizar os próprios antibióticos para tratar uma infecção bacteriana. (Alguns desses antibióticos, como a apidaecina, podem estar presentes no mel que consumimos.) O objetivo das minhas pesquisas era descobrir se podíamos usar os antibióticos que as abelhas produzem para tratar infecções em seres humanos.

Como geneticista, fiquei fascinado pela reprodução e genética das abelhas melíferas. Ao contrário de muitos outros animais, como as aves, que usam algo semelhante ao sistema XX e XY, as abelhas têm uma maneira singular de determinar o sexo. Eu me dei conta disso ao abrir uma colmeia e ver a quantidade de ovos que a abelha-rainha estava pondo naquele exato momento — a bem da verdade, era uma extraordinária abelha poedeira. As abelhas-rainhas põem cerca de 1.500 ovos por dia.

Ao contrário dos clientes de Aristóteles, que fariam qualquer coisa para intervir na determinação do sexo de seus descendentes, as abelhas-rainhas dominaram a arte da seleção sexual há milhões de anos. A própria rainha pode tomar a decisão régia de pôr um ovo que se transformará em uma abelha-operária ou em um zangão.

O processo funciona da seguinte maneira: a abelha-rainha põe um ovo que tem dezesseis cromossomos e, se ela não fizer mais nada, esse ovo vai originar um zangão.[7] Mas, se a rainha quiser fazer uma abelha-operária, ela deposita um pouco de sêmen, que estava armazenado em seu corpo, sobre o ovo. Esse sêmen se mistura ao ovo e o fertiliza. O sêmen que fertilizou o ovo acrescenta outros dezesseis cromossomos, perfazendo um total de 32 cromossomos. Esse é o número de cromossomos necessários para produzir uma abelha-operária. Enquanto as mulheres têm uma cópia extra de cromossomo X, as fêmeas das abelhas têm ainda mais opções genéticas. Cada um desses dezesseis cromossomos adicionais faz a abelha fêmea ter mais opções genéticas que os zangões.

Imagine isso. Ao contrário das mulheres, que têm apenas um cromossomo X a mais que os homens, as abelhas fêmeas têm um conjunto inteiro a mais. Considerando todas as tarefas desempenhadas por uma operária, não admira que ela tenha tanto material genético extra. Por um lado, para garantir que a colmeia permaneça o máximo possível isenta de germes, as fêmeas gastam uma enorme quantidade de tempo e energia no trabalho de manutenção da colônia. Por outro lado, também atuam como guardas, colocando a vida em risco para proteger a entrada da colmeia de predadores.

As fêmeas também são encarregadas de encontrar todas as fontes de alimento de que a colmeia precisa para sobreviver. Há ainda a impressionante conversão de néctar em mel, que exige dias de intenso esforço. A primeira etapa na fabricação do mel consiste na adição de enzimas para digerir o néctar. Para auxiliar nesse processo, as operárias precisam bater as asas a uma velocidade de 11.400 vezes por minuto. Esse movimento frenético de asas é necessário para ajudar a desidratar o néctar líquido, transformando-o em

---

7 Em uma colmeia sadia, em pleno verão produtivo, os zangões podem representar de 1% a 15% das 50 mil a 75 mil abelhas da população da colmeia.

mel. Mesmo com todos os avanços alcançados até agora pela ciência, o ser humano ainda não encontrou uma maneira de replicar esse processo.

Uma abelha-operária pode acabar deixando suas funções de limpeza e defesa da colmeia para sair em busca de pólen e néctar. Para fabricar meio quilo de mel, as abelhas precisam visitar 2 milhões de flores, percorrendo cerca de 88 mil quilômetros. Sem falar que, durante o processo de coleta, ao mesmo tempo que evitam os predadores, elas conseguem polinizar 80% das plantações de frutas, hortaliças e oleaginosas, só nos Estados Unidos. Como se não bastasse, também se comunicam com as companheiras de voo por meio de uma dança elaborada, informando-lhes onde encontrar uma boa fonte de alimento. Descobriu-se que as abelhas fêmeas são exímias matemáticas do mundo dos insetos. Pesquisadores australianos e franceses ensinaram abelhas fêmeas a fazerem operações matemáticas como adição e subtração. Acreditava-se que essa capacidade estava fora do alcance de qualquer inseto, uma vez que exige a capacidade de realizar processos cognitivos complexos. Mas não para uma abelha fêmea.

O que foi que sobrou para o zangão fazer? A resposta é simples... nada.

Os zangões não mantêm a colmeia, não conseguem produzir alimentos para si mesmos e só se mantêm vivos e limpos graças às operárias. Eles não conseguem nem mesmo defender a colmeia; em vez do ferrão que a fêmea tem, o macho possui uma estrutura fálica que usa para a única coisa que sabe fazer: sexo.

O sêmen que produz as fêmeas provém de vários zangões de outra colmeia que fizeram sexo, geralmente em pleno voo, com uma rainha. Durante um único voo nupcial, há o acasalamento da abelha-rainha virgem com até cinquenta machos, e ela armazena o sêmen em um órgão especializado chamado espermateca. As rainhas mantêm o sêmen vivo dentro delas durante alguns anos, usando-o apenas quando querem produzir fêmeas.

Não admira que a maioria dos zangões seja expulsa da colmeia antes do inverno. As operárias não querem ter de cuidar deles durante os meses de frio. A maior parte desses zangões não dura muito tempo fora da colmeia e acaba morrendo de fome, frio ou por predação.

É fácil ver por que as opções genéticas são essenciais à vida complexa e trabalhosa das abelhas fêmeas. Elas são as campeãs incontestes do seu mundo sexuado.

De volta ao mundo dos seres humanos, o cromossomo X extra nas mulheres lhes dá a vantagem de ter diversidade genética, ajudando-as a enfrentar melhor os desafios da vida. As mulheres têm mais soluções em sua "caixa de ferramentas" genética. Se cada cromossomo X tem cerca de mil genes, isso significa que as mulheres podem contar com células que usam uma cópia diferente de cada um desses genes.

Em geral, não é um *backup* exato, mas uma versão bem diferente de cada um desses genes que é encontrada no cromossomo X. Pense nisso da seguinte maneira: se você precisar de uma chave de fenda comum, peça a um homem que a pegue na caixa de ferramentas genética dele. Mas, se precisar de duas chaves de fenda específicas ao mesmo tempo, uma chave Phillips e uma Robertson, é melhor pedir a uma mulher, porque ela terá ambas.

//

Apesar da superioridade genética das mulheres, todos os anos nascem mais meninos que meninas. À primeira vista pode não parecer uma diferença significativa, mas é um fenômeno que merece nossa atenção. No mundo todo, o índice é de cerca de 105 meninos para cada 100 meninas. Talvez você ache que essa seja uma prova de que os homens são o sexo mais forte, mas é por ser muito mais difícil produzir uma mulher que elas são em menor número.

Como Mary Lyon descobriu, as células que dão origem a um embrião feminino têm de passar por um processo de caráter multifacetado que consiste em inativar parcialmente um dos cromossomos X e guardá-lo em segurança no início do desenvolvimento. Até onde os geneticistas sabem, essa pode ser uma das tarefas mais sofisticadas que ocorrem durante o desenvolvimento, e é isso que permite às células das mulheres escolherem entre dois cromossomos.

Portanto, assim como o diamante que requer uma enorme pressão e uma grande quantidade de energia para se formar a uma profundidade de cerca de 160 quilômetros abaixo da superfície da Terra,[8] as mulheres são mais difíceis de serem feitas. (Exatamente por essa razão, assim como os diamantes são mais rígidos e mais difíceis de quebrar, as mulheres são também mais "duras na queda", assunto que tratarei nos capítulos sobre resiliência e vigor.)

O que acontece se o "silenciamento" do cromossomo X não funcionar como planejado? O que sabemos de pesquisas sobre outros mamíferos é que se um cromossomo X não for devidamente silenciado e transformado em corpúsculo de Barr em todas as células iniciais de uma mulher, a gravidez infelizmente não vai vingar. Nunca houve nenhum caso de ser humano que nascesse com dois cromossomos X totalmente ativos em todas as células. E, se ambos forem acidentalmente silenciados, a gravidez também cessará. É por isso que se perdem mais embriões do sexo feminino durante os

8 Acredita-se que os diamantes azuis, muito mais raros, sejam formados a uma profundidade ainda maior, cerca de 650 quilômetros abaixo da superfície da Terra.

primeiros estágios da gestação, em geral antes mesmo que a mulher saiba que está grávida.

As células que compõem um embrião do sexo masculino são muito mais simples. Nenhuma delas tem de ser silenciada nem precisa inativar um cromossomo X para transformá-lo em corpúsculo de Barr. É por isso que os homens são mais fáceis de serem feitos. Afinal, eles têm somente um X.

Quanto à superioridade genética das mulheres, você pode achar que a história termina aqui. Mas na verdade é aqui que a história começa. As mulheres não têm apenas mais opções genéticas para escolherem dentro de cada célula, mas também a capacidade de cooperar e compartilhar esse conhecimento genético diverso *entre* as células. Essa forma de cooperação celular acontece simultaneamente entre os trilhões de células femininas que trabalham juntas, reunindo sua sabedoria genética coletiva para enfrentar os obstáculos.

Essa superioridade de cooperação celular cria o terreno fértil para a resiliência peculiar das mulheres.

2 | Resiliência: Por Que as Mulheres São Mais "Duras na Queda"?

O DR. BARRY J. MARSHALL ESTAVA À BEIRA DO DESESPERO. Já haviam se passado alguns anos desde que ele e o dr. Robin Warren, patologista, tinham elaborado a teoria de que uma bactéria era a causadora das úlceras pépticas[9] e até do câncer de estômago de seus pacientes, mas havia um problema: eles não tinham conseguido reunir muitos apoiadores. A medicina tradicional do início da década de 1980, com suas ideias arraigadas, não estava convencida dessa descoberta. Quem aqueles presunçosos dos confins da Austrália ocidental, que não tinham pesquisas relevantes nem publicações científicas de peso, achavam que eram?

9 A expressão "úlcera péptica" é usada para descrever uma ferida ou lesão na mucosa do estômago ou do duodeno. Embora as lesões sejam chamadas coletivamente de úlcera péptica, quando uma lesão está localizada no estômago, é chamada de úlcera gástrica, e, quando está localizada na porção superior do intestino delgado, é chamada de úlcera duodenal.

Muito antes que o dr. Barry e o dr. Robin começassem a trabalhar juntos, em 1981, os especialistas achavam que a gastrite e a úlcera péptica eram causadas por excesso de estresse e ingestão de alimentos apimentados. E, em geral, ninguém questionava esse dogma bem estabelecido. O tratamento que se costumava empregar à época era o uso de bloqueadores dos receptores H2 de histamina, uma família de medicamentos que reduziam a quantidade de ácido produzido no estômago. Era uma escolha racional, pois acreditava-se que as úlceras eram causadas por comportamentos que levavam à produção excessiva de ácido. Longe de questionar o dogma de "excesso de ácido", os cirurgiões adotaram esse raciocínio e começaram a se especializar em remover partes do estômago e da porção inicial do intestino dos pacientes. Por alguma razão, a maioria dos pacientes que sofriam de úlcera era do sexo masculino.

Toda vez que o dr. Robin analisava ao microscópio amostras de biópsia de pacientes com úlcera, ele via algo que ia contra tudo o que havia aprendido. "Preferi acreditar nos meus olhos, e não nos livros didáticos ou na comunidade médica", escreveu ele em seu livro *Helicobacter Pioneers*. Seu trabalho inicial indicava que uma bactéria de forma espiralada chamada *Helicobacter pylori* era a verdadeira causadora de úlceras e cânceres de estômago que ele observava nos pacientes quase exclusivamente do sexo masculino. O ensino médico ortodoxo à época pregava que o estômago era ácido demais para que qualquer bactéria pudesse sobreviver e proliferar nele; portanto, a probabilidade de que alguém da área médica levasse a descoberta do dr. Robin a sério era infinitesimalmente pequena. Nas palavras do médico: "Na verdade, só havia uma médica que acreditava no que eu fazia... minha esposa Win, que era psiquiatra e me incentivou".

O dr. Barry e o dr. Robin sabiam que não estavam imaginando coisas toda vez que olhavam no microscópio. Eles tinham certeza de que aquela bactéria não só vivia de forma cômoda no ambiente ácido como na verdade também se multiplicava nele. Ambos chegaram à conclusão de que ela poderia ser a responsável pela inflamação no revestimento do estômago, que acabava causando uma erosão.

Sendo assim, as úlceras não tinham nada a ver com estresse e alimentação. O que era preciso fazer era tratar o patógeno. Matar a bactéria para curar a doença.

Em uma entrevista concedida em 2010, o dr. Barry disse: "Eu tinha feito uma descoberta que poderia abalar os alicerces de uma indústria de 3 bilhões de dólares". É óbvio que ele se referia à indústria farmacêutica. Era verdade: as pessoas vinham ganhando uma vasta soma em dinheiro com a teoria de que as úlceras eram causadas por cigarro, bebida alcoólica, estresse e alimentos apimentados. Não devia ser difícil imaginar por que haveria resistência por parte de quem desenvolvia e vendia uma classe inteiramente nova de medicamentos que reduziam a acidez estomacal, tornando mais suportável a dor causada pela úlcera. Mas esses medicamentos, de fato, não curavam os pacientes; apenas aliviavam os sintomas.

Então, o que um jovem médico pode fazer quando está ficando cansado de ser ignorado ou rejeitado? O que você pode fazer se a medicina ortodoxa e a indústria farmacêutica estão tentando varrer suas ideias para debaixo do tapete? O dr. Barry tomou um caldo marrom espumoso repleto de bactérias *H. pylori* extraídas de um dos pacientes e esperou para ver se ficaria doente.

Dito e feito. No começo, sentiu um leve desconforto estomacal, mas no quinto dia já vomitava e, no décimo, seu estômago estava inflamado, completamente colonizado pela *H. pylori*. Seu corpo foi tomado pela inflamação e pela gastrite causadas pela infecção por *H. pylori*, e ele estava prestes a desenvolver uma úlcera. A essa altura, sua esposa Adrienne interveio e o convenceu de que estava na hora de se tratar com antibióticos.

Os antibióticos erradicaram a *H. pylori* do estômago do dr. Barry, e ele se recuperou por completo. Mas, apesar das evidências experimentais que embasavam sua teoria, muitos médicos não ficaram convencidos. Foram necessários mais dez anos de defesa científica para que os médicos começassem a levar a sua teoria a sério. O dr. Barry e o dr. Robin não apenas convenceram o mundo da veracidade de sua teoria como ganharam o Prêmio Nobel de Fisiologia e Medicina de 2005 pela descoberta revolucionária.

Felizmente para o dr. Barry, ele não tentou infectar a esposa com a *H. pylori*. Se não tivesse sido cobaia do próprio experimento, milhões de pessoas em todo o mundo ainda estariam sofrendo desnecessariamente, e ele também não teria ganhado o Prêmio Nobel. Se ela, ou qualquer outra mulher, tivesse bebido o caldo, seu experimento poderia ter fracassado.

Havia muito já sabíamos que as úlceras eram quatro vezes mais comuns em homens do que em mulheres, mas não sabíamos por quê. Agora, porém, não resta dúvida de que isso se deve ao fato de os homens não terem a mesma capacidade que as mulheres de combater os microrganismos, como vírus e bactérias. Os homens não são apenas incapazes de apresentar a mesma resposta imunológica vigorosa contra os microrganismos que as mulheres, mas também são mais propensos a ter gastrite, úlceras pépticas e até mesmo câncer gástrico causados por eles.

Pesquisas recentes indicam que as respostas distintas à infecção por *H. pylori* de homens e mulheres podem ser mediadas por hormônios como os estrogênios. De fato, a administração de um tipo de estrogênio chamado estradiol a camundongos machos reduziu a gravidade das lesões gástricas causadas pela *H. pylori*. Em seres humanos, o tratamento de linhagens celulares de adenocarcinoma gástrico humano (chamado também de câncer de estômago) com estradiol, por exemplo, parece inibir sua proliferação. Portanto, talvez a *H. pylori* não seja a única razão de mais homens terem câncer após serem infectados. As mulheres simplesmente são mais resilientes que os homens ao estresse e às infecções.

As diferenças no nível de hormônios sexuais como estrogênio e testosterona no organismo são ditadas pelos cromossomos que herdamos. As gônadas que produzem os hormônios sexuais, como testículos e ovários, foram formadas com base nos cromossomos sexuais que você tem. Se você herdou um cromossomo Y e as suas gônadas são testículos, você terá mais testosterona do que estrogênio no organismo. Sem o Y, haverá mais estrogênio no seu sangue. Parte da resiliência feminina é resultado dos hormônios sexuais, e parte tem a ver com diversidade, cooperação e, obviamente, a subsequente superioridade cromossômica das mulheres pelo fato de terem mais de um cromossomo X para escolher.

Quanto à resiliência — a capacidade de superar as adversidades e os reveses da vida —, as opções genéticas ajudam as mulheres a enfrentarem um dos maiores desafios: não serem consumidas por patógenos como os que o dr. Barry Marshall e o dr. Robin Warren descobriram ser a causa da úlcera péptica.

Os trilhões de microrganismos presentes em nosso ambiente também estão sempre à espreita de um alvo fácil, e é por isso que todo organismo de ordem superior, seja uma árvore de carvalho, um buldogue ou um ser humano, tem algum tipo de sistema imunológico de defesa. As enzimas antimicrobianas cutâneas e digestivas representam importantes barreiras para reduzir as chances de entrada ou colonização de patógenos. Mas o que acontece quando uma barreira física não é suficiente?

O sistema imunológico entra em cena. Ele evoluiu para lidar não apenas com células patogênicas e cancerosas, mas também com parasitas como os vermes intestinais. O sistema imunológico não é um órgão distinto, como o coração ou o cérebro. E isso é bom, porque ele precisa estar ativo tanto no aspecto espacial quanto no temporal, em todos os lugares, a qualquer hora, o tempo todo.

Em relação às diferenças gerais entre homens e mulheres e à capacidade de combater inúmeras infecções microbianas, os desfechos clínicos são impressionantes. Seja uma bactéria como o *Staphylococcus aureus*; ou o *Treponema pallidum*, que causa a sífilis; ou ainda o *Vibrio vulnificus*, que causa a vibriose, as mulheres, sistematicamente, combatem melhor esses microrganismos infecciosos.

Sem um sistema imunológico forte, não é possível debelar uma infecção por *H. pylori* ou algo muito mais letal. E não são só as bactérias que as mulheres combatem melhor. Os vírus também.

//

O BARULHO DA CHUVA ERA ENSURDECEDOR, e pela janela do Orfanato Tarn Nam Jai eu conseguia ver o nível da água começando a subir. No final, toda a rua foi inundada, e as crianças ficaram isoladas do restante da cidade.

Havia uma razão para Bangkok ser chamada de Veneza do Oriente. Antes de serem pavimentados, seus canais eram usados para transportar pessoas, animais e mercadorias. Mas em dias como aquele, em plena estação chuvosa de 1997, era como se o passado se tornasse presente; e, quando a cidade começou a inundar, suas ruas secundárias ficaram submersas mais uma vez.

Enquanto o nível da água subia, não tive muito tempo para refletir sobre as glórias passadas de Bangkok. Havia uma dezena de crianças para cuidar, algumas delas soropositivas para o HIV. Quando seu sistema imunológico foi dizimado por um vírus cuja estratégia evolutiva é fazer exatamente isso, é preciso toda ajuda médica que se possa obter.

O problema da inundação em geral não é só a água, mas também o que ela carrega. Vi um rato nervoso correndo em círculos em uma pequena prancha de madeira que flutuava ao longo da rua. Era um sinal de que os esgotos se misturavam ao rio que se formava com rapidez na frente do orfanato. Para as seis crianças do Tarn Nam Jai que tinham HIV, a exposição a uma carga microbiana acima do normal era um grave risco, porque o HIV infecta e mata preferencialmente as células imunológicas. Até mesmo uma simples infecção cutânea pode logo se tornar fatal para alguém infectado pelo HIV.

Um vizinho remava com animação em um bote inflável pelas ruas inundadas, resgatando pessoas encurraladas pela enchente. Assim como esse residente local, as pessoas que conheci na época em que morei na Tailândia eram bastante habilidosas e independentes, características que muitas vezes são associadas a uma reverência ao conceito que eles chamam de *sanuk* — em tradução livre, seria algo como "divertido". Se não for *sanuk*, não vale a pena fazer. Trata-se também de um mecanismo de defesa para lidar com os piores momentos da vida, como quando sua rua e a sua casa são inundadas. Aprendi muito sobre *sanuk* naquele verão, e percebi que ajudava as pessoas a enfrentarem circunstâncias terríveis, como cuidar de crianças doentes.

O orfanato era uma estrutura de madeira de 75 anos que tinha sido reformada havia pouco tempo. Era rodeado por um jardim exuberante, no qual havia um lago, e com o ruído constante dos pássaros era fácil esquecer que estávamos em meio a uma paisagem urbana e agitada. Suas paredes abrigavam as mais jovens vítimas de uma epidemia crescente que vinha tendo grande impacto sobre a população tailandesa.

Todas as crianças no Tarn Nam Jai eram filhos de mães portadoras de HIV. Em meados da década de 1990, muitas crianças ainda eram infectadas no útero materno. A transmissão de HIV durante uma gestação sem complicações girava em torno de 50%, e essa estatística se refletia nas crianças do orfanato. (Recentemente, o governo tailandês fez enormes avanços ao quase eliminar a transmissão materno-fetal do HIV, sendo o primeiro país asiático a conseguir isso.)

O objetivo do orfanato era criar um centro de cuidados paliativos para crianças soropositivas e um centro de adoção de crianças soronegativas. Como à época o teste de HIV ainda era baseado na detecção de anticorpos contra o vírus, tínhamos de esperar pelo menos seis meses para testar as crianças e descobrir se estavam infectadas. Esse é o tempo que costuma levar para que os anticorpos da mãe, que são proteínas produzidas por células especializadas do sistema imunológico chamadas células B, desaparecessem do sangue do bebê após o nascimento.

Foi no Tarn Nam Jai que vi de fato quanto os meninos eram mais vulneráveis que as meninas. Qualquer pessoa que já cuidou de crianças sabe que eles ficam doentes com frequência. Isso, obviamente, é muito mais marcante em crianças soropositivas para HIV.

O impressionante era que, quando havia um surto de infecção no orfanato, em geral eram os meninos soropositivos que ficavam doentes mais cedo e com muito mais gravidade que as meninas soropositivas. Às vezes, os meninos ficavam doentes antes das meninas, independentemente de serem ou não portadores do HIV.

Conheci Nuu e Yong-Yut na Tailândia. Embora tivessem temperamentos bem opostos, as duas crianças estavam sempre correndo e brincando juntas. Nuu era uma menina tranquila e cuidadosa; daí seu apelido, que significa "camundongo" em tailandês. Yong-Yut, por outro lado, estava sempre cantando ou descobrindo novas maneiras de chatear Nuu. Ele tinha esse apelido, que significa "guerreiro" em tailandês, porque adoecia com mais frequência que as outras crianças.

Percebi que Yong-Yut era muito mais suscetível a infecções que sua amiguinha. Isso não fazia muito sentido, pois ambos estavam infectados pelo mesmo vírus da imunodeficiência humana. Toda vez que havia um novo microrganismo circulando pelo orfanato, os funcionários mais experientes avisavam a todos, assim como Rebecca fez comigo quinze anos mais tarde na UTI neonatal, para que ficassem de olho nos meninos.

Às vezes eu me perguntava por que os meninos pareciam ser tão mais fracos. Apenas anos depois descobri por que Nuu parecia lidar melhor com a sua infecção por HIV do que alguns dos meninos no orfanato.

Hoje sabemos que, mesmo quando são tratados com o mesmo coquetel de medicamentos antivirais — o chamado tratamento antirretroviral de alta potência (HAART)[10] —, mulheres e homens soropositivos muitas vezes têm desfechos distintos. Os antirretrovirais do tratamento antirretroviral de alta potência interferem na replicação de vírus como o HIV, diminuindo sua multiplicação e disseminação pelo organismo. Como o HIV infecta e mata preferencialmente células imunológicas como os linfócitos CD4+, a redução do número de vírus circulante permite que o sistema imunológico se recupere. É importante ter um número maior de células imunológicas como os linfócitos CD4+ porque isso nos permite combater outras infecções microbianas oportunistas.

---

10 Tratamento antirretroviral de alta potência é uma combinação de medicamentos usados para tratar pessoas infectadas pelo HIV. Embora não promova a cura, o início precoce do tratamento em geral aumenta a expectativa de vida.

No entanto, um ano após iniciar o tratamento antirretroviral, o número de homens que desenvolvia tuberculose e pneumonia era maior do que o de mulheres. Por que isso acontecia? Assim como o raciocínio equivocado sobre homens e úlceras, antes achávamos que algumas das diferenças no tratamento e no desfecho da infecção por HIV eram comportamentais. Muitos achavam que os homens não respondiam tão bem ao tratamento pelo simples fato de que não tomavam os medicamentos de forma tão meticulosa quanto as mulheres. Mas agora sabemos que os cromossomos sexuais influenciam na maneira como o corpo reage à infecção pelo HIV. Por exemplo, as mulheres soropositivas apresentam contagem mais alta de linfócitos CD4+ que os homens nos primeiros anos da infecção, que, como mencionei acima, é um importante marcador de força imunológica. As mulheres também têm níveis sanguíneos mais baixos de HIV do que os homens. Isso significa que o sistema imunológico delas parece ser, pelo menos a princípio, mais forte no combate a infecções virais como o HIV.

Quando o corpo humano é invadido por um microrganismo, a espinha dorsal da resposta imunológica é a capacidade de as células B produzirem anticorpos. As células B são, em essência, fábricas cujo único propósito é produzir anticorpos que se combinem especificamente (especificidade) e se liguem (afinidade) a uma estrutura encontrada no invasor chamada imunógeno. Quanto maior a afinidade, ou seja, a força de ligação, entre o anticorpo e seu imunógeno, melhor. Depois que as células B são ativadas e entram em combate, elas retêm células de memória que podem ser requisitadas anos mais tarde em caso de infecção pelo mesmo microrganismo.

Usamos esse sistema toda vez que vacinamos alguém. Quando aplicamos nos pacientes uma injeção que contém imunógenos microbianos, permitimos que o corpo deles produza anticorpos altamente específicos, para que, se em algum momento encontrarem esse patógeno, estejam um passo à frente na luta pela sobrevivência. Se não conseguíssemos produzir um anticorpo "sob medida" para um invasor específico, não sobreviveríamos por muito tempo neste planeta.

Depois que uma célula B produz um anticorpo específico para determinado invasor, ela continua a aprimorar esse anticorpo para aumentar ainda mais seu grau de afinidade. Quanto maior for essa afinidade, maiores serão as chances de sobreviver a uma infecção. Esse processo costuma ocorrer no tecido linfoide.

As mulheres genéticas têm maior capacidade de produzir anticorpos com mais afinidade por invasores microbianos. Para isso, as células B sofrem uma série de mutações. Se as mutações ocorrerem nos genes que o corpo usa para produzir anticorpos, esses genes podem acabar produzindo anticorpos com mais afinidade. Quando as células B estão sendo instruídas a produzir anticorpos melhores, as mutações ocorrem a uma taxa de cerca de um milhão de vezes acima do normal, em um processo denominado hipermutação somática. Tanto as células B dos homens quanto as das mulheres passam por esse processo de aprimoramento de anticorpos. No entanto, são as mulheres que despendem mais energia para continuar instruindo as células B ao longo de mais ciclos de mutação, até serem capazes de produzir anticorpos com mais afinidade e, em decorrência disso, combater infecções com mais eficácia que os homens. Embora exista mais de uma teoria sobre a razão de essa hipermutação ocorrer de forma mais eficaz nas mulheres, uma coisa é certa: as mulheres evoluíram em termos imunológicos para literalmente realizarem mais mutações que os homens.

Isso poderia ajudar a explicar por que as mulheres são muito mais eficientes na produção e no uso dos anticorpos

— suas células são mais motivadas e mais capazes de encontrar o melhor anticorpo possível. O cromossomo X contém muitos genes que estão envolvidos na função imunológica. As mulheres têm dois cromossomos X em cada uma das células imunológicas, que conterão diferentes versões dos mesmos genes imunológicos. Portanto, as mulheres têm, por natureza, duas populações de cada tipo de célula imunológica, sendo que cada uma usa predominantemente um cromossomo X em detrimento de outro. O fato de ter células imunológicas geneticamente diversas, como as células B, permite às células das mulheres competirem para formar os melhores anticorpos possíveis. Os homens, é evidente, estão longe de ter o mesmo nível de competição de células B, pois usam o mesmo cromossomo X.

Existe outra razão para que as mulheres tendam a produzir anticorpos melhores. Muitas delas fornecem aos bebês os anticorpos de que vão precisar nos primeiros meses de vida. O sistema imunológico do feto não está totalmente ativado dentro do útero, uma provável adaptação evolutiva para que não comece, por equívoco, a atacar a mãe. Portanto, muitas mães fornecem anticorpos aos bebês por meio do leite materno, o que representa uma vantagem imunológica. Estudos mostram que bebês amamentados correm menos risco de ter infecções do trato respiratório inferior mesmo anos depois, em idade pré-escolar.

Todo esse processo de causar mais mutações para ter um anticorpo com mais afinidade também pode dar terrivelmente errado — nos homens, quero dizer. A *H. pylori* pode se apropriar do processo de hipermutação e fazer com que as células epiteliais que revestem as paredes do estômago sofram mutações desnecessárias, o que com o tempo pode levar a um câncer gástrico. Ainda não sabemos em detalhes por que, mas os homens parecem ser particularmente sensíveis a esse processo anômalo.

//

EM ABRIL DE 1924, nas proximidades de Viena, um escritor pouco conhecido estava sendo carinhosamente tratado por sua irmã Ottla. As pontadas de fome que tinham se tornado uma companheira constante em suas horas de vigília atrapalhavam seu trabalho. Mas, à medida que seu estado de saúde se deteriorava, ele não conseguia comer mais, por mais faminto que estivesse.

Assim como um túmulo egípcio em vias de ser lacrado, seu esôfago se fechava para o mundo e, o que era ainda mais crucial para Franz Kafka, para os alimentos. O "sepultamento" digestivo de Kafka era causado por milhões de microrganismos invisíveis que invadiam o tecido laríngeo. Não admira que seu estado fosse chamado de "consumpção", ou seja, o definhamento progressivo do organismo, pois as vítimas terminavam seus dias em uma versão irreconhecível e oca de si mesmas.

A tuberculose (TB) consome suas vítimas aos poucos, ao longo de muitos anos. A doença tem causado devastação na vida de seres humanos desde que começamos a domesticar os animais. Acredita-se que a *Mycobacterium tuberculosis,* uma bactéria infecciosa que dizimou milhões de pessoas, tenha sido transmitida para o ser humano por espécies de gado infectado há algumas dezenas de milhares de anos no antigo Crescente Fértil — uma área que hoje abrange do Egito ao Iraque. Mas essa não é uma doença de um passado distante: 10 milhões de pessoas ainda têm tuberculose pelo mundo afora.

Essa bactéria ardilosa reduz as defesas do organismo ao longo do tempo, em vez de desferir um ataque agudo em grande escala. Uma vez estabelecida, a infecção crônica vai minando as defesas imunológicas. Em termos práticos, isso significa que as pessoas que estão fisicamente debilitadas em decorrência de diabetes ou outra infecção, como o HIV, são muito mais suscetíveis à tuberculose. Esse tipo assimétrico de batalha microbiana pende a favor do agressor e, com o tempo, deixa as pessoas infectadas sistemicamente depauperadas.

O sintoma típico da tuberculose era um lenço branco manchado de vermelho, devido ao escarro sanguinolento. Durante os séculos XVII a XIX, cerca de um quarto de todas as mortes era causada por tuberculose. A Revolução Industrial, em particular, fez com que milhões de pessoas começassem a expectorar sangue (o termo médico desse sintoma é hemoptise) por causa da tuberculose. Muitos fatores contribuíram para a epidemia de tuberculose no século XIX. A má ventilação das casas ajudava a disseminar a infecção, a alimentação ruim suprimia a imunidade das pessoas ao microrganismo e a falta de luz solar reduzia a quantidade de vitamina D produzida pelo organismo.[11]

Em uma carta ao seu amigo Max Brod, Kafka descreveu os sintomas clássicos da tuberculose, que se instalava de forma insidiosa em seu corpo: "Sobretudo, o cansaço aumentou. Fico horas a fio na cadeira reclinável em um estado crepuscular. Não estou bem, embora o médico afirme que o problema no pulmão tenha diminuído pela metade. Mas eu diria que está muito pior. Nunca tossi tanto, nunca tive tanta falta de ar e nunca senti tanta fraqueza".

À medida que a tuberculose se alastrava pelo corpo, atingindo sua laringe, Kafka tinha de mastigar os alimentos centenas de vezes para conseguir engolir sem se engasgar. É difícil imaginar como foram desconfortáveis os últimos meses de vida de Kafka.

Kafka morreu no dia 3 de junho de 1924, aos 40 anos de idade, vítima de complicações da tuberculose. Ele pediu que

11 Pesquisas recentes indicam que a vitamina D tem um importante papel no sistema imunológico, ajudando o organismo a combater infecções e tumores malignos.

Max Brod prometesse não ler nem disseminar seus manuscritos inacabados, mas sim queimar todos eles. Brod não lhe deu ouvidos.

Max Brod reuniu os capítulos e fragmentos de texto como se juntasse e colasse os cacos de uma louça quebrada, formando assim a obra completa que ele imaginava estar conforme o desejo de Kafka. A verdade é que não temos ideia de como *O Processo* e os outros romances de Kafka teriam sido se ele os tivesse finalizado.

O que sabemos com certo grau de certeza é que Kafka não teve a chance de terminar seus romances porque era homem. Apesar de todos os avanços alcançados pela medicina moderna, das 1,3 milhão de pessoas que morreram de tuberculose em 2017, quase dois terços eram homens.

Outro exemplo da superioridade imunológica feminina em relação às doenças é exemplificado por um infeliz incidente conhecido como desastre de Lübeck. Em 1929, 251 recém-nascidos receberam por acidente uma dose da vacina antituberculose (BCG — bacilo de Calmette e Guérin) contaminada com *Mycobacterium tuberculosis*, a bactéria causadora da tuberculose. Um número significativo de recém-nascidos que morreram após receber a vacina contaminada era de meninos.

As mulheres genéticas são de fato muito eficazes no combate aos microrganismos.[12] Uma das únicas bactérias a que parecem ser mais suscetíveis é a *Escherichia coli*. É provável que isso se deva a fatores anatômicos (e não imunológicos), que tornam as mulheres mais suscetíveis a infecções do trato urinário causadas por bactérias como a *E. coli*. Infecções fúngicas como as causadas por *Candida albicans* também são mais comuns em mulheres, pela mesma razão. Dadas as diferenças de anatomia entre as genitálias externa e interna dos

---

12 O fato de as mulheres terem vantagem imunológica em relação aos homens possuem um aspecto negativo; tratarei desse assunto em mais detalhes no Capítulo 5.

sexos genéticos, é notável que as mulheres consigam evitar tantos microrganismos invasores.

Independentemente do sexo genético, a maior ameaça à sobrevivência coletiva neste planeta sempre será de natureza infecciosa. Mesmo após a descoberta dos antibióticos, há mais de setenta anos, os patógenos microbianos ainda são a principal causa de morte em todo o mundo. Assim como a tuberculose mutilava e matava em números assustadores à época de Kafka, novas cepas dessa bactéria hoje em dia são resistentes a vários dos antibióticos que temos em nosso arsenal.

Exatamente por isso, a tuberculose multirresistente (TBMR) está ficando cada vez mais difícil de tratar, já que muitos antibióticos que antes matavam essa bactéria hoje são ineficazes. Uma ameaça ainda maior vem surgindo de outra cepa, chamada tuberculose super-resistente, que é imune a um maior número de antibióticos.

Assim como as pessoas circulam pelo mundo, o mesmo acontece com os microrganismos. Já houve relatos de tuberculose super-resistente a medicamentos em 123 países, entre eles, os Estados Unidos. Foi isso que me levou a dedicar grande parte de minha carreira profissional ao desenvolvimento de novos agentes antibióticos para tratar a ameaça crescente de infecções por "superbactérias", ou bactérias resistentes a diversos medicamentos.

Quando o sistema imunológico não é suficiente para combater microrganismos predadores, precisamos da ajuda de antibióticos e antivirais para debelar infecções. Esses medicamentos são apenas uma pequena parte da solução, pois mesmo quando empregamos os mais avançados e mais potentes, todos os microrganismos acabam se tornando resistentes a eles. Como sempre, a vida consegue superar todos os obstáculos que surgem pelo caminho. É por isso que é importante aprender o máximo que pudermos sobre o sistema de defesa imunológico inato. Nem mesmo os melhores antibióticos e antivirais que temos hoje conseguem "curar" nossas infecções; eles apenas proporcionam um pouco de alívio e nos ajudam na batalha contra os microrganismos. É ainda nosso próprio sistema imunológico que tem de finalizar o trabalho.

Sobreviver no caldo patogênico em que vivemos é um dos maiores desafios que enfrentamos como seres humanos. Seja vencendo uma grave infecção bacteriana, derrotando a última cepa de gripe A ou, de maneira mais ampla, resistindo às crises de escassez de alimentos e epidemias ao longo da história, as mulheres têm se saído melhor. A razão tem tudo a ver com o fator XX.

Digo isso como geneticista e pesquisador de antibióticos: as mulheres são verdadeiramente privilegiadas no aspecto imunológico. E isso é bom, porque a nossa sobrevivência neste planeta, atual e futura, depende delas.

3 | Em Desvantagem: O Cérebro Masculino

NAOMI SEGURAVA UMA GRANDE PASTA SANFONADA MARROM junto ao peito. Seu filho Noah a seguia em silêncio. Ele era um adolescente bastante alto e tímido. Uma jovem mais ou menos da idade de Noah estava sentada na sala de espera. Ao notar a presença do rapaz, ela ergueu os olhos do telefone e parou de digitar. Mas Noah não prestava atenção a ela, nem a nenhum de nós. Pelo menos era o que parecia.

— Tenho um sonho recorrente de que estou tomando o café da manhã com Noah em nossa casa — disse Naomi ao sentar-se na cadeira à minha frente.

O consultório daquela clínica era um pouco maior do que o habitual e tinha duas janelas. Embora houvesse uma cadeira vazia ao lado de Naomi, Noah preferiu permanecer em pé atrás da mãe.

— Nós dois conversamos sobre suas matérias preferidas e atividades extracurriculares enquanto ele se serve de mais uma porção de cereais e então... ele me pergunta se pode levar a namorada nova ao jantar de Ação de Graças na próxima semana. E, quando estou prestes a responder, eu acordo. Tenho tido diversas versões desse sonho desde que Noah entrou para o ensino médio, há dois anos — disse Naomi, os olhos cheios de lágrimas. — O pior é que sei que provavelmente isso nunca vai acontecer. Quer dizer, Noah parou de falar aos 3 anos de idade e nunca mais disse uma palavra sequer. Nada deu resultado, nenhum medicamento, nenhuma dieta alimentar, nenhum tratamento. Já aceitei a condição de Noah há muito tempo; é doloroso demais manter alguma esperança. Mas toda noite, quando vou para a cama, tenho a sensação incômoda de que alguma coisa está nos escapando. Talvez Noah esteja tentando me dizer algo através desse sonho. Será que se examinássemos outra vez os genes dele eu enfim teria uma resposta?

A pasta sanfonada de Naomi continha cópias dos prontuários médicos de Noah da época em que ele era bebê. Havia avaliações detalhadas de fonoaudiólogos, psicólogos e do pediatra. Aos 5 anos de idade, Noah fora avaliado por um especialista que o diagnosticara com transtorno do espectro autista (TEA). Essa, supostamente, era a razão pela qual ele tinha parado de falar.

Por muito tempo, acreditou-se que a incidência de TEA fosse oito vezes maior em meninos do que em meninas. A razão implícita para essa maior incidência era que o número de meninos que recebiam esse diagnóstico era maior. Durante anos, isso pareceu ser verdade, pois muitos casos de meninas que tinham TEA não eram diagnosticados. O que nós não sabíamos era que os sintomas das meninas podiam ser diferentes. Isso pode explicar, em parte, a discrepância no número de diagnósticos entre os sexos genéticos, mas não de todo.

Nos Estados Unidos, de acordo com os números publicados pelos Centros de Controle e Prevenção de Doenças (CDC) em 2018, a incidência de TEA é três ou quatro vezes maior em homens que em mulheres. Ainda não sabemos por que os índices são tão mais elevados em homens, pois ainda não exploramos por completo as diferenças entre os sexos. Pode ser pelo fato de os meninos terem apenas um cromossomo X no cérebro, possuírem um cromossomo Y ou por ambos os motivos.

Quando era pequeno, Noah foi submetido a alguns testes genéticos, cujos resultados foram normais. Mas Naomi já sabia que não havia um teste genético específico para TEA. Ela me disse que, mesmo que não pudéssemos fazer nada mais por Noah, quem sabe não descobriríamos a causa do problema, uma vez que os testes genéticos estavam bem mais aprimorados agora.

Depois de analisar todo o arquivo de Noah, solicitei um painel genético abrangente, além de outros exames, e esperei os resultados. Todos foram negativos, como os anteriores, mesmo com os novos testes que estavam disponíveis. Obviamente, Naomi ficou desapontada. Não havíamos descoberto nada novo sobre o problema de Noah.

Apesar de ter deixado de clinicar há alguns anos, ainda penso em Noah e em muitos outros meninos como ele, e fico impressionado com as inúmeras maneiras com que são afetados pelo fato de seu cérebro ter o desfalque de um cromossomo inteiro. A falta de variedade do cromossomo X dentro das células que compõem o cérebro dos homens os faz serem mais frágeis e sensíveis às agressões da vida, como infecções e inflamações, que, como se sabe, desempenham um papel importante no desenvolvimento de deficiências intelectuais. Não sabemos se isso contribuiu ou não para o problema de Noah, mas sabemos que, quando há algo errado com um cromossomo X, os homens não têm outro ao qual recorrer.

Em condições normais, muitos dos genes presentes no cromossomo X têm o projeto (*blueprint*) para criar e manter um cérebro em perfeito funcionamento. Entretanto, nem sempre isso acontece. Dos mil genes no cromossomo X, mais de cem foram identificados até agora como causa de deficiência intelectual. Esses quadros estão agrupados sob o nome "deficiências intelectuais ligadas ao X". Acredita-se que muitas outras variações genéticas presentes no cromossomo X causem deficiência intelectual, mas ainda não identificamos todas elas.

Os sintomas da deficiência intelectual ligada ao X surgem no início da infância e costumam se manifestar como inteligência abaixo da média. O comprometimento intelectual pode ser tão leve que mal é percebido, ou tão grave que impeça a aquisição até mesmo das habilidades mais básicas necessárias a uma vida independente.

Os geneticistas sabem quando a fonte da deficiência intelectual é o cromossomo X ao examinar o padrão hereditário nas famílias das pessoas afetadas. A existência de um padrão de herança ligada ao X em uma árvore genealógica revela-se quando apenas os meninos parecem ser afetados.[13]

Enquanto analisava o arquivo de Noah, encontrei uma carta do pediatra dele que resumia alguns dos exames aos quais ele tinha sido submetido. Entre eles, um teste para uma doença genética chamada síndrome do X frágil, que causa deficiência intelectual de moderada a grave. Essa síndrome acomete os homens com mais frequência e maior gravidade. Suspeitava-se de que Noah pudesse ter síndrome do X frágil porque o tio dele (irmão de Naomi) tinha essa doença. Mas o teste de Noah foi negativo.

A síndrome do X frágil tem esse nome porque o cromossomo X dessas pessoas parece ser mais frágil e mais propenso

13 Em casos raros, as mulheres podem ser afetadas quando herdam dois cromossomos que têm uma mutação no mesmo gene.

a quebras quando observado ao microscópio. Quase 99% das pessoas com síndrome do X frágil têm uma anomalia no gene de *retardo mental ligado ao X frágil* (*FMR1*), que o impede de funcionar como devia.

A proteína codificada por uma cópia operante do gene *FMR1* ajuda na formação de conexões entre os neurônios (chamadas sinapses), que são essenciais para o desenvolvimento normal do cérebro. Como os indivíduos com síndrome do X frágil não têm a proteína do gene *FMR1*, o cérebro deles não se desenvolve de forma adequada. Os médicos acreditam que essa seja a causa de muitos dos sintomas cognitivos associados à síndrome do X frágil.

Os homens não apenas são afetados com mais frequência pela síndrome do X frágil como também com maior gravidade, porque cada uma de suas células, inclusive os neurônios, usa o mesmo cromossomo com X frágil, o único que eles têm. É por isso que o cromossomo X extra que toda mulher genética herda é fundamental para proteger seu cérebro. Não dispor das melhores informações genéticas para formar e sustentar um dos sistemas biológicos mais complexos que conhecemos pode ser problemático. Como temos visto com frequência, na loteria genética é sempre melhor poder jogar outra mão.

Sabemos há muito tempo que os meninos são mais suscetíveis às deficiências intelectuais ligadas ao X, porque eles não conseguem tolerar mutações no X do mesmo jeito que as mulheres genéticas. Como falei, muitos dos mil genes encontrados no cromossomo X estão envolvidos na formação e manutenção do cérebro.

Não são só doenças ligadas ao X e o transtorno do espectro autista que acometem o cérebro dos meninos de modo desproporcional. Desde o início da vida, os meninos têm uma desvantagem de desenvolvimento. A desvantagem sexual dos bebês do sexo masculino, que pode causar complicações neurológicas permanentes, foi relatada pela primeira vez por pesquisadores em 1933 e ainda se mantém válida. Sabemos agora que os meninos estão em desvantagem na transição do útero para o mundo externo, o que acarreta um risco muito maior de problemas de desenvolvimento no futuro.

Tanto prematuridade como sofrimento fetal estão associados a maior risco de deficiências intelectuais no futuro. Um estudo finlandês de grande porte analisou os dados de saúde dos sete primeiros anos de vida de todas as 60.254 crianças nascidas em 1987. O estudo descobriu que os meninos tinham um risco 20% maior de apresentarem sofrimento fetal, bem como 11% a mais de probabilidade de serem prematuros. O mesmo estudo também descobriu que, à medida que as crianças ficavam mais velhas, os meninos tinham um risco duas a três vezes maior de apresentar atraso de desenvolvimento. E, em um subconjunto de mais de 14 mil crianças, os meninos tinham maior risco de início escolar tardio e necessidade de educação especial.

Em um estudo significativo publicado em 2011 pelos CDCs dos Estados Unidos, os pesquisadores analisaram os dados sobre déficit de desenvolvimento de crianças norte-americanas ao longo de doze anos. O estudo descobriu que "os meninos tinham o dobro de prevalência de qualquer tipo de deficiência de desenvolvimento, bem como maior prevalência de transtorno de déficit de atenção e hiperatividade, autismo, deficiências de aprendizado, gagueira e outros atrasos de desenvolvimento, especificamente".

Da mesma maneira, segundo os números mais recentes publicados pelo Centro Nacional de Estatística em Saúde, nos Estados Unidos as deficiências de desenvolvimento são quase duas vezes mais prevalentes em meninos do que em meninas. Essa variação pronunciada não se restringe a uma região geográfica ou sociedade específica. Diversos estudos realizados mundo afora vêm relatando achados semelhantes aos dos Estados Unidos, com taxa mais alta de deficiências de desenvolvimento em meninos.

Mesmo quando se leva em consideração a possibilidade de um excesso de diagnóstico em homens e subidentificação em mulheres, o número de homens com esses problemas *ainda* é maior. Em grande parte, isso tem a ver com a complexidade da formação e manutenção do cérebro.

O cérebro não é um órgão simples. Assim como tudo o mais no corpo humano, ele é formado com base em instruções contidas dentro dos cromossomos e genes que herdamos. Trata-se de uma estrutura tão complexa que, mesmo após sua fase de desenvolvimento inicial, ele continua a sofrer remodelamento, um processo denominado neuroplasticidade. Essas alterações ocorrem constantemente, até o dia de nossa morte. A neuroplasticidade é mediada não apenas pelo DNA, mas também por tudo o que vivenciamos, momento a momento. É por isso que somos capazes de aprender novas habilidades muito depois de ter deixado a infância para trás.

Existem muitas outras estruturas no corpo humano que, assim como o cérebro, são difíceis de serem formadas, e a essa altura não deveria ser nenhuma surpresa dizer que os homens, quando comparados às mulheres, também têm mais dificuldade na formação correta dessas estruturas. Esses problemas de desenvolvimento podem variar de uma malformação congênita de certa forma benigna a uma malformação congênita de maior gravidade.

Bebês que têm dificuldade para comer ou colocar a língua para fora podem ter "língua presa", ou anquiloglossia. Esse é um problema em que o frênulo lingual, uma prega de tecido que fica embaixo da língua, é muito curto ou espesso. Em consequência disso, a língua não consegue se movimentar com tanta liberdade quanto deveria. A incidência de língua presa é duas vezes mais alta em meninos.

O pé torto, ou *talipes equinovarus* — malformação do membro inferior —, costuma ser tratado com fisioterapia e, em casos extremos, com cirurgia. Trata-se de uma das anomalias congênitas mais comuns em bebês. E, assim como várias outras anomalias congênitas, é duas vezes mais frequente em homens, sem que saibamos por quê.

Quase tudo o que é biologicamente difícil de fazer na vida, da sobrevivência ao desenvolvimento, é feito melhor por mulheres. O sexo genético que mais consegue realizar a façanha praticamente impossível de se tornar supercentenário é também o que tem o menor número de problemas de desenvolvimento. Quando olhamos mundo afora, país por país, independentemente da cultura, vemos a mesma coisa. O cérebro dos homens está em desvantagem.

//

ALÉM DE APRESENTAR TAXAS MENORES DE deficiências intelectuais ligadas ao X, as mulheres têm certas aptidões exclusivas de quem possui dois cromossomos X. Algumas dessas aptidões são mais óbvias do que pensamos.

Lembro-me perfeitamente o que isso representou em minha própria vida. Minha esposa Emma e eu reformávamos nosso primeiro apartamento e, certo dia, ela chegou em casa toda animada com um punhado de paletas de cores em tons de verde. Emma colocou algumas amostras na mesa à minha frente. Tinha verde-água, verde-esmeralda e verde-musgo. Para mim era tudo igual. Mas ela achava que a cor ideal era verde-musgo. Eu não tinha ideia do que ela estava falando. Será que estávamos mesmo vendo o mundo em tons diferentes?

Sei que não sou daltônico, mas sou um *homem* XY. Agora, nem toda mulher tem melhor visão de cores que os homens. Elas apenas têm menos propensão a ter deficiência visual para cores e tendem a enxergar uma maior variedade de tons. Em sua melhor expressão genética, os homens só podem aspirar a uma visão normal em cores.

Dentro da retina dos olhos das mulheres existem células que usam apenas um dos dois cromossomos X para formar os receptores para a visão em cores. Isso significa que algumas das células responsáveis pela visão em cores podem estar usando o X herdado da mãe, enquanto outras estão usando o X herdado do pai. A capacidade de usar dois cromossomos X com diferentes versões dos mesmos genes explica por que o daltonismo é raro em mulheres.

Se os receptores responsáveis pela visão em cores que uma mulher herda em cada um dos cromossomos X forem suficientemente diferentes, ela poderá ter uma "supervisão". Os cientistas ainda não sabem qual é o número exato de mulheres que veem o mundo mais colorido, mas estimam que varie de 5% a 15%, talvez ainda mais. Essa "supervisão" para cores é chamada de visão tetracromática, e as mulheres genéticas que têm esse tipo de visão veem 100 milhões de cores, em vez do 1 milhão habitual. Um homem normal XY não tem, e nunca terá, visão tetracromática.

Apesar de não pensarmos neles dessa maneira, nossos olhos são, na verdade, extensões do cérebro que se formaram no rosto durante o desenvolvimento intrauterino. Os olhos podem fornecer ao cérebro as informações de que ele precisa para criar a visão do mundo ao redor. O incrível sobre os nossos olhos é que, em termos estruturais, eles não são diferentes dos olhos dos primeiros peixes com mandíbula, os gnatostomados, que nadavam no oceano há cerca de 430 milhões de anos. Uma das principais diferenças entre o que os organismos conseguem perceber no ambiente é a cor. A luz entra em nossos olhos e atinge a retina; mas, antes que isso aconteça, a córnea filtra a maior parte da luz ultravioleta (UV). A retina é a tela sobre a qual o mundo exterior é projetado (invertido), e o cérebro interpreta essa projeção da imagem. As células que registram a luz visível são os cones e os bastonetes.

Os bastonetes absorvem os fótons e reagem a eles. Os bastonetes dos olhos (há cerca de 120 milhões em cada um) registram a luz. E, dentro de cada bastonete, há 150 milhões de moléculas de rodopsina contidas em mil discos.

A retina tem também 6 milhões de cones, que trabalham juntos para ajudar o cérebro a pintar o mundo em cores vibrantes. A maioria das pessoas tem três tipos de cones. Cada tipo usa um receptor de um dos três genes da visão em cores: *OPN1SW*, *OPN1MW* e *OPN1LW*, que o ajuda a responder a certo comprimento de onda de luz e a transmitir essa informação ao cérebro.

Quando um desses genes não funciona como deveria, o cérebro tem mais dificuldade de distinguir a diferença entre as cores. Se você não tiver uma cópia com funcionamento normal de um desses três genes que a retina usa para distinguir as cores, como o *OPN1MW*, sua capacidade de fazer isso será drasticamente reduzida, de cerca de 1 milhão de diferentes nuances para apenas 10 mil.

É isso o que acontece com o daltonismo vermelho-verde ligado ao X. E, como dois dos três genes relacionados ao daltonismo são encontrados no cromossomo X, os homens que não herdam uma cópia operante desses genes provavelmente "verão" o mundo em uma escala cromática muito mais reduzida.

Pode haver uma pequena, porém significativa, vantagem em ser daltônico, se pudermos aprender alguma coisa com o macaco-prego. Os cientistas descobriram que macacos machos daltônicos conseguiam encontrar com muito mais facilidade os insetos camuflados que vivem em superfícies, que constituem uma ótima fonte de proteína. Isso se combina com perfeição a algumas observações empíricas de que os homens daltônicos têm grande capacidade de detectar uma estratégia de camuflagem. Segundo um artigo publicado na revista *Time* em 1940, durante um exercício aéreo militar, um observador da Força Aérea dos Estados Unidos conseguiu detectar muito melhor que os colegas todas as peças de artilharia que estavam camufladas. Como ele fez isso? Aparentemente, ele era daltônico. Essa anomalia pode vir a calhar em algumas situações, mas, quando o assunto é sobrevivência, a capacidade de distinguir um número ainda maior de tons de cores não tem preço. E só as mulheres a tem.

Concetta Antico é um bom exemplo da superioridade genética das mulheres nesse aspecto. Concetta não é uma artista visual qualquer. Ela tem o dom extraordinário de enxergar o mundo em milhões de cores. Ao contrário de uma pessoa comum, Concetta vê cerca de 99 milhões de tons de cores. Ela é tetracromática.

A maioria de nós tem visão tricromática; o "tri" se refere ao fato de que vemos o mundo por meio de três genes distintos, responsáveis pela visão em cores (dois dos quais são encontrados no cromossomo X). Uma pessoa tetracromática como Concetta usa diferentes versões dos dois genes para a visão em cores encontrados em seus cromossomos X.

A visão tetracromática exemplifica o poder de cooperação que todas as mulheres têm em comparação com os homens. Mesmo que nem todas as mulheres sejam tetracromáticas, ainda há uma boa chance de que a visão delas em relação a cores seja melhor do que a dos homens em geral.

A visão é tão complexa que exige a cooperação de diferentes tipos de célula. Não é só o fato de ter outro cromossomo X que faz uma mulher ver cores com as quais um homem só poderia sonhar, mas também a cooperação das células em sua retina. Essa cooperação permite que as mulheres façam e enxerguem coisas que os homens não conseguem.

Eis outra forma de cooperação genética no mundo da visão: muito antes que os agricultores colocassem seus produtos à venda no mercado, tínhamos de fazer um grande esforço para comprar legumes, verduras e frutas frescas todos os dias. Você já se perguntou por que seu animal de estimação não tem a mesma necessidade de produtos frescos que os seres humanos? É porque eles podem produzir ácido L-ascórbico, ou vitamina C, por conta própria e sob demanda. Isso ocorre, em parte, porque conseguem sobreviver com alimentos feitos à base de substâncias de baixa qualidade.

Não são só os cães e gatos que conseguem fazer isso (curiosamente, eles são daltônicos). Todos os outros mamíferos do planeta, exceto os primatas, nossos primos (e, por alguma razão desconhecida, morcegos, porquinhos-da-índia e capivaras), conseguem converter a glicose (um açúcar simples) dos alimentos em vitamina C utilizável. Portanto, o que os primatas como nós têm de fazer? Se dependêssemos do trabalho de nosso pseudogene[14] *GULOP* da vitamina C, ainda teríamos o mesmo problema, porque todos herdamos cópias inativas. Se estiver tentando conservar seus dentes e combater a depressão, inflamação, fadiga e uma série de outros sintomas, como ser humano, você vai precisar consumir frutas frescas.

Para os seres humanos, que não têm capacidade de produzir a própria vitamina C, um sistema visual que permite aos usuários encontrarem frutas e reconhecerem de longe qual é seu grau de maturação, sem nem mesmo prová-las, pode ser essencial à sobrevivência.

---

14 "Pseudogene" é o termo dado a uma sequência de DNA dentro do genoma que se assemelha a um gene operante em organismos relacionados, mas que perdeu sua função.

Mas as plantas não estão dispostas a nos dar nada de graça. Como elas não conseguem se locomover com facilidade, a barganha evolutiva é que os animais (entre eles, os seres humanos) comam seus frutos maduros e, em troca, "depositem" e plantem sementes *para* elas. A produção do fruto é dispendiosa para as plantas, então, em troca, elas garantem a perpetuação da espécie.

Para obter nossa cota de fitonutrientes, inclusive uma boa quantidade de vitamina C, precisamos encontrar uma fruta madura. Muitas vezes, a maneira com que as plantas sinalizam isso é por meio da mudança de cor da fruta. Se as sementes ainda não estiverem prontas, mas comermos a fruta mesmo assim, toda a energia despendida na formação da fruta será desperdiçada. É por isso que a fruta, a princípio verde como a folhagem da planta, adquire tons de vermelho, amarelo, laranja ou até mesmo negro, porque assim poderemos vê-la e comê-la.

Pesquisas sobre o comportamento de um dos nossos parentes primatas, os macacos-pregos silvestres tricromáticos, revelam que eles localizam e comem frutas com muito mais rapidez que os macacos-pregos daltônicos. Outras pesquisas realizadas com macacos-rhesus que vivem em cativeiro descobriram que as fêmeas tricromáticas encontram frutas com mais rapidez que seus companheiros daltônicos.

Se você for daltônico, pode ser que tenha mais dificuldade em saber quando uma fruta está madura e adequada para consumo. Caso se engane, a planta tem uma maneira inteligente e muitas vezes um tanto tóxica de lhe ensinar que a fruta não está madura: o sabor. Se já deu uma mordida em uma banana verde, sabe exatamente do que estou falando.

//

Em geral, não associamos o Japão a maçãs. Tampouco o associamos à formação e manutenção do cérebro humano com maçãs. Minha teoria sobre as semelhanças entre o desenvolvimento neurológico e a poda das macieiras no Japão evoluiu ao longo dos anos, à medida que meu trabalho nas áreas de neurogenética e botânica se aprofundava. Na natureza, sempre vemos exemplos dos mesmos processos, que ocorrem em níveis micro e macro. Eu vejo o método japonês de cultivo de maçãs e o cérebro humano dessa maneira.

Foi a colheita de maçãs que me levou à província de Aomori em meados de um frio mês de outubro. Aomori, localizada ao sul da ilha de Hokkaido, é mundialmente famosa por suas maçãs. E apenas uma pequena parte de sua produção anual de quase 1 milhão de toneladas é exportada.

Com esforço, consegui alcançar a copa de uma grande macieira e apanhar minha primeira maçã. Estava no Japão para coletar amostras de tecido para um projeto de pesquisa cujo objetivo era desvendar os segredos genéticos de um certo tipo de cultivo de maçã. Meu projeto também contemplava a poda da árvore e como ela muda a maneira com que os genes se comportam na macieira. Era a época ideal para a colheita de algumas das maçãs mais deliciosas do planeta em seu pico de maturação. E era impossível não dar uma mordida em alguns dos meus objetos de pesquisa.

Aquelas maçãs vermelhas e suculentas, da variedade Sekai Ichi, eram sem dúvida alguma as maiores que eu já tinha visto. O tamanho da fruta é compatível com seu peso, e as maçãs daquele dia não eram uma exceção. Algumas das que colhemos pesavam quase um quilo (para fins de comparação, a maçã comum que as crianças norte-americanas comem na escola pesa somente cerca de 150 gramas). O tamanho dessas maçãs Sekai Ichi não se deve apenas à genética, mas também a um enorme esforço humano.

Naquele dia, Naoki Yamazaki, um produtor de maçãs, estava comigo sob a macieira, vestido a caráter, de macacão e camisa *jeans*. Ele pertencia à segunda geração de uma família que cultivava aquela gleba de terra havia muitos anos.

Yamazaki cresceu comendo quilos de maçãs toda semana; ele disse que acreditava ser literalmente feito de maçãs. Perguntei do que ele mais gostava na fazenda. Estendendo os braços nas duas direções, ele disse:

— Minhas filhas — referindo-se às enormes maçãs vermelhas de suas macieiras. Então eu lhe perguntei qual era o principal desafio como agricultor.

— Desfazer-me delas — respondeu ele.

No curso de minhas pesquisas, viajei e trabalhei com diversos agricultores em busca de novos compostos biológicos de origem vegetal e animal que pudessem ser usados como terapêuticos na medicina humana. O atributo em comum que parece unir todos eles é o amor por aquilo que produzem. O que os agricultores cultivam não parece ser importante. Seja um produtor de chá *oolong*[15] que cultiva plantas silvestres milenares na província de Fujian, na China, ou um criador de escargots das Ilhas Äland, na costa oeste da Finlândia, o sentimento é o mesmo.

Como descobri em minha visita a Aomori, a poda das macieiras japonesas é um dos métodos de cultivo que mais exige mão de obra intensiva, ilustrando o ciclo de vida e morte que toma muito tempo do agricultor. Yamazaki me contou sobre uma crença japonesa de que alguém só pode dizer que é um verdadeiro produtor de maçãs depois de ter podado mil macieiras. Quando lhe perguntei quantas árvores ele tinha podado, Yamazaki respondeu:

---

15 O chá *oolong* é feito a partir da oxidação parcial das folhas da *Camellia sinensis*, planta com que também são feitos os chá-branco, chá-verde e chá-preto. (N. da T.)

— Ainda não cheguei a esse número.

Era muito difícil observar o processo japonês de remoção de frutas, porque adoro maçãs. Achava um desperdício apanhar e descartar tantas maçãs antes que elas tivessem atingido o ponto de maturação. Mas esse aparente desperdício, acredite se quiser, mudou minha maneira de pensar sobre os processos neurológicos no cérebro. Agora entendo que a poda é um componente fundamental do cultivo de maçãs enormes e deliciosas, assim como ela é necessária no cultivo de um cérebro humano sadio.

Durante o processo de poda que acontece ao longo de todo o ano, o agricultor remove e descarta ramos, flores e maçãs que não atingiram o ponto certo de amadurecimento e que possam estar "machucadas" ou disformes. Isso é feito manualmente. Yamazaki e seu pessoal apanhavam e descartavam centenas de maçãs novas à medida que percorriam o pomar de forma metódica.

Isso permitia à macieira concentrar toda a sua atenção nos frutos remanescentes. Yamazaki me disse que isso faz as maçãs restantes atingirem um tamanho cada vez mais impressionante e serem bem mais saborosas. À medida que crescem, todas as maçãs são cuidadosamente viradas à mão para que adquiram um acabamento uniforme de listras vermelhas. Embora a produção de maçãs pudesse ser muito maior sem toda aquela poda, ele me disse:

— Vale a pena. Às vezes, menos é mais, não é?

Yamazaki vai muito além da poda típica; ele coloca um saquinho em cada uma das maçãs durante parte da estação, para que elas não recebam sol demais. Não admira que essas maçãs custem cerca de 20 dólares cada.

Sentado sob essas macieiras no Japão e olhando seus ramos, lembrei-me de muitos dos processos paralelos encontrados com frequência entre a natureza e o desenvolvimento humano. Na natureza, não são só as maçãs que se beneficiam de uma poda adequada. Um processo semelhante precisa ocorrer no desenvolvimento normal do sistema nervoso central humano, que inclui o cérebro. Alguns neurônios têm de morrer para que outros possam sobreviver e se desenvolver.

Durante muitos anos, ninguém entendia como nem por que algumas células dentro do sistema nervoso viviam ou morriam. Então uma mulher intrépida e determinada decidiu esclarecer esse processo.

Rita Levi-Montalcini estava desempregada. A Itália acabara de entrar na guerra ao lado dos países do Eixo, em junho de 1940. O mundo ao seu redor estava enlouquecido e sob fogo cruzado. Rita decidiu não deixar a Itália, pois queria ficar perto da família. Como judia, sabia que seu futuro era ainda mais incerto. Suas perspectivas de continuar a fazer pesquisas neurocientíficas ou trabalhar como médica eram sombrias desde que as últimas "leis para a defesa da raça" tinham sido promulgadas em 17 de novembro de 1938, banindo a sua atividade. Para tentar protegê-la das diversas leis restritivas que estavam sendo impostas contra os judeus, um amigo da época da faculdade de medicina se ofereceu para se casar com ela. Rita recusou a proposta educadamente. Ela passava o tempo todo pensando sobre a vida e a morte dos neurônios que estudava, e também sobre a própria probabilidade precária de sobrevivência.

Para se manter ocupada, começou a trabalhar às escondidas como médica em Torino, cidade ao norte da Itália onde ela morava com a família na época. No final, foi obrigada a deixar de exercer a medicina, pois era arriscado demais. Não era somente a guerra que a deixava angustiada, mas também o fato de não poder fazer suas pesquisas científicas. O que ela fez em seguida marcaria sua vida e seu trabalho.

Não importavam os obstáculos em seu caminho, Rita sempre encontrava uma maneira de seguir em frente, do seu jeito.

Rita Levi-Montalcini não havia planejado se tornar médica ou cientista. Tampouco pensava em se dedicar com exclusividade a criar uma família, como a maior parte de suas contemporâneas. O dogma predominante à época era que as mulheres não eram tão capazes quanto os homens na área da ciência. Ela se perguntava se estava destinada a ser uma artista como sua irmã gêmea, Paola. Porém, sua curiosidade científica alimentou o poderoso motor criativo que a impeliu adiante.

Seu principal objetivo na vida, que ela alcançaria mais tarde, nasceu de um grande sentimento de tristeza. A mulher que a criou, Giovanna Bruttata, era quase uma segunda mãe para as crianças da família Levi. Quando Giovanna foi diagnosticada com câncer de estômago em estágio terminal, Rita ficou arrasada. Naquele momento, ela tomou a firme decisão de se tornar médica. Existiam muitos obstáculos no caminho. Ela já tinha terminado o ensino médio havia três anos, em uma época em que a maioria das mulheres da idade dela na Itália era estimulada a se casar e ter filhos. Além disso, seus estudos anteriores não lhe davam fluência em matemática, ciências e línguas antigas, como grego e latim, que eram requisitos obrigatórios para o ingresso na faculdade de medicina.

Rita se preparou para o exame de admissão, para ter acesso ao que era predominantemente um domínio masculino. Seus dias muitas vezes começavam às quatro horas da manhã, com aulas de professores locais que ficavam impressionados com sua capacidade de se concentrar nas novas e difíceis matérias. Foram oito meses de intenso estudo. Mas Rita nunca se contentou em apenas memorizar informações; portanto, desde que era estudante, as sementes dos futuros questionamentos científicos que faria já começavam a germinar. O dia do exame enfim chegou.

Rita Levi-Montalcini tirou a nota mais alta de todos os candidatos daquele dia.

É fácil ver por que alguém com esse nível de tenacidade não deixaria que alguns poucos detalhes, como uma guerra mundial ou o líder ditatorial do próprio país, que se aliava à Alemanha nazista obcecada pela solução final, atrapalhassem suas pesquisas científicas.

Tendo como base os estudos embriológicos de Aristóteles e seu trabalho com ovos de galinha, Rita Levi-Montalcini empenhou-se com obstinação em suas pesquisas. Seu plano era estudar o desenvolvimento embriológico do sistema nervoso humano usando ovos de galinha fertilizados como modelo. Ela dissecava esses ovos sob o microscópio e examinava o desenvolvimento embriológico das galinhas ao longo do tempo.

Fiz uma pesquisa de laboratório semelhante no passado, por exemplo, dissecando o sistema respiratório de abelhas melíferas doentes. Eu passava longas horas debruçado sobre um microscópio de dissecação identificando e contando os minúsculos ácaros traqueais chamados *Acarapis woodi*, endoparasitas que infestam as abelhas. Quando entram no tubo respiratório das abelhas, esses ácaros infernizam a vida delas. Imagine um punhado de minúsculos piolhos entrando no seu nariz e chegando à sua traqueia e aos seus pulmões. Tenho certeza de que entendeu a ideia.

As abelhas precisam de bastante oxigênio, devido a seu nível de atividade, e elas "respiram" bombeando o ar externo através de orifícios localizados nas laterais do corpo chamados espiráculos. O ar passa por um sistema de tubos (que parece uma série de "molas malucas" de diferentes tamanhos), chegando aos tecidos e músculos mais necessitados.

Minha pesquisa consistia em desenrolar a traqueia das abelhas sob o microscópio, separando-a com o auxílio de minúsculas pinças, e depois em contar o número de ácaros.

Era um trabalho meticuloso, e o progresso, lento. Passar horas parcialmente paralisado em uma posição forçada dia após dia era bastante cansativo, mas também exigia uma imensa dose de perseverança física e mental. E meu projeto de pesquisa durou apenas alguns meses. O de Rita Levi-Montalcini demorou toda uma vida.

Além disso, meu trabalho foi realizado em um laboratório limpíssimo de última geração, novinho em folha e de acordo com os princípios de ergonomia.

Agora compare com a situação de Rita, que trabalhava em um laboratório muito simples que ela construiu sozinha durante a guerra. Seu laboratório particular, que ela chamava de "à Robinson Crusoé", foi montado com a ajuda de alguns amigos em seu acanhado quarto, no apartamento da família.

As microtesouras que ela usava para cortar o tecido sob o microscópio eram de um oftalmologista, e as minúsculas pinças, de um relojoeiro. Bisturis em miniatura aparentemente eram mais difíceis de conseguir, então ela tinha que fabricá-los à mão. Rita usava esses instrumentos e um microscópio para fazer dissecções e lâminas coradas a fim de documentar o que via. Ela ainda montou uma incubadora improvisada para manter os ovos aquecidos enquanto acompanhava o desenvolvimento deles. Nem sempre era fácil, também, encontrar ovos de galinha fertilizados.

Em vertebrados como os seres humanos, os nervos saem pelo canal vertebral, inervando os membros. Isso permite que o cérebro seja informado sobre o que os membros estão prestes a fazer, por meio de todo tipo de *feedback* sensorial, como temperatura e vibração. Nós também movimentamos os membros através dos nervos que inervam os músculos, como os músculos das minhas mãos e dos meus dedos que uso neste exato momento para digitar estas palavras.

Se essas células nervosas não forem conectadas de modo correto aos nossos músculos ou à nossa pele à medida que nos desenvolvemos, ou se forem cortadas em um acidente durante a vida, podemos perder a sensação e o controle dos movimentos. O que Rita Levi-Montalcini descobriu era que devia haver um agente químico secreto que mantinha os nervos vivos à medida que eles cresciam nos membros que ela dissecava. Hoje chamamos esse composto proteico misterioso e antes desconhecido de fator de crescimento neural (NGF — *nerve growth factor*).

Sabemos agora que existem muitos outros tipos de proteínas envolvidas na regulação, no desenvolvimento, na função e sobrevivência dos neurônios. Referimo-nos a essas proteínas coletivamente como neurotrofinas. Outras importantes neurotrofinas que foram identificadas são o fator neurotrófico derivado do cérebro (BDNF — *brain-derived neurotrophic factor*), neurotrofina-3 (NT-3) e neurotrofina-4/5 (NT-4/5). Acredita-se que muitas dessas neurotrofinas também estejam envolvidas em um grande número de doenças neurológicas, de Alzheimer ao distúrbio do espectro autista, e até mesmo no transtorno de déficit de atenção e hiperatividade. Vários estudos recentes realizados com animais que analisaram a função das neurotrofinas descobriram que elas dependem do sexo. Isso é relevante, porque neurotrofinas como a BDNF desempenham um papel importante. Elas têm efeitos significativos sobre cada aspecto do funcionamento do cérebro, desde a sobrevivência dos neurônios, que foi descoberta por Rita Levi-Montalcini, até a ramificação dendrítica e a formação de sinapses, sobre a qual falaremos daqui a pouco. Muitas dessas neurotrofinas também interagem com processos inflamatórios, sendo estimuladas por eles.

A quantidade de neurotrofinas presentes em nosso corpo também pode ser influenciada pelo nosso estilo de vida. Sempre que nos exercitamos de forma moderada ou intensa, os níveis de neurotrofinas como a BDNF aumentam, o que ajuda a manter o cérebro em perfeito funcionamento. Estamos apenas começando a entender como muitas dessas neurotrofinas agem, e o que sabemos de fato se deve, em grande parte, ao trabalho pioneiro de Rita Levi-Montalcini.

Após a guerra, Rita uniu esforços com o bioquímico Stanley Cohen, que mais tarde descreveu a estrutura do misterioso fator de crescimento neural que ela havia descoberto. Com seu cão Smog — segundo Rita: "o vira-lata mais dócil que eu já vi" —, que estava sempre ao seu lado, Cohen faria muitas visitas ao laboratório dela. Aprendendo um com o outro, pois Cohen sabia pouco sobre o sistema nervoso e Rita não estava familiarizada com a bioquímica, o trabalho dos dois foi bastante produtivo.

Em 1986, mais de quarenta anos depois, pelo trabalho que ela havia começado em meio à guerra, Rita Levi-Montalcini ganhou o Prêmio Nobel de Fisiologia e Medicina com Stanley Cohen. Essa grande descoberta científica preparou o terreno para que outros cientistas entendessem o ciclo de vida e morte dos neurônios, bem como começassem a avaliar algumas das diferenças básicas entre os sexos.

//

TODOS COMEÇAMOS com bilhões de neurônios, e um número ainda maior de conexões entre cada um deles. Assim como o objetivo de Yamazaki era obter maçãs de melhor qualidade por meio da poda, para que o cérebro humano se desenvolva normalmente é preciso que haja podas celulares e sinápticas criteriosas. Isso porque, em geral, temos menos neurônios no cérebro quando somos mais velhos do que tínhamos quando éramos bebês.

O cérebro humano é dispendioso em termos metabólicos: apenas para funcionar, ele consome com avidez cerca de 20% das calorias que queimamos todos os dias. Durante a maior parte da história evolutiva, nunca houve garantia de oferta de alimentos, portanto, o fato de ter um cérebro grande que precisava ser alimentado mesmo em períodos de escassez podia ser problemático.

Evidências de vários estudos neurocientíficos demonstraram que o processo humano de poda neuronal começa bem cedo no desenvolvimento, enquanto ainda estamos no útero materno. Essa técnica biológica que consiste em uma superprodução de neurônios e, depois, em uma ampla poda é um processo comprovadamente bem-sucedido. Imagine uma gaveta abarrotada de utensílios de cozinha. Ter muitos utensílios nem sempre ajuda, pois pode ser mais difícil encontrar o que estamos procurando. O objetivo do desenvolvimento cerebral normal é semelhante ao ditado minimalista conhecido como "use-o ou livre-se dele", e esse objetivo torna mais fácil ocorrer o aprimoramento da comunicação neuronal.

Ter neurônios que não contribuem para a sobrevivência e consomem muita energia não ajuda em nada. Uma solução para fazer o cérebro funcionar de forma mais eficiente é podar ou matar esses neurônios. Conexões entre os neurônios que não estão sendo usadas com frequência também podem ser cortadas. Essa é a "lei não escrita" da biologia — a Mãe Natureza tem pulso firme.

Algumas das últimas pesquisas neurocientíficas envolvem um tipo especializado de células imunológicas encontradas no cérebro, chamadas micrógliócitos, em diversas doenças neurológicas. Antes, achávamos que o único papel dos micrógliócitos era imunológico; que seu único propósito fosse combater os invasores microbianos e ameaças semelhantes. Os micrógliócitos tentarão remover tudo o que for estranho, seja de origem bacteriana ou viral. O cérebro é repleto de micrógliócitos. Quase 10% dos bilhões de células do sistema nervoso são micrógliócitos.

Atualmente sabemos que os microgliócitos trabalham no cérebro — assim como os produtores de maçã fazem no Japão — não apenas combatendo infecções, mas abrindo caminho entre os neurônios e removendo as conexões subutilizadas entre eles.

Esse processo de poda sináptica realizado pelos microgliócitos é uma descoberta recente que mudou o entendimento sobre o desenvolvimento normal do cérebro. Essa teoria já circulava na comunidade científica havia algum tempo, mas só em março de 2018 é que os pesquisadores enfim conseguiram captar imagens dos microgliócitos fazendo esse trabalho essencial de poda. Assim como testemunhei a prática de poda dos produtores de maçã japoneses, os pesquisadores do cérebro viram que os microgliócitos induziam alterações estruturais e rearranjos nas sinapses.

Hoje achamos que os microgliócitos desempenham um papel significativo na esclerose múltipla (EM), doença neurológica e autoimune. Os microgliócitos são mais ativos quando há inflamação, como é o caso na esclerose múltipla. Assim como em quase todas as doenças autoimunes, esta também afeta predominantemente as mulheres — o que, como veremos mais adiante, é uma das desvantagens de ter um sistema imunológico melhor. Os microgliócitos são derivados do sistema imunológico, e sabemos que as células imunológicas se comportam de maneira diferente em homens e mulheres. O que não sabemos ainda é de que forma diferenciada os microgliócitos se comportam *dentro* do cérebro de homens e mulheres.

Agora que despertaram nosso interesse da perspectiva patológica, os microgliócitos que se comportam mal estão sendo estudados em tudo, de traumatismo cranioencefálico (TCE) a Alzheimer, e até mesmo no transtorno do espectro autista.

Um estudo *post-mortem* recente e relativamente grande analisou o cérebro de indivíduos com transtorno do espectro autista (TEA) e descobriu sinais de inflamação crônica que se acredita ter sido desencadeada por microgliócitos. Ainda mais interessante é que algumas áreas do cérebro que já foram identificadas pelos neurocientistas como relevantes no TEA, como o córtex pré-frontal dorsolateral, foram particularmente afetadas pela resposta inapropriada dos microgliócitos. Isso é importante, pois o córtex pré-frontal dorsolateral está envolvido na função executiva (tomada de decisão em nível superior), algo que nem sempre funciona da mesma maneira em pessoas com transtorno do espectro autista.

O que não sabemos ao certo é o que causa a rebeldia dos microgliócitos e, em última análise, que papel essas células desempenham no desenvolvimento do TEA. Em outras palavras, os microgliócitos podadores estão se comportando mal por conta própria ou seguindo instruções fornecidas por outro processo biológico? O que ainda não está claro nas novas pesquisas é o que os microgliócitos fazem quando os processos biológicos procedem dentro da normalidade. Será que só podam e mantêm as sinapses ou também fornecem o suporte microscópico que vi em nível macroscópico na plantação de maçãs de Yamazaki?

Ainda há muito a ser descoberto. Mas o que sabemos com certeza é que nascer homem, com apenas um cromossomo X, aumenta de forma significativa as chances de ser diagnosticado com transtorno do espectro autista.

//

O CAMPO DA GENÉTICA atualmente é um pouco como meu sobrinho pequeno. Agora que ele aprendeu a falar algumas palavras, está tentando juntá-las para formar frases curtas, porém com significado, sobre o mundo ao redor. Assim como o entendimento do idioma pelo meu sobrinho, os geneticistas compreendem palavras e "comandos" genéticos básicos, mas estão só começando a entender os aspectos sutis do conhecimento genético e como todo esse conhecimento pode ser transposto para a prática clínica.

É por isso que a genética está pronta para interpretação. Assim como as cidades que se formaram durante a "corrida do ouro", segmentos inteiros surgiram quase da noite para o dia a fim de tentar nos ajudar a entender nossos genes. Foram feitas muitas promessas, mas até agora poucas foram cumpridas pelo mercado em plena expansão de testes genéticos comerciais. Milhões de pessoas mundo afora já enviaram amostras de DNA pelo correio na esperança de saber sobre sua hereditariedade. O que a maioria de nós não percebe, no entanto, é que os resultados de nossa hereditariedade dependem mais do algoritmo que as empresas usam para a análise do que da nossa verdadeira herança genética. Algumas empresas chegam a personalizar programas de exercícios ou prometem ajudar as pessoas a encontrar o par ideal, tudo com base nos genes. A leitura de folhas de chá genéticas é um grande negócio.

Mas o DNA continua a fazer o que tem feito há milhões de anos. Os genes, sozinhos, não ditam toda a nossa vida, embora estejam sempre reagindo ao mundo que nos rodeia. Imagine dois pianos de cauda Steinway idênticos sobre um palco, ambos com a mesma partitura da *Sonata ao Luar* de Beethoven. Dois pianistas entram no palco e começam a tocar, um em cada piano. As notações musicais, bem como as indicações de como a peça deve ser executada, são as mesmas. Embora estejam tocando a mesma sonata, a maneira como os dois pianistas executam a peça musical parece muito diferente.

Longe de ser esquematizado com instruções claras, o genoma humano está escrito de uma maneira que ainda tentamos compreender por completo. Sabemos que cerca de

3 bilhões de nucleotídeos, chamados adenina (A), citosina (C), guanina (G) e timina (T), estão encadeados como pérolas em um colar de DNA que codifica genes essenciais à vida e outros mais mundanos. Todas as informações, desde se alguém precisa ou não usar desodorante todos os dias (o que é codificado pelo gene *ABCC11*) até se o coentro tem gosto de sabonete ou é delicioso (o que é codificado por variantes do gene *OR6A2*), podem ser encontradas dentro do genoma humano.

Usamos constantemente um repertório de genes de nosso genoma para atender aos requisitos de diversas situações. As células do nosso corpo utilizam mais alguns genes do que outros, dependendo da necessidade à época. É a capacidade de responder geneticamente, de acordo com a necessidade, às constantes mudanças e aos desafios da vida que nos permitiu sobreviver tanto tempo como espécie. O fato de possuir dois cromossomos X em vez de um possibilita às mulheres terem mais instruções genéticas para reagir de forma mais criativa à vida.

//

REFLETI MUITO sobre as escolhas que fazemos ao longo da vida e a forma como os genes respondem a essas mudanças depois que conheci Paul. Para mim, a história dele exemplifica como os cromossomos sexuais que herdamos podem moldar os parâmetros das escolhas que estão disponíveis para nós.

Nos idos da década de 1960, havia muita ênfase sobre o cromossomo Y como razão do mau comportamento masculino. A teoria implícita em grande parte das pesquisas que associavam a violência ao fato de se ter um cromossomo Y não estava de todo errada.

Níveis elevados de androgênios como a testosterona (que os homens têm por possuírem um cromossomo Y) sem dúvida desempenham um papel importante. Mas a desvantagem dos homens pode não ser apenas o ônus associado à herança de um cromossomo Y propriamente dita. Além de ter níveis mais altos de androgênios, os homens também não possuem as mesmas opções genéticas que as mulheres.

Para todos os efeitos, Paul era um homem muito bem-sucedido no âmbito profissional. Quando nos conhecemos, ele tinha cinquenta e poucos anos e já tinha feito uma pequena fortuna investindo com habilidade o dinheiro de seus clientes. Com sua ajuda, os clientes haviam saído relativamente ilesos das últimas crises financeiras. A firma de investimentos que Paul tinha aberto com dois amigos poucos anos depois de se formar em administração de empresas era muito concorrida, e eles já estavam tendo de recusar novos clientes. Bem casado e com dois filhos adolescentes, Paul dedicava parte do tempo livre a entidades filantrópicas que precisavam de orientações financeiras.

Eu estava voltando para Nova York depois de uma longa viagem de pesquisas no exterior. Era sempre bom voltar para casa depois de várias semanas fora. Quando liguei o telefone depois que o avião aterrissou no aeroporto John F. Kennedy, vi que tinha duas mensagens urgentes do escritório de Paul. Sua secretária perguntava se eu podia encontrá-lo para um café da manhã no dia seguinte. Paul queria falar comigo sobre alguns testes genéticos confidenciais que ele tinha feito.

Não pude vê-lo de imediato, mas agendamos um encontro sem demora. Alguns dias depois, enquanto tomávamos café da manhã, Paul me entregou um grosso envelope pardo. Ao folhear as páginas nele contidas, entendi por que ele queria saber mais sobre seus testes genéticos.

O que eu olhava naquele momento eram os resultados de alguns testes genéticos anônimos que Paul tinha feito em um laboratório de pesquisas genéticas. Provavelmente ele queria saber minha opinião sobre a seção salientada em amarelo.

Enquanto lia a papelada de Paul, levantei os olhos e vi que ele estava pensativo.

— Então, o que acha, doutor? — perguntou Paul. Ele não queria perder tempo. O que os resultados indicavam é que ele tinha herdado uma rara versão de um gene chamado *MAOA*. Ele queria minha opinião de especialista porque a alteração genética que se descobriu que tinha herdado no gene *MAOA* estava assinalada como "variante de significado desconhecido". Esse é um jargão usado pelos geneticistas para se referir a resultados de testes que podem significar alguma coisa ou não significar absolutamente nada.

Variantes de significado desconhecido são um ótimo exemplo de por que estamos tão longe de entender todas as implicações dos genes que herdamos. Para Paul, essa variante de significado desconhecido resultava de uma alteração no gene *MAOA* que ninguém tinha visto antes e, por causa disso, ninguém da empresa que havia analisado os resultados sabia muito bem o que fazer.

O que sabemos sobre o gene *MAOA* é que ele codifica uma enzima chamada monoamina oxidase A. Essa enzima degrada e recicla neurotransmissores como a serotonina e, em menor grau, a noradrenalina e a dopamina. Assim como a maioria dos genes no genoma humano, quando o gene *MAOA* está em funcionamento, você não percebe. Mas, quando o gene *MAOA* não está funcionando, as coisas podem sair do controle com rapidez e sem muito aviso prévio.

É exatamente isso que um geneticista holandês chamado Han G. Brunner descobriu e revelou em 1993. Brunner estava muito interessado em uma família com diversos homens que apresentavam um comportamento de agressividade impulsiva e cometiam atos de extrema violência.

Ninguém conseguia explicar direito por que aqueles homens eram tão violentos. Eles também pareciam ter um certo nível de disfunção cognitiva e incapacidade intelectual.

O que Brunner descobriu é que todos os homens tinham a mesma mutação no gene *MAOA*. Essa mutação pontual era uma alteração em um único nucleotídeo, ou "letra", do nosso código genômico de 3 bilhões de letras. Essa diferença era suficiente para causar uma deficiência completa da produção do gene *MAOA* e, portanto, todos os problemas comportamentais testemunhados por Brunner. Desde o artigo original de Brunner, os pesquisadores modificaram geneticamente camundongos, removendo o gene *MAOA*, e descobriram que eles ficavam mais agressivos. Assim como os pacientes que Brunner descreveu a princípio, os camundongos desse estudo forneceram aos cientistas mais evidências que confirmam a importante influência que esse gene pode ter sobre o comportamento.

Na maioria das pessoas, o gene *MAOA* é funcional. Existem duas versões comuns desse gene que grande parte de nós herda: uma versão de baixa atividade e uma versão de alta atividade (*MAOA-L* e *MAOA-H*, respectivamente). Dos dois, a versão de alta atividade é muito mais comum. Acredita-se que a versão de baixa atividade do gene *MAOA* resulte em uma produção de genes *MAOA* de ação lenta, o que significa que neurotransmissores como a serotonina não são reciclados com tanta rapidez quanto seriam na versão de alta atividade.

Caracterizado equivocadamente como "gene guerreiro" na década de 1990, o gene *MAOA-L*, ou a versão de baixa atividade, é objeto de controvérsia no campo da genética e na sociedade em geral. Alguns cientistas acham que ele é responsável por uma maior tendência a ter um comportamento antissocial e a cometer crimes violentos. Estudos realizados com seres humanos descobriram uma associação entre a versão de baixa atividade do gene e maior frequência de atos de grande agressividade, sobretudo em pessoas que foram vítimas de maus-tratos, como abuso infantil.

Como o gene *MAOA* é encontrado no cromossomo X, os homens genéticos herdam apenas uma cópia, enquanto as mulheres genéticas herdam duas. Isso significa que os homens que têm a versão *MAOA-L* podem reagir de maneira mais extrema às experiências negativas do que as mulheres, pois eles não têm outra cópia que module seus efeitos.

Paul começou a ler sobre o gene *MAOA* e encontrou um artigo que falava de um dos pacientes de Brunner. Como não conseguira obter mais informações do laboratório de pesquisas que fizera seus testes genéticos, estava perdido. Ele também havia lido um artigo que descrevia o gene *MAOA* como o "gene do psicopata" ou "gene da violência", portanto, era compreensível que Paul estivesse preocupado com sua genética.

Embora seu comportamento estivesse longe de ser extremo como o dos pacientes descritos por Brunner, Paul me disse que sempre tinha lutado com o que ele chamava de "raiva explosiva".

De alguma maneira, ele tinha encontrado um modo de administrar o que ele chamava de "lado Hulk" de sua personalidade.

— Minha esposa é quem mais me ajuda a esse respeito. Quando penso no passado, fico apavorado só de imaginar o que eu poderia ter feito sem ela em algumas situações que poderiam ter saído do controle com muita rapidez — disse ele.

Paul de fato tinha um histórico de rompantes de descontrole, sobretudo quando se sentia ofendido. Isso só tinha piorado com o tempo. Ele me contou que o problema com a raiva vinha aumentando nos últimos tempos, desde que os sócios haviam lhe dito que queriam expandir os negócios. Paul se perguntava se a dificuldade que estava tendo em domar seu temperamento tinha alguma coisa a ver com seus genes.

Ele queria saber se eu achava que ele tinha herdado a síndrome de Brunner. Pensei por um instante e respondi:

— Acho que não... Você fez conquistas acadêmicas e profissionais significativas, e as pessoas que têm a síndrome de Brunner costumam exibir algum tipo de deficiência cognitiva e episódios de comportamento extremo.

— Esse resultado significa que herdei um problema com meu gene *MAOA*? Que ele não está funcionando direito? — perguntou ele.

Ouvi as preocupações de Paul e recomendei que ele submetesse aqueles resultados genéticos a alguns algoritmos preditivos. Não via nenhuma dessas informações em seus testes genéticos atuais e achava que isso poderia ajudar. Sugeri também que ele procurasse saber se havia algum relato recente da sua variante de significado desconhecido na literatura científica. Se houvesse, os achados o ajudariam a compreender melhor o significado dos resultados. Havia também outros testes laboratoriais que eu achava que ele devia fazer.

Expliquei a Paul que o médico dele precisava solicitar alguns exames laboratoriais para medir os níveis sanguíneos de serotonina e também dos produtos de degradação dos neurotransmissores, que poderiam revelar o funcionamento do seu gene *MAOA*. Indiquei-lhe ainda um artigo em que indivíduos com o gene *MAOA* de baixa atividade relatavam melhora dos sintomas quando tomavam um inibidor seletivo de recaptação da serotonina (ISRS), como fluoxetina ou Prozac. Quando o gene *MAOA* não está funcionando bem, o resultado é uma alta concentração de neurotransmissores como a serotonina nas sinapses entre os neurônios. Portanto, você pensaria que, sabendo disso, a última coisa que indicaria a uma pessoa na situação de Paul seria um ISRS, que aumentaria ainda mais a quantidade de serotonina disponível. Paradoxalmente, a administração de um ISRS na verdade estava associada à melhora dos sintomas.

Então eu disse:

— Tenho que ser sincero com você, Paul. A verdade é que você nunca saberá de verdade como o seu gene *MAOA* está se comportando.

— E em relação às minhas filhas? Preciso me preocupar com elas? — perguntou ele.

— Provavelmente não, pois o gene *MAOA* está localizado no cromossomo X, e, como elas têm mais de uma cópia dele, é bem provável que estejam protegidas, ainda que o gene que herdaram de você não esteja funcionando. É por isso que na família original que Brunner descreveu só os homens eram agressivos, muito embora algumas das mulheres tenham herdado a mesma cópia do gene *MAOA* mutado.

— Como no daltonismo? Eu sou daltônico, mas minhas filhas não são.

— Exatamente — respondi. — Suas filhas estão protegidas por terem outra cópia do cromossomo X, e as células do cérebro delas podem contar com o cromossomo X com uma cópia operante do gene *MAOA*. Paul, como homem, você não tem essa opção.

Podia ver com clareza que Paul esperava uma certeza maior. Tentei lhe explicar o que ele deveria fazer se quisesse se aprofundar no assunto. Alguns meses depois, recebi um telefonema da secretária de Paul. Ele havia pedido que ela me avisasse que estava muito melhor. Eu não tinha como saber se o inibidor seletivo de recaptação da serotonina que o médico lhe prescrevera estava ajudando por causa da versão do gene *MAOA* que ele herdara. De qualquer maneira, fiquei feliz em ter notícias dele.

Quando se trata da imensa complexidade do comportamento humano, ainda não sabemos com exatidão como os genes se juntam e trabalham com o ambiente para produzir seus efeitos. Somos muito mais capazes de entender e prever o que acontece quando as coisas dão errado, como no caso das pesquisas de Brunner, que mostram o comportamento violento e impulsivo dos homens.

Durante a Guerra do Vietnã, o monge budista Viet Tong sofreu um trauma considerável. Ele também tinha a versão de baixa atividade do gene *MAOA*. Algo que ele disse resumiu, na minha mente, a inteireza do campo da genética comportamental: "Todo mundo nasce com traços bons e ruins, é isso que nos torna humanos. Mas nada na vida é inalterável, nosso futuro está em constante mudança; o que fazemos agora afetará nosso futuro amanhã".

Em geral, os homens têm de se esforçar mais para lidar com sua herança genética. Isso vale em especial para as centenas de genes encontrados no cromossomo X, pois muitos desses genes estão envolvidos na formação e no funcionamento do cérebro. E é isso que Brunner viu na família original que descreveu.

O caso de Paul me fez lembrar de que as mulheres, ao contrário dos homens, têm a capacidade geneticamente inata de modular seu comportamento. O cérebro de todos os homens genéticos usa o mesmo cromossomo X, e é por isso que o número de homens com deficiências intelectuais ligadas ao X é muito maior. O cérebro das mulheres genéticas, por outro lado, usa informações fornecidas por dois cromossomos X. Isso significa que, se um homem herdar uma versão de um gene no cromossomo X que afete seu comportamento, como o que causa a síndrome de Brunner, ele será sempre afetado. As mulheres raramente, ou nunca, têm síndrome de Brunner. A capacidade que elas possuem de usar mais de um cromossomo X no cérebro ajuda a anular qualquer efeito de uma mutação em um dos cromossomos X.

As mulheres têm opções genéticas. Acredito que esse seja o mecanismo subjacente que explica por que os homens são mais acometidos por várias doenças, como transtorno do espectro autista, deficiência intelectual e inúmeros outros atrasos de desenvolvimento. E, como as mulheres genéticas sempre têm dois cromossomos X ativos no cérebro, elas conseguem lidar melhor com as consequências de mutações em genes como o *MAOA*.

É essa falta de opções genéticas e de cooperação celular que cria condições favoráveis para qualquer homem XY ter diversas desvantagens, como as que mencionei neste capítulo. As mulheres não sofrem dessas doenças na mesma proporção que os homens por causa de seu robusto dote genético, que lhes permite fazer opções genéticas melhores.

4 | Vigor: Por Que as Mulheres Vivem Mais que os Homens?

Terraces of Baycrest é uma instituição de longa permanência para idosos em Toronto, Canadá, repleta de idosos ativos e bem-dispostos. O ambiente por certo não passa a ideia de que a vida humana pode ser breve. Baycrest tem um movimento saudável constante, com programas recreativos repletos de atividades interessantes e desafiadoras. Os residentes afirmam que essas atividades não são apenas importantes, mas também os estimulam a adquirir habilidades que eles achavam impossíveis de se manifestar neste estágio da vida.

Nenhum dos nossos ancestrais poderia ter vislumbrado um futuro para si mesmo com tanta saúde e longevidade. Mas em Baycrest, assim como em inúmeras outras instituições para idosos em todo o mundo, os números contam uma história bem diferente.

Nossa expectativa de vida vem aumentando significativamente ao longo do tempo. O Japão, por exemplo, tem uma das populações com maior número de longevos: a expectativa de vida atual dos japoneses é de 84,2 anos. Até mesmo no Afeganistão, um país com uma das expectativas de vida mais baixas do mundo, ela é de 62,7 anos. Ainda assim, é bem maior que a do londrino do século XVII, que girava em torno de 35 anos de idade.[16]

Mesmo com todos os avanços alcançados nos cuidados de idosos, existe um aspecto importante que observamos ao caminhar por Baycrest. Você já deve ter adivinhado. Não há muitos homens.

Achávamos que a morte tratava os dois sexos da mesma forma. Estávamos distraídos demais pelo sofrimento diário ao redor para perceber que, na verdade, o Anjo da Morte discriminava entre os sexos. Fome, peste, violência e perturbações climáticas sempre permearam a história humana, mas as mulheres sempre viveram mais que os homens. Dificilmente passa um século sem que uma grande calamidade se abata sobre a humanidade, seja ambiental, microbiana ou ambas, e todas as vezes as mulheres genéticas sobrevivem aos homens. Acontece no início, no fim e também ao longo de toda a vida.

Em um livro publicado em 1662, intitulado *Natural and Political Observations Made upon the Bills of Mortality*, o inglês John Graunt apresentou a primeira prova estatística de que as mulheres vivem mais que os homens. Estatístico e demógrafo diletante, ele estudou os registros de óbito das paróquias de Londres.

Não havia escassez de mortes na Londres do século XVII de Graunt. Durante a Grande Peste de Londres (1665-1666), acredita-se que cerca de um quarto da população da cidade tenha morrido. Ninguém sabia ao certo por que alguns anos eram piores que outros. Para ajudar a prever e

16 Naquela época, em Londres, algumas pessoas chegavam à sexta década de vida ou mais, mas as chances eram muito pequenas, dada a alta taxa de mortalidade infantil.

rastrear as mortes prematuras, velhas senhoras corajosas chamadas de "pesquisadoras da morte" eram indicadas e contratadas pelas paróquias para examinar o cadáver e determinar a causa da morte.

Esse era um trabalho importante à época, pois poderia alertar as autoridades para uma peste ou outra calamidade iminente. Os párocos vendiam essas informações aos londrinos, que pagavam de bom grado pelo privilégio de saber se e quando a morte poderia se abater sobre eles. Os documentos, conhecidos como Tábuas de Mortalidade, podiam ser comprados individualmente ou com desconto especial por uma assinatura semanal. As tábuas continham o número semanal de todos os batizados e funerais, compilados com base nos registros das paróquias.

Algumas paróquias publicavam até mesmo o número de mortos em pestes de anos anteriores em Londres, para deixar claro que essa mortalidade tinha um padrão sazonal, sendo que o pico de mortes era no verão. Isso permitia ao ávido leitor dos boletins semanais comparar os números atuais de mortos com tendências passadas. A morte era um bom negócio naquela época em Londres. Assim como hoje em dia nos baseamos em demonstrativos financeiros trimestrais para tomar decisões relativas à carteira de investimentos, as pessoas daquela época sabiam que, quando o Anjo da Morte voltava, era melhor sair da cidade a tempo de escapar de suas garras.

Graunt também se baseava nos dados das Tábuas de Mortalidade e, em decorrência disso, descobriu que havia uma discrepância considerável na expectativa de vida de homens e mulheres. Na época em que Graunt começou a analisar os registros de óbito, as pessoas mundo afora não tinham sequer ideia de que poderia haver diferença na longevidade entre os sexos. Por que haveria, se a expectativa de vida média de ambos os sexos girava em torno de 35 anos, e se os homens eram sistematicamente favorecidos em relação às mulheres em quase todos os campos de atuação? Afinal de contas, acreditava-se que o homem era o sexo mais forte e mais sadio.

Assim como Graunt, Edmond Halley, inglês do século XVII (que também previu o retorno de um cometa que hoje leva seu nome), fazia pesquisas sobre longevidade e, em 1693, publicou os próprios achados no periódico *Philosophical Transactions of the Royal Society*. Sua Tabela de Mortalidade baseava-se na estatística demográfica de 1687 a 1691 da Breslávia, que hoje em dia é a cidade polonesa de Wrocław. Ao contrário de Graunt, Halley agrupou os dados de sobrevivência de homens e mulheres e descobriu que a sobrevivência global diminuía com a idade.

O artigo de Halley contribuiu sobremaneira para a estatística demográfica, pois demonstrava para aqueles que vendiam seguro de vida que eles tinham de levar em conta a idade do comprador. Seu trabalho foi ignorado por décadas, mas enfim reconheceu-se que, quando se trata de ganhar dinheiro, o uso de práticas discriminatórias contra os idosos compensa. Os corretores de seguro acabaram percebendo que poderiam ir à falência se um número grande de pessoas que morressem cedo comprasse a apólice deles.

Os achados de Graunt a respeito da sobrevida das mulheres em relação aos homens também foram usados por corretores de seguro.[17] Não era somente a idade da pessoa que importava, mas também o sexo.

No mundo todo, as mulheres são mais longevas. No Japão, a média de vida das mulheres é de 87,1 anos, enquanto

---

17 Conhecer e aceitar as diferenças entre os sexos em relação à longevidade vale a pena para as companhias de seguro, sobretudo quando o prêmio é determinado pela probabilidade de morte. Esse é o caso de seguradoras que operam fora da União Europeia. Atualmente, a discriminação por sexo para determinar o valor do prêmio do seguro de vida é ilegal apenas na União Europeia.

a dos homens é de 81,1 anos. No Afeganistão, os homens vivem 61 anos em média, enquanto a média das mulheres é de 64,5 anos. Se analisarmos os seres humanos mais longevos, os supercentenários, ou seja, pessoas que chegaram aos 110 anos de idade, 95% são mulheres. A vantagem de sobrevivência das mulheres não deixa margem para dúvidas.

//

Ao longo de toda a história humana há muitos exemplos de vantagem de sobrevivência das mulheres. A história de Marguerite de La Rocque é apenas um deles. Marguerite tinha 26 anos quando se descobriu na grande jornada de sua vida. Era então abril de 1542, e ela embarcava em um navio na França rumo ao que conhecemos hoje como Canadá, ao lado de Jean-François de La Rocque de Roberval, seu parente e capitão da viagem. Com a atual facilidade das viagens internacionais, pode ser difícil imaginar o grande entusiasmo que Marguerite sentiu ao deixar para trás sua antiga vida na França para recomeçar em um mundo completamente novo.

A princípio, a viagem de Marguerite transcorreu sem incidentes — um grande feito, considerando todos os perigos de uma jornada como essa. Mas as coisas se complicaram quando Marguerite teve um envolvimento amoroso com um passageiro. Como punição, Roberval abandonou Marguerite em uma ilha deserta na costa do Canadá. Ao deixar o navio francês, Marguerite foi acompanhada por seu amante e uma criada fiel chamada Damienne, pois os dois se recusaram a deixá-la morrer sozinha. Roberval deu ordens para que o grupo recebesse um rifle e alguns mantimentos. Dessa maneira, talvez ele esperasse se redimir da sentença de morte que lhes havia decretado.

As especulações sobre as razões que levaram Roberval a agir de forma tão cruel com sua parente variam do desejo de seguir com rigor suas secretas crenças religiosas huguenotes (calvinistas) até a cobiça. Esta última provavelmente tem seu fundo de verdade, pois assim que retornou à França Roberval declarou que Marguerite estava morta e reivindicou todos os seus bens e propriedades.

Os três náufragos ficaram sozinhos em uma pequena ilha rochosa e inabitada situada na entrada do golfo de São Lourenço. Ilha dos Demônios (que hoje se acredita ser Belle Isle) era um nome apropriado para a nova casa deles, pois era quase impossível encontrar alimentos ou abrigo. Os mantimentos que tinham recebido acabaram rapidamente, e Marguerite, seu amante e a criada começaram a passar fome. E não era só isso: estavam prestes a ter mais uma boca para alimentar, já que Marguerite engravidara.

O amante de Marguerite e, mais tarde, sua criada morreram. Isolada na ilha, Marguerite estava sozinha pela primeira vez na vida. De alguma maneira, ela conseguiu ter o bebê sem assistência e, de forma milagrosa, mãe e bebê sobreviveram. Mas não por muito tempo. Seu leite secou e o bebê, um menino, morreu com um mês de vida. Mas para Marguerite não foi o fim.

Três longos anos depois, Marguerite foi resgatada por um grupo de pescadores bascos. Dizem que encontraram Marguerite enrolada na pele de um urso que ela havia abatido a tiros. Eles não conseguiam entender como ela havia sobrevivido sozinha por tanto tempo em um lugar tão inóspito.

Logo a divina providência encarregou-se de Roberval. Ele foi cercado por uma multidão furiosa de católicos franceses na saída de uma reunião calvinista e espancado até a morte. Marguerite, por outro lado, voltou para a França e abriu uma escola para meninas.

A história da Expedição Donner é outro exemplo impressionante da vantagem da sobrevivência feminina. Embora muita gente conheça a história por alto, ela fica ainda mais interessante quando analisamos os detalhes. Alguns membros do grupo expressaram inquietação antes mesmo que as carruagens partissem de Illinois rumo à Califórnia, nas proximidades do inverno. A preocupação deles pareceu profética quando todos os 87 membros do grupo ficaram presos nas montanhas de Serra Nevada em razão de uma nevasca que caiu em 1º de outubro de 1846.

O que chama a atenção é que morreram quase duas vezes mais homens que mulheres: cerca de 57% de homens e 28% de mulheres. Os homens também sucumbiram com muito mais rapidez que as mulheres. Dadas as circunstâncias, é impressionante que muitos membros da Expedição Donner tenham sobrevivido. Sem comida e expostos às intempéries, alguns deles recorreram até mesmo à abominável prática do canibalismo.

A sobrevivência de Marguerite em uma ilha deserta e as sobreviventes da Expedição Donner, ao lado dos dados demográficos de Graunt, podem parecer pontos fora da curva. Portanto, vamos passar da sobrevivência individual e dos primeiros exemplos de demografia para padrões mais recentes de sobrevivência dentro de uma população e entre populações.

Durante os anos em que a União Soviética tinha o domínio da Ucrânia, foi instituída uma política de coletivização da terra sob o comando de Josef Stalin. A justificativa para abolir as pequenas propriedades privadas nas zonas rurais e substituí-las por propriedades coletivas era aumentar a produção de alimentos e, desse modo, a oferta de produtos agrícolas para os trabalhadores urbanos.

O resultado foi uma das piores catástrofes demográficas produzidas pelo homem na história recente da humanidade. Em vez do aumento da produção de alimentos, ocorreu uma escassez terrível. Partes da Ucrânia moderna foram severamente afetadas, e estima-se que de 6 a 8 milhões de pessoas tenham morrido entre 1932 e 1933. Entre os milhões de pessoas que sofreram com o cataclisma da coletivização soviética, sabemos agora que as mulheres sobreviveram mais que os homens. A expectativa de vida dos ucranianos antes da calamidade era de 49,5 anos para as mulheres e 41,6 anos para os homens. Após a grande escassez de alimentos, a expectativa caiu de forma vertiginosa para impressionantes 10,9 anos para mulheres e 7,3 anos para os homens. Notou alguma coisa?

Pense mais uma vez na esmagadora maioria de mulheres idosas que você vê em todos os lugares do mundo, e perceberá que a vantagem de sobrevivência é inegável.

Achávamos que a única razão para a morte precoce de homens era comportamental. Hoje sabemos que a vantagem de sobrevivência começa um pouco antes do nascimento. A vantagem de sobrevivência feminina se mantém independentemente do grau de instrução, de fatores econômicos, do consumo de álcool, drogas ou tabagismo. Os homens podem ser mais altos, ter maior porte, mais massa muscular e mais força física que as mulheres, mas, quando o assunto é sobreviver às provações físicas, as mulheres quase sempre vencem.

Sim, é óbvio que existem diferenças comportamentais entre os sexos genéticos, como comportamentos de risco. Mas esse não é o único fator. Os dados do século XIX e do início do século XX sobre os mórmons de Utah, nos Estados Unidos, que se abstinham de álcool e fumo, revelaram que as mulheres que faziam parte dessa igreja viviam mais que os homens. E, naquela época, a taxa média de natalidade entre essas mulheres era maior do que a da população em geral, o que significava maior risco de morte a cada gravidez.

O número de homens que exercem atividades mais perigosas é maior do que o de mulheres. De acordo com o

Departamento de Estatística Trabalhista dos Estados Unidos, de 2011 a 2015, os homens representaram 92,5% de todas as mortes no local de trabalho. No entanto, um estudo realizado na Alemanha também descobriu uma vantagem de sobrevivência feminina ao analisar os dados de mais de 11 mil freiras católicas e monges enclausurados — um tamanho de amostra particularmente grande. Usando os dados de mortalidade de 1890 a 1995 para comparar freiras católicas e monges de ordens religiosas na Bavária com a população alemã em geral, os pesquisadores encontraram uma discrepância na longevidade a favor das mulheres. Isso acontecia ainda que os monges vivessem em uma comunidade relativamente fechada e, portanto, não fossem expostos aos mesmos fatores de risco associados ao trabalho e ao estilo de vida do alemão comum. É óbvio que os mecanismos que levam a essa disparidade entre os sexos cromossômicos em relação à sobrevivência, ao desenvolvimento e ao envelhecimento são mais profundos do que apenas o comportamento.

//

A HISTÓRIA DA VIDA HUMANA neste planeta pode ser resumida em uma palavra: brutal. Imagine que você esteja percorrendo as estradas da vida em um carro com motor potente ou em um carro híbrido. Um desses veículos poderá levá-lo ao seu destino muito mais rápido no curto prazo. Mas, mesmo com todos os cavalos de força, o carro com motor potente não tem a resistência necessária — da perspectiva de consumo de combustível e manutenção — para atravessar os mais árduos desafios da vida. As mulheres têm essa resistência, pois, ao contrário dos homens, podem contar com o combustível genético do seu cromossomo X "silenciado".

Como falei no primeiro capítulo, até há poucos anos a opinião geral era de que as mulheres usavam apenas um cromossomo X em cada uma de suas células. Da mesma forma que os homens. Acreditava-se que o outro cromossomo fosse silenciado em maior ou menor grau pelo gene *XIST* e transformado em um corpúsculo de Barr inerte. Agora temos certeza de que isso não é verdade. Assim como Houdinis[18] genéticos que escapam das cadeias de inativação do X, as mulheres lançam mão do poder híbrido de dois cromossomos X para ajudá-las a sobreviver e se fortalecer. Os genes no chamado X silencioso, afinal de contas, *não são tão silenciosos assim.*

Longe de se manter nulo, o segundo cromossomo X da mulher trabalha de modo incansável para ajudá-la em seu ciclo vital. Os genes podem escapar da inativação do X para ajudar o "irmão" cromossomo X ativo sempre que for preciso. Como você verá, quando se trata de sobreviver aos desafios da vida, o vigor genético é o que mais conta.

Estamos descobrindo que dos mil genes localizados no cromossomo X silenciado, 23% na verdade ainda são ativos. Esse é um senhor cavalo de força genético mantido na reserva de cada uma das células da mulher.

Esse material, que contém centenas de genes, é utilizado por cada uma das células de uma mulher sempre que ela precisar. Usando a analogia do carro híbrido, às vezes é mais eficiente utilizar o equivalente a um motor elétrico do que um motor de combustão a gasolina. Ter opções genéticas, como as mulheres possuem, é o que conta quando o objetivo é sobreviver. Nesse aspecto, a diferença entre homens e mulheres é fundamental. Cada célula feminina pode convocar sua reserva genética de centenas de genes importantes nas horas de necessidade. Os homens gostariam de poder fazer isso.

---

18 Referência a Harry Houdini, nome artístico de Ehrich Weisz, grande ilusionista famoso por seus truques de escapismo, em que se livrava de correntes e abria algemas, baús, cadeados e celas de cadeia. (N. da T.)

Tenho estudado os efeitos da expressão e do uso distintos de material genético durante mais de 25 anos, não somente no ser humano, mas também em vários outros organismos, desde abelhas até pés de batata. O que aprendi é que a capacidade de reagir a um ambiente em transformação ou a um ataque microbiano e conseguir vencer depende da habilidade de lançar mão de recursos genéticos profundos. Isso pode fazer a diferença entre a vida e a morte, entre a existência e a extinção.

//

PARA COMPREENDER VERDADEIRAMENTE as razões pelas quais as mulheres vivem mais que os homens precisamos fazer uma análise breve, porém profunda, da maneira como mudanças climáticas extremas têm afetado as populações humanas ao longo de nossa breve história. Durante milhares de anos, nossos ancestrais precisaram ser mais resistentes para sobreviver às terríveis circunstâncias com as quais se deparavam todos os dias.

Ao longo de toda a história humana, as únicas constantes entre as culturas e gerações têm sido nascimento, morte e fome. O ser humano depende por completo de outros organismos para seu sustento, o que significa que somos vulneráveis e travamos uma luta perpétua para comer e sobreviver. Mesmo nos dias de hoje, não tem nenhum vilarejo ou cidade na face da Terra em que não haja alguém que precise desesperadamente de alimento. Estima-se que uma em cada dez pessoas hoje em dia passe fome, e a maioria delas vive em países desenvolvidos.

Não importa onde nem quando, a humanidade está sempre sofrendo algum tipo de calamidade calórica. Isso, em grande parte, tem sido motivado ao longo da história por mudanças meteorológicas locais e flutuações climáticas mais amplas e de longo prazo. Por pura necessidade, evoluímos da melhor maneira que pudemos para mitigar e sobreviver ao pior período de escassez de alimentos.

Nossos ancestrais não eram exigentes para comer. Ingeriam qualquer alimento que conseguissem encontrar, sempre que o encontravam. Ao longo de quase toda a nossa história, consumimos alimentos locais, e nossas opções estavam ligadas às estações. Desde os primórdios, nossos ancestrais enfrentaram obstáculos à sobrevivência, e raramente a sorte estava do lado deles. Eles tiveram de descobrir como juntar seus recursos em pequenos grupos para resistir e sobreviver.

Há mais de 10 mil anos, as circunstâncias começaram a mudar de maneira drástica. Deixamos de só procurar comida — de obter todos os alimentos de plantas e animais silvestres — para passarmos à agricultura e à criação de animais. A produção de mais alimentos por meio de novas técnicas agrícolas exigiu um esforço muito maior, sobretudo no início, quando qualquer passo em falso poderia resultar em inanição e morte.

A agricultura também exigiu nossa permanência em um lugar por mais tempo. Assim como toda nova empreitada, a agricultura levou certo tempo e demandou muito esforço para dar certo, mas, no final, nossos ancestrais obtiveram um êxito enorme no cultivo da terra à sua volta, o que, por sua vez, permitiu que armazenassem os alimentos excedentes.

O uso do fogo para cozinhar os alimentos, que dominamos muito antes do desenvolvimento da agricultura, ajudou-nos a extrair ainda mais as calorias de cereais e tubérculos, que, em sua forma original, estavam além de nossa capacidade digestiva. Todas essas calorias extras acabaram levando a um número muito maior de bebês; o ser humano é mais fértil quando não passa fome. Quanto mais alimentos produzíamos, mais bebês havia na Terra. E, em decorrência disso, quanto mais sensível a população ficava em relação às flutuações na produção de alimentos, maior a escala de um possível desastre. Portanto, iniciou-se um ciclo ao qual ainda estamos presos e ao qual continuaremos presos no futuro próximo.

Nossa cadeia alimentar global é influenciada sobretudo por uma variável dominante: as condições climáticas. Qualquer mudança repentina nas variáveis locais, como falta ou excesso de chuva, pode causar escassez de alimentos em uma escala épica. Proporcionar refeições nutritivas e regulares a bilhões de seres humanos hoje em dia não é uma tarefa fácil, e esse dilema é uma das razões pelas quais passei tantos anos pesquisando vegetais como batatas, para tentar entender como otimizar e melhorar as características nutritivas dos alimentos que produzimos e consumimos.

Em sua maior parte, os alimentos vendidos em supermercados locais são compostos de uma porção muito pequena do que nossos ancestrais comiam antes do advento de uma cadeia alimentar globalizada. As pessoas não comiam apenas uma variedade de cenoura ou maçã; havia literalmente dezenas, se não centenas, de tipos de cultivo.

O problema hoje em dia não diz respeito estritamente à quantidade da produção, mas também à pouca qualidade nutricional por caloria consumida. As relações entre nossas necessidades nutricionais e nossa genética são complexas. Tendo em vista o que tivemos de enfrentar no passado evolutivo, podemos nos virar no curto prazo com alimentos com pouco ou nenhum valor nutritivo. Sobreviver, e até mesmo emagrecer, comendo apenas bolinhos industrializados é tecnicamente possível, mas não recomendável.

Para estudar os recursos genéticos de plantas e insetos em ambientes inóspitos, muitas vezes tenho de viajar para partes do mundo que estão distantes de qualquer local ou destino turístico. Quando retorno a uma área rural poucos anos depois de iniciar um projeto, às vezes mal reconheço o terreno natural. Ou o solo foi arado e cultivado ou foi erguido um novo conjunto habitacional. Olhar além do nosso horizonte em busca de mais e mais terras tem sido a regra desde as primeiras tentativas bem-sucedidas de domar a vida há milhares de anos.

Assim como todos os sucessos meteóricos, o da agricultura foi complicado. Em todo o mundo, partes de florestas virgens e selvas foram desmatadas ou queimadas quase da noite para o dia, e vários dos corpos d'água do mundo foram destituídos de vida, tudo com o objetivo de fornecer mais alimentos ao ser humano. Fico impressionado com a rapidez com que as coisas mudam na tentativa de nos manter alimentados. Sempre ignoramos quanto dependemos da cooperação das condições climáticas locais sazonais para garantir os parâmetros perfeitos de água e luz solar. Até mesmo a menor perturbação pode rapidamente causar um grande desastre.

//

A INTER-RELAÇÃO ENTRE O CLIMA e a agricultura é particularmente evidente nas ruínas e nos monumentos espalhados pelo mundo. Um desses locais fica a cerca de 160 quilômetros ao norte de Lima, no Peru, onde se localiza a Cidade Sagrada de Caral-Supe, reconhecida como patrimônio mundial pela Organização das Nações Unidas para a Educação, Ciência e Cultura (Unesco). O sítio de 5 mil anos de idade contém os vestígios de um complexo urbano que se acredita ser o mais antigo centro de civilização das Américas. Suas seis grandes pirâmides foram construídas originalmente de forma a resistir a terremotos. Hoje, estão aos poucos se reintegrando ao deserto do qual foram erguidas há milhares de anos.

Isso dá ao lugar um ar ainda maior de desolação. Aparentemente, todos os habitantes locais saíram dali com pressa. Acredita-se que, assim como em tantos outros sítios arqueológicos mundo afora, essa cidade tenha sido abruptamente abandonada quando o clima ou o tempo local mudou, e a oferta de alimentos diminuiu. Afinal de contas, quando a comida acaba ou os rios secam, não há muito o que fazer. É ir embora ou morrer.

O processo de inanição começa com bastante rapidez quando não conseguimos atender às demandas energéticas do dia. Os animais do mundo todo criam estratégias para encontrar os alimentos de que precisam para sobreviver. A mais óbvia é a migração. Mas a locomoção para pastos ricos em calorias só funciona como estratégia quando existem, de fato, pastos verdejantes.

Não há como negar que os seres humanos são um bando de animais vorazes. É quase como se nosso apetite insaciável tentasse encher uma barriga sem fundo cavada pela fome que nossos antepassados passaram. É por isso que os mais glutões sobreviveram. Somos também uma espécie instável e de memória fraca. Mas tem algo que nunca conseguimos perdoar nem esquecer: a fome. Mesmo que tentássemos, não demoraria muito para que outra escassez aguda de alimentos recontasse uma história muito antiga. É por isso que todos nós deveríamos ser desculpados pela nossa voracidade — ela foi literalmente gravada em nosso DNA.

Como os animais precisam comer plantas e outros animais para sobreviver, eles dependem da natureza cíclica da oferta de alimentos. Isso, é claro, vincula-se aos padrões locais de tempo e clima. A única maneira de garantir que você tenha o que comer nos períodos em que há menos oferta de alimentos é adotando a segunda estratégia de sobrevivência, ou seja, armazenando um pouco.

Todo organismo do planeta tem algum tipo de estratégia de armazenamento de energia. A batata armazena sua energia na forma de amido, produzido por fotossíntese nas folhas desses tubérculos subterrâneos, ocultos dos animais famintos. A abelha, *Apis mellifera*, produz e armazena o mel, para que possa ter algo para comer durante o inverno, quando não houver mais flores.

Para reduzir a quantidade de energia que usamos em caso de privação persistente de alimentos, começamos a limitar a quantidade de energia que gastamos assim que a fome bate. Para isso, desaceleramos nosso metabolismo, uma estratégia de sobrevivência empregada por homens e mulheres. Essa é uma das razões pelas quais é tão difícil emagrecer. Nosso organismo torna-se literalmente parcimonioso com as calorias, e, quanto mais tempo ficamos sem comer, mais nosso gasto energético diminui para compensar esse fato. É por isso que, em um regime alimentar, é mais fácil perder os primeiros quilos do que aqueles quilinhos finais. A cada quilo que perdemos, o corpo precisa fazer um esforço maior para continuar a trajetória de redução de peso.

Assim como acontece com outros animais, nós também podemos armazenar o alimento excedente dentro do corpo, como a gordura. É o que nosso corpo consome na falta de outro alimento. As mulheres, em geral, têm 40% a mais de gordura corporal do que os homens de mesmo peso e estatura. Elas também tendem a acumular gordura na região femoroglútea (quadris e nádegas). A maioria dos homens, por outro lado, tem uma porcentagem mais alta de massa muscular. Apesar de ser útil, ter mais músculos também faz com que a quantidade de energia necessária apenas para sobreviver seja maior. O corpo de um homem precisa de uma quantidade maior de calorias para funcionar do que o de uma mulher de mesmo peso — algo que pode ser problemático quando não há comida.

Como as mulheres têm menos massa muscular, bem como menor taxa metabólica de repouso, elas são geneticamente dotadas da capacidade de ser mais econômicas que os homens em termos energéticos. Em tempos de necessidade, vale a pena ter algumas calorias extras. Essa é também uma das razões pelas quais as mulheres, ao contrário dos homens, sobrevivem em tempos de "vacas magras".

//

AO LONGO DE TODA A HISTÓRIA, os agricultores perceberam a importância de produzir a maior quantidade possível de alimentos. Saber a quantidade que se pode produzir em uma breve estação de cultivo é sempre um desafio. A Suécia, por exemplo, tem longos dias de verão, mas uma estação de cultivo breve. Isso pode resultar em anos maravilhosamente produtivos; no entanto, alguns poucos dias sem sol podem ser desastrosos. Logo virão a escassez de alimentos e a fome.

Foi exatamente o que começou a acontecer no verão de 1771. Não apenas na Suécia, mas também em outras partes da Europa. Houve uma quebra generalizada da safra em decorrência de condições climáticas anormais. As coisas não melhoraram muito no ano seguinte, nem no outro, o que levou a uma alta expressiva no preço dos alimentos, exacerbando a situação. Com a desnutrição, houve uma disseminação de doenças infecciosas, e a disenteria reduziu ainda mais a população. Mas, assim como em todos os períodos infelizes de fome e peste na história da humanidade, as mulheres sobreviveram aos homens.

O aspecto peculiar da crise que assolou a Suécia no final do século XVIII é que ela ocorreu numa época em que havia um sistema de registro civil completo e preciso, inclusive registros de óbito e dados censitários. Antes da crise, a expectativa de vida era de 35,2 anos para as mulheres e 32,3 anos para os homens. Durante a crise, essa expectativa caiu para 18,8 anos e 17,2, respectivamente. Depois da crise, a expectativa subiu para 39,9 anos para as mulheres e 37,6 anos para os homens. Com base nos registros de óbito desse período de fome na Suécia, sabemos agora, com certeza aritmética, que as mulheres tiveram uma vantagem expressiva de sobrevivência.

Chegam as crises, e as mulheres têm capacidade biológica e resistência fisiológica para persistir. E não são só mulheres adultas que vivem mais que homens adultos. Os pesquisadores que analisaram os dados precisos dos registros civis do século XVIII na Suécia descobriram que os bebês do sexo feminino viviam mais que os bebês do sexo masculino. Essa é a mesma vantagem de sobrevivência feminina que testemunhei no Orfanato Tarn Nam Jai e na UTI neonatal.

Já explorei a base genética da persistência e do vigor; agora quero ampliar a discussão para explicar a base genética da longevidade, que mune as mulheres e muitos seres do reino vegetal, como as batatas, da força necessária para sobreviver aos contínuos desafios da vida.

No geral, quando desafiadas, as plantas reagem da mesma maneira que os seres humanos, usando seus extraordinários recursos genéticos nas horas de dificuldade. Às vezes, elas fazem isso estocando a própria fonte de alimento na forma de amido — essa é a versão botânica do processo humano de armazenamento de gordura.

Muito antes que começássemos a consumi-las, as batatas foram feitas para ser consumidas pela própria batateira, pois as batatas contêm a energia armazenada criada pela fotossíntese durante a estação de cultivo. Quando a estação chega ao fim, a planta morre na superfície. Mas a batata não funciona só como um dispositivo de armazenamento de calorias, como a nossa gordura. Uma nova planta idêntica pode nascer dela usando toda a energia acumulada e armazenada em seu banco calórico subterrâneo. E então o processo recomeça. Ao poupar parte da energia que elas produzem em uma estação para usar em outra, as batatas aumentam a própria chance de sobrevivência.

Uma coisa que as plantas não conseguem fazer facilmente é se locomover. Como quase todas são fixas, elas não têm a opção, como as aves, por exemplo, de voar para outro lugar. Em consequência disso, as plantas adquiriram habilidades excepcionais para lidar com os agentes estressores. O que permite a sobrevivência delas é a capacidade que têm de responder à altura. As plantas fazem isso ajustando continuamente os mecanismos genéticos para se adaptarem às mudanças diárias que ocorrem no ambiente.

Já notei que, quando uma batateira é submetida a algum tipo de estresse, como o estresse hídrico causado por irrigação insuficiente, ela é capaz de aumentar sua produção de antioxidantes carotenoides. Consumir alimentos que reagem geneticamente dessa maneira pode ter um impacto positivo em nossa própria saúde. Essa é a origem dos antioxidantes de muitos legumes e verduras. Estamos literalmente consumindo e tirando proveito das respostas genéticas de um vegetal ao estresse da vida.

//

Em meados de julho, eu estava de volta à região do altiplano andino no Peru, sacolejando no banco do passageiro de um jipe que subia cada vez mais devagar para atingir uma altitude de 4.500 metros. Estava na parte central dos

Andes para estudar mais a fundo como as batateiras respondiam geneticamente e superavam os desafios de nascer no topo do mundo.

Partindo da antiga cidade de Cusco, o trajeto levaria cerca de duas horas. Portanto, tive muito tempo para conversar com Alejandro, meu motorista e guia especializado na região agrícola daquela parte excepcional do mundo. Enquanto subíamos a montanha por uma estrada bastante estreita, eu me dei conta do que poderia dar errado vendo as carcaças enferrujadas de carros lá embaixo no vale.

A maioria dos supermercados do mundo desenvolvido tem no máximo meia dúzia de variedades de batata. Mas, fora do mundo moderno da monocultura, a ciência conhece outras 5 mil variedades de batata, a maioria originária do Altiplano. Qualquer batata que alguém já tenha comido tem suas raízes ancestrais nessa parte do Peru.

Eu estava particularmente fascinado pelo fato de uma variedade de batata, conhecida como Mama Jatha (mãe do crescimento), vicejar nas condições extremas típicas de grandes altitudes. O que isso poderia nos ensinar sobre a capacidade humana de resistir a situações e ambientes rigorosos? Se as batatas conseguiam responder geneticamente para sobreviver em ambientes inóspitos, talvez esses dados pudessem nos apontar um futuro em que pudéssemos induzir alguma capacidade genética dentro de nós para fazer a mesma coisa.

Tirando uma das mãos do volante e os olhos da estrada, Alejandro apontou com entusiasmo para a minha janela.

— Olhe... Está vendo aquilo?

Protegi os olhos do sol ofuscante, que naquela altitude nos atingia com uma carga 30% maior de radiação ultravioleta do que ao nível do mar. Não pude deixar de pensar no que toda aquela radiação solar extra estava fazendo ao meu DNA. Tinha me esquecido de passar protetor solar antes de sair pela manhã, e a radiação ultravioleta extra faria milhões de minúsculos cortes no DNA dentro de minhas células cutâneas e de minhas retinas. Estávamos a mais de 4 mil metros de altitude naquele ponto. Estreitei os olhos e tentei focar o ponto que Alejandro apontava. Tudo o que vi foi um pequeno campo de batatas indiscerníveis; não havia muitas outras plantas, árvores ou arbustos. De acordo com Alejandro, aquele era um campo recém-plantado, em uma altitude e um local que ele nunca tinha visto antes.

As batatas não são novas naquela terra. Elas são cultivadas ali há pelo menos 8 mil anos e forneceram calorias provenientes de carboidratos, que são usados como combustível pelo corpo, para vastos impérios antigos, entre eles, o império Inca.

A batata domesticada (*Solanum tuberosum L.*) é tão essencial à nossa sobrevivência hoje como sempre foi ao longo de toda a história. Atualmente, é a cultura não integrante dos cereais mais importante do mundo. A batata é um membro da grande família das solanáceas e parente próxima da berinjela, do pimentão e do tomate.

Ao contrário de outras culturas, ela não precisa de sementes tradicionais para ser cultivada. O plantio de batatas é feito com a própria batata — chamada "batata-semente" ou "tubérculo-semente" — da safra do ano anterior. Se quiser ter mais batatas, é só plantar batatas.

Dessa maneira, a batata sempre terá o mesmo DNA de sua progenitora, e mais ou menos o mesmo aspecto e o mesmo sabor. Mas elas nunca serão idênticas. Isso porque as batatas respondem aos desafios apresentados pela sua localização. Por exemplo, uma planta pode ter folhas menores e mais grossas se for cultivada em altitudes mais elevadas.

Outra maneira pela qual as batatas cultivadas naquela altitude respondem a esse desafio distinto de sobrevivência é produzindo mais compostos fitoquímicos, que agem como protetor solar para as plantas. Por terem uma quantidade maior de antioxidantes, essas batatas conseguem se proteger da dose extra de radiação ultravioleta.

— Não é só mais uma plantação de batata... É realmente impressionante. Nunca vi batatas crescerem nessa altitude antes. Essa é a primeira vez — disse Alejandro, como se lesse meus pensamentos.

Ele falou que o microclima da região havia mudado, e aquela área específica tinha ficado mais quente, permitindo aos agricultores plantarem batatas em altitudes maiores. Embora alguns agricultores tivessem mais terras para cultivo porque o clima havia mudado, ainda não estava claro se aquela área também se tornaria mais seca ou mais úmida com o aumento da temperatura e, portanto, se o cultivo ali seria sustentável no futuro. Alejandro comentou que alguns agricultores haviam transferido suas plantações para áreas próximas com menores altitudes, pois em maiores altitudes estava seco demais para o plantio.

Alejandro saiu da estrada e estacionou o carro para que eu pudesse conversar com os agricultores que cuidavam das plantações de batata. Naquela altitude, eu ficava zonzo só de entrar e sair do jipe. Então, ele correu até os agricultores e começou a crivá-los de perguntas, em espanhol, que eu havia preparado com antecedência. Ele me chamou com um "*Oye*, Shäron!".

Alejandro estava a apenas trinta metros de distância, mas, por causa dos efeitos colaterais da altitude elevada, tive de me esforçar para chegar até ele. Estava com flatulência, dor de cabeça latejante e muita falta de ar. Cada passo era um esforço tremendo.

Ao perceber como eu estava sofrendo, Alejandro tentou me manter em movimento e começou a acenar freneticamente para mim. Ele segurava um tubérculo colorido em cada mão.

— Veja, nós as encontramos. Batatas *puma maki*! — Funcionou. Pensando apenas naquelas batatas plantadas em altitude elevada, cheguei até Alejandro.

Puma maki significa "patas de onça", e as batatas de fato lembravam as patas de um grande felino. Alejandro tirou um canivete do bolso e fatiou um tubérculo cru. Sob a casca roxa havia uma polpa cor de creme rajada de roxo.

Segurando uma batata *puma maki*, perguntei-me quantos cromossomos ela teria. As batatas silvestres e os seres humanos são organismos diploides, o que significa que ambos têm duas cópias de cada cromossomo no núcleo de suas células.

As batatas domesticadas, por outro lado, podem ter maior grau de "ploidia" (ou seja, número de cromossomos em uma célula), dependendo da variedade. A maioria das batatas nas mesas da Europa e da América do Norte é tetraploide, contendo quatro cópias de cada cromossomo, em vez de duas. Algumas batatas chegam a ser hexaploides, podendo ter até seis cópias de cada cromossomo.

Ainda não sabemos ao certo por que alguns vegetais, como a batata, o trigo e o tabaco, duplicaram seus cromossomos enquanto outros não o fizeram. Será que há algum benefício? O fato de ter cópias extras do mesmo cromossomo de fato resulta em níveis mais elevados de diversidade genética, ao mesmo tempo que protege o vegetal de mutações deletérias. Existe algum exemplo no mundo vertebrado de vantagem de sobrevivência que esteja diretamente ligada ao fato de se ter mais acesso a informações genéticas que ajudem na sobrevivência?

Claro. A mulher XX. É por isso que as mulheres XX têm uma vantagem de sobrevivência em todos os estágios da vida em relação aos homens. Independentemente da especificidade da catástrofe, seja fome desencadeada por uma ideologia política coletivista do século XX, pestes que se propagam em decorrência de péssimas condições de vida ou perturbações ambientais que tornam a vida quase impossível, o maior número de sobreviventes é do sexo feminino.

Essa vantagem de sobrevivência feminina está diretamente ligada à capacidade que as mulheres têm de acessar a história genética da humanidade e usar uma variedade de instrumentos que os homens não têm. Assim como as plantas poliploides, que podem lançar mão de um maior conhecimento genético adquirido ao longo de milhões de anos de sobrevivência, as mulheres simplesmente vivem mais. Acredito que esse fenômeno seja a razão da superioridade genética das mulheres, pois elas são diploides para o cromossomo X, enquanto os homens não são.

Como falei, sabemos também que cerca de 23% dos genes no chamado cromossomo X silencioso das mulheres podem escapar da inativação e estar ativos em cada uma de suas células. Isso faz com que as mulheres tenham acesso a mais versões daqueles mesmos genes, os quais podem escolher e usar. O fato de ter acesso a diferentes versões dos mesmos genes nas mesmas células é o que chamo de diversidade genética, e ser capaz de usá-los é o que chamo de cooperação celular genética, algo que dá às mulheres maior vantagem genética de sobrevivência

//

MINHA VISITA LEVOU À preparação de um fantástico e indescritível bufê de apetitosas iguarias à base de batata. Poucas horas após minha chegada ao Altiplano, um arco-íris incrível de pratos de batatas, preparados pelos habitantes locais, estava pronto para ser consumido. O mais interessante não era a variedade de cores, mas sim o espectro de texturas e sabores. Nunca tinha provado batatas como aquelas.

Havia a *papa amarilla*, com uma textura arenosa surpreendente; a *papa negra*, preta como carvão por fora, amarela por dentro, com um leve sabor adocicado e textura farinhenta. Logo perdi a conta das batatas recém-colhidas e cozidas em nossa mesa, mas experimentei tanto quanto pude.

Alejandro me lembrou de que, embora as batatas fossem abundantes no Peru, a alimentação de alguns peruanos rurais, sobretudo os mais jovens, era pobre em proteína, pois fontes proteicas de alta qualidade eram caras naquela parte do país.

Passamos por várias propriedades agrícolas no longo trajeto de volta a Cusco. Paramos para conversar com outros produtores no meio do caminho. À medida que descíamos e os efeitos colaterais da altitude elevada melhoravam, Alejandro me mostrava os locais em que alguns agricultores tinham começado a plantar quinoa e milho, em vez de só batatas.

— Essas outras culturas não conseguem sobreviver em altitudes muito elevadas — explicou ele. — Essas plantas não são fortes o bastante para suportar o estresse do Altiplano. O frio e muitas vezes a seca são demais para elas. Mas essas *papas*, essas batatas fantásticas, são as que mais conseguem resistir. Acho que muito tempo depois que todos os seres humanos do mundo tiverem morrido, elas ainda estarão aqui, vicejantes.

Alejandro estava certo. As batatas sobrevivem em locais em que outras plantas não vingam porque podem recorrer à sua força e ao histórico genético nos períodos de crise. Ao responder com resiliência aos desafios ambientais, como pouca água, muito ou pouco sol, elas conseguem viver mais que outras plantas que certamente não aguentariam. As batatas também podem usar seu sistema de armazenamento de nutrientes nos tubérculos subterrâneos até que as condições ambientais estejam mais adequadas a seu desenvolvimento.

Com a mudança contínua do clima no Altiplano e em outros lugares, o ser humano, assim como todos os outros organismos, também será forçado a recorrer aos próprios pontos fortes e continuar a se adaptar se quiser sobreviver como espécie. Ser capaz de acessar e usar mais informações genéticas em cada uma das células, bem como armazenar mais energia em seu corpo, é o que dá às mulheres genéticas mais vigor e resistência para viver mais que os homens. Reagir, adaptar-se ou morrer — esse tem sido o mantra inexorável de nossa espécie desde os primeiros dias neste planeta. E alguns de nós demonstraram que são mais capazes de sobreviver do que outros.

//

Como geneticista e médico, refleti longamente sobre as implicações das diferenças genéticas entre homens e mulheres em relação à resiliência necessária para sobreviver às doenças. Tive uma experiência pessoal com as repercussões dessas diferenças pela minha amizade com Simon Ibell.

Uma empresa que fundei há mais de uma década estava em fase de expansão e precisava de mais espaço físico. O escritório de Simon ficava a algumas portas de distância do meu, então nos víamos com frequência. Quando Simon era criança, seu médico estimou que ele teria mais de 1,80 metro de altura. Simon nunca passou de 1,40 metro. Mas quem o conhecia não ligava para a sua altura; era a presença marcante e o charme que causavam grande impacto nas pessoas à sua volta.

Tempos depois, Simon me disse que a primeira coisa que tinha chamado a atenção dele era o logotipo da nossa empresa, uma impressão digital.

— Você é uma espécie de detetive que tenta capturar genes nocivos — disse ele numa noite em que trabalhávamos até tarde em nossos vários projetos. — Qual era a probabilidade de eu ser, entre todas as pessoas do mundo, logo seu vizinho de porta?

Minha empresa de biotecnologia, a Recognyz Systems Technology, desenvolvia *softwares* e câmeras de reconhecimento facial — do tipo usado hoje em dia para desbloquear *smartphones* e entrar em uma casa — para agilizar o diagnóstico de doenças genéticas raras. De acordo com os últimos números da National Organization for Rare Disorders [Organização Nacional para Doenças Raras], uma entidade sem fins lucrativos que atua no sentido de conscientizar as pessoas sobre doenças raras, existem mais de 7 mil doenças raras conhecidas, e o número só aumenta à medida que aprendemos mais. Embora individualmente essas doenças não sejam comuns, quando somamos todas elas, vemos que mais de 30 milhões de norte-americanos e cerca de 700 milhões de pessoas no mundo têm uma delas nos dias atuais. Minha empresa também estava criando um aplicativo móvel para uso em instituições de saúde que poderia ajudar as famílias e os médicos envolvidos no tratamento de pacientes a diminuir o número de *anos* necessários para se chegar a um diagnóstico correto.

— Portanto, qual era a probabilidade de uma agência de investigação genética abrir um escritório ao lado do meu? — disse Simon com um sorriso maroto. E acrescentou: — Acho que meu segredo enfim será revelado, e não terei mais onde me esconder.

A capacidade que Simon tinha de atenuar sua situação era só uma das muitas razões pelas quais todo mundo que o conhecia não conseguia deixar de gostar dele.

Longe de se esconder, Simon trabalhava com afinco. Ele tinha passado anos de sua vida conscientizando as pessoas e arrecadando fundos por meio de sua organização sem fins lucrativos, a iBellieve Foundation, para a realização de pesquisas a fim de encontrar a cura da síndrome de Hunter, também conhecida como mucopolissacaridose tipo II (MPSII).

A síndrome de Hunter é uma doença rara que afeta apenas uma em cada 3,5 milhões de pessoas. Portanto, o desafio enfrentado por Simon, e por todos aqueles que apoiam a causa de pessoas com doenças raras, era descobrir como motivar os indivíduos a ajudarem a encontrar um tratamento ou a cura para uma doença com incidência tão baixa. No entanto, Simon, sempre inspirado, costumava dizer:

— Você só precisa fazer as pessoas acreditarem por um momento que é possível mudar... É assim que milagres acontecem.

E, de milagres, Simon entendia. Ele tinha sido diagnosticado com a síndrome de Hunter quando era criança, e os médicos disseram que sua expectativa de vida era de, no máximo, mais alguns anos. Além de superar todas as expectativas de vida que foram feitas, Simon também sobrevivera a alguns médicos que haviam feito o prognóstico.

Com base em meu trabalho com doenças raras, eu sabia que a síndrome de Hunter é uma doença genética ligada ao cromossomo X. E, como vimos, de modo geral, só os homens são afetados, por não terem um X de reserva. Sem um estepe no porta-malas do carro, você não chegará a nenhum lugar se furar um pneu.

Um gene de manutenção celular chamado *IDS*, localizado no cromossomo X, não funcionava bem em Simon. Em consequência, a enzima que normalmente era produzida pelo *IDS*, chamada iduronato-2-sulfatase, também não funcionaria bem. Imagine que você esteja tentando montar um móvel, mas faltam três páginas importantes do manual de instruções supostamente fácil de entender.

Se você não tiver uma quantidade suficiente de iduronato-2-sulfatase em cada célula, em pouco tempo terá problema de distribuição e reciclagem de resíduos. Por quê? Porque essa enzima ajuda a degradar e a eliminar os resíduos celulares.

Se a enzima não funcionar direito ou você não tiver uma quantidade suficiente dela, em pouco tempo suas células ficarão repletas de resíduos celulares e os órgãos começarão a se expandir. Crianças com síndrome de Hunter podem ter coração, fígado e baço aumentados, sendo que estes acabam pressionando o pequeno tórax, causando então uma dor lancinante contínua. A explicação é simples: não há espaço suficiente para os órgãos em expansão.

É bem provável que Simon tenha herdado da mãe o gene *IDS* que não funcionava bem, uma vez que ele está localizado no cromossomo X. Por que Simon tinha síndrome de Hunter e a mãe dele, não? A resposta tem a ver com cooperação celular: a mãe dele, Marie, está viva e bem de saúde porque suas células cooperam entre si.

Como sabemos, as mulheres podem usar os dois cromossomos X, o que ajuda bastante quando um deles tem um gene mutado. Longe de ter apenas uma mera cópia de reserva cujos genes escaparam da inativação do X, a célula da mulher também pode fornecer a ajuda genética necessária para manter viva uma "célula-irmã" doente, que de outra forma morreria. As células masculinas como as de Simon não têm essa opção. As células de Marie que usam um X incapaz de produzir iduronato-2-sulfatase têm a vida mantida pelas outras células que usam um X diferente, que pode produzir a enzima. Por meio da cooperação, as células de Marie conseguem viver mais que as de Simon, muito embora ambos tenham herdado a mesma mutação no cromossomo X.

Quando conheci Simon, ele já recebia infusões de idursulfase, um dos medicamentos mais caros do planeta na época, a um custo anual de cerca de 300 mil dólares. Além disso, o medicamento está longe de ser perfeito. Trata-se efetivamente da mesma enzima que o gene *IDS* de Simon não conseguia produzir sozinho, pois não tinha as instruções certas. O problema desse medicamento é que ele não consegue entrar em todas as células de todas as partes do corpo.

Marie não tinha síndrome de Hunter e não precisava tomar idursulfase, pois suas células podiam produzir uma quantidade suficiente da enzima para compartilhar com as células que não a tinham. Esse fenômeno costuma ser chamado de redundância genética, mas na verdade essa expressão é incorreta. Com o compartilhamento celular de enzimas, as mulheres conseguem manter vivas algumas das células que, de outra forma, morreriam. Uma célula produz a enzima, e a célula deficiente a absorve por meio de um processo conhecido como endocitose mediada por manose-6-fosfato. Esse tipo de cooperação celular salva as células que morreriam, mas que ainda têm outras versões úteis de outros genes no próprio cromossomo X.

De fato, a cooperação celular entre células que usam cromossomos X diferentes é uma das principais razões da superioridade genética feminina. Imagine duas células lado a lado, cada uma usando um cromossomo X diferente e sendo capaz de compartilhar os produtos gênicos entre elas. O outro cromossomo X de Marie produzia a enzima com base em uma cópia operante do gene e a compartilhava com as células que não a tinham.

Portanto, logo de pronto as mulheres são geneticamente superiores; elas têm uma cópia de reserva do X *e* suas células podem cooperar e compartilhar sabedoria genética para combater deficiências genéticas, o que literalmente pode fazer a diferença entre a vida e a morte.

Para pessoas como Simon, é fundamental começar a receber o medicamento o mais cedo possível, pois ele pode retardar alguns dos sintomas das formas mais brandas da síndrome de Hunter. Infelizmente, o medicamento não evita nem reverte a cardiomegalia característica e, para algumas pessoas, a deterioração neurológica.

O caráter excepcional de Simon ficou patente para mim quando o encontrei logo após uma reunião dele com os pais de um bebê de dezoito meses que tinha acabado de receber o diagnóstico de síndrome de Hunter. Simon bateu na porta do meu escritório e entrou, esbaforido e entusiasmado. Um dos sintomas da síndrome de Hunter é a dificuldade de respirar devido à obstrução das vias respiratórias, e havia dias em que Simon estava melhor do que em outros. Quando recuperou o fôlego, ele disse que aquele menininho poderia começar a tomar o idursulfase precocemente, e que talvez isso fizesse uma enorme diferença, permitindo que vivesse tempo suficiente para ser submetido a algum novo tratamento ainda mais eficaz no futuro. Enquanto Simon contava a história do menino, não notei nenhum sentimento de mágoa pelo fato de ele mesmo não ter podido tomar idursulfase quando criança.

O que a vida de Simon exemplifica é que a vantagem de poder usar mais de um cromossomo X, em geral, é a sobrevivência. Por mais que tentem vencer os desafios da vida, os homens já entram nela com uma desvantagem genética.

A última vez que vi Simon, ele continuava otimista. Contou-me todos os seus planos e falou sobre um novo relacionamento amoroso com o qual estava bastante entusiasmado. Simon morreu dormindo, em 26 de maio de 2017, com apenas 39 anos de idade. Sua mãe, Marie, ainda está viva.

//

Um fenômeno de superioridade genética comparável é observado nas aves, que usam um sistema cromossômico de determinação sexual semelhante ao do ser humano, mas invertido. Os machos são como os mamíferos do sexo feminino, no sentido de que têm o uso paralelo de dois cromossomos X, que nas aves são chamados de cromossomos Z. O equivalente ao cromossomo Y, que as fêmeas têm, é chamado cromossomo W.

Nas aves (descendentes atuais dos dinossauros), os machos são o sexo mais forte, e eles não têm o equivalente das doenças ligadas ao X do homem. As fêmeas das aves, por outro lado, são como os homens, pois elas são mais acometidas pelas doenças ligadas ao cromossomo Z. São os machos que tendem a viver mais. Na verdade, o mesmo se aplica a lagartos e anfíbios: o sexo mais forte é o que herda o equivalente aos dois cromossomos X dos mamíferos.

Vim a saber da longevidade da ave macho por acidente, depois de conhecer o *chef* Yoshihiro Murata. Quando eu estava realizando pesquisas no Japão, tive a sorte de fazer uma refeição *kaiseki* no restaurante do *chef* Murata em Tóquio. *Kaiseki* é um tipo especial de culinária japonesa sazonal e um exemplo de *washoku* (和食), reconhecida como patrimônio cultural intangível da humanidade pela Unesco, pois expressa o respeito do povo japonês pela natureza.

A comida era deliciosa. Com seus quatro restaurantes e sete estrelas Michelin, é fácil entender por que as maravilhas gustativas do *chef* Murata são tão reverenciadas. A refeição consistia em uma sequência interminável de pratos; na verdade, catorze ao todo. No dia seguinte, o *chef* Murata e eu tomamos chá e conversamos sobre seu último projeto, uma coleção de vários volumes sobre a culinária japonesa.

Quando lhe perguntei quantos volumes teria a sua coleção, ele sorriu e respondeu com seu inconfundível estilo lacônico:

— Muitos.

Ele me mostrou um esboço do primeiro volume, junto com fotos que pensava em incluir em volumes futuros. Perguntei que outros pratos especiais eu devia experimentar durante a minha estada no Japão. Ele me recomendou peixe doce (*ayu*, em japonês) e me mostrou a foto. Eu já tinha provado antes, mas algo naquele *ayu* atraiu meu olhar. Os dois peixes da foto tinham duas marcas perpendiculares distintas que iam até a metade do corpo.

O *chef* Murata percebeu que eu observava aquelas marcas distintas e explicou:

— Foram feitas pelo bico de uma ave... a que pega peixes. — Em seguida, ele encenou todo o processo.

Os peixes não eram pescados com rede nem criados em cativeiro. Esse *ayu* em particular era capturado com o uso de uma técnica milenar que praticamente desapareceu. A princípio achei que o *chef* Murata estava zombando de mim, mas, pelo seu olhar circunspecto, entendi que falava sério. Eu tinha que saber mais sobre aquilo.

Na semana seguinte, fui conhecer as aves que pegavam *ayu*. Sentado no barco do pescador Shinzo Yamazaki, um belo corvo-marinho-de-faces-brancas com olhos cor de esmeralda, corpo negro e uma mancha mostarda sob o bico me encarava com desconfiança. Yamazaki me disse:

— Não se preocupe, esse pássaro não come gente.

Enquanto avançávamos, Yamazaki passou uma corda em volta do peito do corvo, preparando-o. Ele apontou para um aro de metal sobre o pescoço do pássaro e explicou que era aquilo que o impedia de engolir o *ayu*. Em seguida, lançou o pássaro na água, que, alguns minutos depois, estava de volta com uma protuberância no pescoço.

Yamazaki abriu a boca do pássaro com delicadeza, apertou a saliência do pescoço e dali saíram três peixes pequenos. Fiquei com um pouco de pena do corvo ludibriado. Como se estivesse lendo a minha mente, Yamazaki pegou alguns pedaços de enguia de uma caixa ao lado e deu ao pássaro como recompensa.

Acredita-se que a prática de usar corvos-marinhos para pegar peixes tenha sido introduzida no Japão a partir da China, no século VII, talvez antes disso. Yamazaki tinha seis corvos-marinhos e queria mais, mas a esposa achava que eles já ocupavam espaço demais na casa deles. Ele me contou que preferia os machos, embora fossem mais caros, pois achava que eram mais sadios e que viviam mais. Assim como as mulheres, os pássaros machos em geral vivem mais. A essa altura, isso não deve ser uma surpresa. Afinal de contas, os corvos machos são dotados do uso de dois cromossomos equivalentes ao nosso X, presentes nas mulheres. Não são só as companhias de seguro que sabem e tiram vantagem da diferença da expectativa de vida entre os sexos. Com todo o trabalho e os custos associados ao treinamento desses pássaros para pescar, não há dúvida de que compense ter um que viva mais.

//

Se tentássemos concentrar todos os grandes desafios físicos em um único evento esportivo, seria como o obscuro mundo das provas de ultrarresistência. Nesse domínio, Courtney Dauwalter é uma espécie de rebelde. Ela ganhou a ultramaratona de Moab 240, uma corrida de 384 quilômetros, em dois dias, nove horas e 59 minutos. O circuito da corrida é em torno do Canyonlands National Park, em Utah, nos Estados

Unidos. Dauwalter foi muito mais veloz que qualquer um dos homens com o qual competiu, chegando mais de dez horas antes de Sean Nakamura, segundo colocado. Esse é um feito que, até há poucos anos, ninguém achava ser possível.

Dauwalter não é a única a romper barreiras e bater recordes à medida que mais mulheres começam a competir em provas de ultrarresistência. Em especial nessas corridas que favorecem a resistência sustentada contra breves explosões de potência muscular, algo interessante está acontecendo. As mulheres têm competido e ganhado.

Dauwalter estabeleceu próprias regras. Movida a M&M, jujubas e hambúrgueres, com certeza ela não segue as orientações nutricionais para uma atleta de elite de alto rendimento, como se esperaria. Rejeitando os tipos mais tradicionais de treinamento, continua a seguir o próprio curso em relação ao tempo e à distância dos treinos. Nem sempre ela planeja suas corridas: "Às vezes, quando saio de casa, não sei se vai ser por 45 minutos ou quatro horas. O que faço, basicamente, é ouvir o meu corpo; sei interpretar muito bem os sinais que meu corpo está me dando e sigo essa orientação".

Uma coisa é certa: Dauwalter adora correr. Alguns a consideram fanática; em uma ultramaratona de 160 quilômetros chamada *Run, Rabbit, Run*, ela ficou temporariamente cega durante os últimos vinte quilômetros. Ainda assim, conseguiu terminar a corrida.

A *Montane Spine Race* é outra duríssima corrida de ultrarresistência. Trata-se de uma maratona ininterrupta de 430 quilômetros em terreno montanhoso que inclui escalar um total de 13 mil metros de altura (em comparação, o monte Evereste tem 8.849 metros). Como se não bastasse, a *Montane Spine Race* é realizada em pleno inverno, com dois terços do percurso em total escuridão. Todos os corredores têm de levar consigo os próprios *kits* e suprimentos, e não contam com equipes de suporte pessoal para ajudá-los durante a corrida. Dormindo apenas três horas durante toda a competição, Jasmin Paris ganhou a ultramaratona em 83 horas, 12 minutos e 23 segundos. Além de ser a primeira mulher a vencer a *Montane Spine Race*, Jasmin bateu o recorde anterior, que pertencia a Eoin Keith, por impressionantes doze horas. Ela ainda encontrou tempo para extrair leite para a filhinha de catorze meses no quarto e no quinto pontos de controle a caminho da linha de chegada.

De modo geral, os homens têm um coração maior, mais massa muscular magra e maior capacidade de levar oxigênio aonde ele for necessário no corpo. Mas essas vantagens podem ser onerosas. Pergunte à ciclista Rebecca Rusch, sete vezes campeã mundial de *mountain bike*, que competiu contra homens durante mais de 25 anos. Como diz ela: "Todos aqueles caras saem na frente, e horas depois eu os alcanço. Eles sempre perguntam: 'Por que você larga tão devagar?', e eu respondo: 'Por que vocês terminam tão devagar?'."

Parece que, quanto mais árduo o esporte, mais a vantagem genética de vigor das mulheres as impulsiona à frente de seus concorrentes do sexo masculino. Exemplificando essa tendência, há pouco tempo a alemã Fiona Kolbinger, atleta e estudante de medicina, ganhou a Corrida Transcontinental, derrotando mais de 200 homens de um grupo de 256 ciclistas. Essa ultramaratona de ciclismo de 4 mil quilômetros cruza a Europa de ponta a ponta e exige que os ciclistas percorram uma estrada pavimentada nos Alpes franceses, a 2.645 metros de altura, expostos às intempéries. Kolbinger derrotou o segundo colocado, Ben Davies, com uma folga confortável de sete horas, cruzando a linha de chegada em apenas dez dias, duas horas e 48 minutos. Depois de vencer, Kolbinger comentou: "Quando estava vindo para a corrida, pensei que talvez pudesse subir ao pódio, mas nunca achei que conseguiria vencer a corrida".

Tradicionalmente, os homens sempre foram considerados o sexo mais forte, mas, quando vemos os números, por que as meninas na UTI neonatal são visivelmente mais fortes que os meninos? E por que mais mulheres que homens sobrevivem a períodos terríveis de fome? Mesmo quando diferenças comportamentais e ambientais são levadas em consideração, a mortalidade é sempre mais alta entre os homens.

A robusta diversidade genética que advém do uso de dois cromossomos X e da cooperação celular faz toda a diferença para as mulheres. É essa diversidade cromossômica que confere a toda mulher genética uma vantagem de sobrevivência.

O fato de ter dois cromossomos X permite às mulheres resistirem, superarem e se desenvolverem melhor que os homens em geral, não importando o local no mundo em que nasceram e em que circunstâncias. Se há algo que podemos aprender com o passado é que, quando surge um desafio, os sexos nunca estão em pé de igualdade.

Na ultramaratona da vida, existe um sexo que sem dúvida alguma continua a dominar.

5 | Superimunidade: Os Custos e Benefícios da Superioridade Genética

Ao longo dos últimos séculos, a varíola tem sido a fonte de um dos maiores sofrimentos da humanidade, dizimando centenas de milhões de pessoas em um curto espaço de tempo. Os norte-americanos foram especialmente assolados, quase da noite para o dia, por um inimigo viral invisível.

Em 1967, a Organização Mundial da Saúde (OMS) lançou uma campanha intensa de erradicação da varíola, em um esforço para apagar a brasa incandescente dessa doença infecciosa. À época, esse flagelo viral matava quase 3 milhões de pessoas por ano, e deixava milhões com cicatrizes profundas e incapacitadas pelo resto da vida. A OMS estava determinada a mudar isso. E conseguiu. Essa foi a primeira vez que um patógeno humano foi deliberadamente erradicado no mundo todo.

A cicatriz do tamanho de uma moedinha no meu braço esquerdo é um sinal da vacina antivariólica que tomei quando era criança. De modo geral, as imunizações contra doenças infecciosas como a varíola evitaram muitas mortes e aliviaram mais sofrimento do que qualquer outro tratamento médico desenvolvido até agora. O que a cicatriz da minha vacina representa é um dos maiores feitos coletivos que tornam este mundo um lugar muito mais acolhedor.

Pode ser difícil avaliar a prevenção da varíola quando ela não está mais matando e mutilando furiosamente aos milhões. Hoje há poucas pessoas que podem recontar como era de fato ser infectado.

Eis uma descrição dessa doença. Ela começa de forma bastante inócua, com um período de incubação de duas semanas, durante o qual a pessoa não costuma sentir que tem algo de errado. Surgem então sintomas característicos da gripe, inclusive febre e dores no corpo, às vezes acompanhados de vômitos que duram de dois a quatro dias. Em seguida, surgem as erupções, em geral na língua e na mucosa da boca, do nariz e da garganta. As erupções progridem para o rosto, depois avançam para os braços e as pernas e, por fim, atingem a pele delicada das mãos e dos pés. Cerca de quatro dias depois, as erupções dão lugar a feridas cheias de um líquido opaco e turvo. As feridas deixam a pele esticada e são dolorosas, cobrindo a vítima infectada da cabeça aos pés. Um odor fétido de carne podre emana da pessoa. Por volta do sexto dia, as feridas se transformam em pústulas rígidas que se assemelham a "pérolas" ocultas sob a pele. Esse estágio dura cerca de dez dias. Depois disso, as pústulas secam e o corpo fica recoberto por centenas de crostas.

Nem todos tinham a sorte de sobreviver. A morte era dolorosa e longa para aqueles nos quais as pústulas não cicatrizavam. Seus órgãos e tecidos internos começavam a sangrar e a se liquefazer, fazendo as vítimas parecerem mumificadas em vida. Esse processo pavoroso podia durar quatro semanas.

Aqueles que driblavam a morte, quando suas feridas enfim cicatrizavam, ficavam desfigurados por marcas horríveis, e muitos dos sobreviventes também perdiam a visão. A pele marcada por cicatrizes profundas era um lembrete visual que causava repulsa nas pessoas. A única coisa que contava a favor dos sobreviventes era a certeza quase absoluta de que haviam adquirido resistência à reinfecção por toda a vida, embora naquela época ninguém soubesse por quê.

Só em 1973 é que foi publicada a primeira foto granulada de um fragmento de anticorpo, uma proteína especializada produzida pelo organismo para combater infecções. Os anticorpos tiveram papel determinante para que pudéssemos vencer a guerra contra a varíola.

Em 1980, a Organização Mundial da Saúde declarou oficialmente que a varíola tinha sido erradicada. A humanidade enfim pôde respirar, pois um temor perpétuo era dissipado. Assim como milhões de pessoas, fui poupado de ficar desfigurado e morrer em decorrência da varíola graças à inoculação que recebi quando era bebê. Fui uma das últimas pessoas no mundo a ser vacinada durante os esforços finais de erradicação da doença.

Mas como chegamos até aqui e o que a varíola tem a ver com as mulheres e sua superioridade genética? Vencemos a varíola desencadeando e depois utilizando o poder latente do sistema imunológico, um dos sistemas biológicos mais sofisticados do corpo humano. E, como veremos neste capítulo, os homens genéticos raramente podem competir com o arsenal imunológico das mulheres genéticas.

//

A GRANDE NARRATIVA DA EXTRAORDINÁRIA FAÇANHA CIENTÍFICA de erradicar a varíola sempre começa com a apresentação de Edward Jenner, médico britânico do século XVIII. Todo estudante de medicina ou microbiologia em quase todos os países do mundo aprende mais ou menos a mesma história sobre o pai da imunologia: o dr. Jenner personifica o herói da medicina que entra em cena ao descobrir como evitar a varíola por meio da vacinação.

Antes do trabalho sobre vacinas, Jenner ficou famoso por estudar os hábitos de nidificação do pássaro cuco. A fêmea põe seu ovo no ninho de outra espécie, transferindo suas responsabilidades de mãe para outra ave, que não desconfia que vai chocar um estranho. Naquela época, as pessoas achavam que o cuco adulto levava a alienação parental ainda mais longe (e de maneira pavorosa), livrando-se dos outros ovos e filhotes no ninho para garantir que seu rebento tivesse total acesso à comida e a outros recursos fornecidos inadvertidamente pelos "pais adotivos". Por meio de uma cuidadosa observação, no entanto, Jenner descobriu que os pais não tinham nada com isso; que era o filhote de cuco que tinha tendências homicidas. O filhote de cuco livrava-se sem demora de todos os outros ovos e filhotes jogando-os para fora do ninho hospedeiro. Por seu trabalho com os cucos, Jenner foi eleito membro da Royal Society, uma das maiores honrarias que um cientista de sua época poderia receber.[19]

Existem algumas histórias sobre como Jenner teve a ideia de criar a vacina contra a varíola. Segundo uma versão, foi quando ele estudava medicina na cidade de Berkeley, na região de Gloucestershire, Inglaterra. Ele ouviu uma ordenadora de vacas dizer que não iria contrair varíola porque já tinha tido varíola bovina.

---

19 Só 150 anos depois da morte de Jenner é que sua teoria sobre o cuco assassino foi confirmada por meio de prova fotográfica.

A varíola bovina e a varíola humana são causadas por vírus relacionados, porém distintos, sendo que o primeiro infecta vacas e o segundo, o ser humano.[20] A varíola bovina era um risco ocupacional naquela época para as pessoas que tinham muito contato com vacas.

Segundo outra versão, o dr. Jenner tinha uma paciente chamada Sarah Nelmes, uma ordenhadora que desenvolveu uma estranha erupção cutânea nas mãos. Como ele tinha visto esse tipo de infecção em mulheres que ordenhavam vacas, fez o inteligente diagnóstico de varíola bovina. Ao ouvir Sarah lhe dizer que estava imune à varíola, por já ter sido infectada pela varíola bovina, muito mais branda, Jenner pensou então em testar essa teoria.

Para tanto, Jenner usou James Phipps, o filho de 8 anos de idade de seu jardineiro, para ver se o fato de ser infectado por varíola bovina protegia contra varíola humana.[21] Jenner extraiu o pus da mão infectada por varíola bovina de Sarah e o inoculou por escarificação no menino, rompendo a barreira protetora natural da pele dele. Poucos dias depois, James contraiu varíola bovina. Jenner ainda não tinha comprovado que a infecção por varíola bovina conferia imunidade à forma humana da doença; para confirmar sua hipótese, ele teria de esperar com paciência para ver se a infecção por varíola bovina protegeria contra a varíola humana contraída por exposição natural.

Ou, então, Jenner poderia inocular a varíola humana diretamente em James para acelerar o processo. Ele optou pela segunda opção. Felizmente, James sobreviveu a essa

---

20 A varíola bovina e a varíola humana são causadas por dois vírus distintos, porém relacionados, do gênero ortopoxvírus.

21 Ainda hoje existe um amplo debate ético sobre o uso de seres humanos em experimentações médicas no desenvolvimento histórico dos procedimentos de variolização e vacinação contra varíola. Embora não haja um consenso, esse debate ainda é válido e relevante.

exposição intencional à varíola humana. Jenner chamou sua técnica de *vacinação*, palavra que deriva do latim *vaccinus*, que significa "de vaca".

Apesar de ser ridicularizado, Jenner levou adiante seu trabalho, repetindo o experimento bem-sucedido de vacinação em outras crianças. Mas o problema não foi só o fato de Jenner ser ridicularizado. Em 1796, o pai da imunologia teve seu artigo rejeitado pela *Philosophical Transactions of the Royal Society*, a mais influente publicação científica da época. Não foi por engano. O próprio presidente da Royal Society, *sir* Joseph Banks, fez questão de rejeitar o artigo com base no parecer de dois revisores que leram e fizeram comentários negativos sobre o trabalho de Jenner.

Em 1798, o médico enfim publicou seu trabalho, por conta própria, em um livro intitulado *An Inquiry into the Causes and Effects of the Variolae Vaccinae, a Diseased Discovered in Some of the Western Counties of England, Particularly Gloucertershire and Known by the Name of Cow Pox*.

Com o tempo, os médicos e seus pacientes começaram a aceitar os benefícios da abordagem de Jenner para evitar aquela doença hedionda. No final, ele chegou a receber financiamento do governo britânico no total de 30 mil libras esterlinas (mais de um milhão de dólares em cifras atuais) para continuar seu importante trabalho científico. Mas Jenner não ficou rico com sua descoberta. Muito pelo contrário, ele construiu um chalé ao lado de sua casa, chamado Templo da Vacina, onde vacinava aqueles que não podiam pagar pelo procedimento.

Como o próprio Jenner previu com acerto, logo após publicar suas pesquisas, "A extinção da varíola, o maior flagelo da humanidade, deve ser o resultado final desta prática".

//

DEZ ANOS APÓS OS EXPERIMENTOS INICIAIS DE JENNER, dezenas de milhares de pessoas tinham sido vacinadas. Mas, assim como em muitas histórias da gênese de descobertas científicas, essa história tem um começo alternativo. O que não me ensinaram na faculdade de medicina (aliás, nem na residência médica) foi o importante papel de *lady* Mary Wortley Montagu no desenvolvimento da vacinação.

Lady Mary Montagu nasceu em 26 de maio de 1689, em uma família aristocrática. Foi criada em Londres da maneira típica para uma mulher de sua posição. Mas *lady* Montagu podia ser tudo, menos típica. Desde criança, ficou claro que ela possuía uma mente curiosa e extraordinariamente independente.

Não admira que alguém com um espírito tão indomável se recusasse com veemência a aceitar o casamento arranjado pelo pai, o marquês de Dorchester. Contrariando os desejos dele, em 1712, *lady* Mary fugiu com o homem que ela mesma havia escolhido, *sir* Edward Wortley Montagu. Ao fazer isso, ela mudou a trajetória não apenas da própria vida, mas talvez do mundo.

Alguns anos depois de se casar, *lady* Montagu contraiu varíola, mas se restabeleceu. Toda vez que ela se olhava no espelho, o rosto coberto por cicatrizes profundas era um lembrete doloroso da devastação causada por essa doença. Até mesmo seus cílios tinham caído durante a infecção, e nunca mais voltaram a crescer. Dezoito meses após seu restabelecimento, seu irmão Will contraiu a doença. Ele não teve a sorte da irmã, vindo a falecer aos 20 anos de idade.

No início de 1717, *lady* Montagu acompanhou o marido a Constantinopla, pois ele tinha sido recém-nomeado embaixador britânico junto à corte otomana. Ela mergulhou na cultura local, aprendendo a falar grego e turco. Das muitas coisas que testemunhou e observou à época, um costume local em particular chamado de enxerto, ou variolização, chamou sua atenção.[22]

Em uma carta, *lady* Montagu escreveu:

> *A propósito de doenças infecciosas, vou lhe contar uma coisa que o fará desejar estar aqui. A varíola, tão fatal e tão comum entre nós, aqui é inteiramente inofensiva graças à invenção do enxerto, como é chamado aqui. Há um grupo de velhas senhoras que se encarregam de realizar o procedimento no outono, no mês de setembro, quando o calor já não é tão intenso. As pessoas conversam entre si para saber se alguém da família quer ter varíola. Elas organizam festas para esse fim e, quando estão reunidas (em geral quinze ou dezesseis participantes), chega uma senhora com uma casca de noz cheia de material retirado do melhor tipo de varíola e pergunta que veia a pessoa quer que ela abra. Ela abre imediatamente a veia oferecida com uma grossa agulha (a dor é mínima, como se fosse um simples arranhão) e introduz o máximo de material que consegue pegar com a ponta da agulha. Em seguida, fecha o pequeno ferimento com a parte oca de um pedaço da casca de noz; ela faz o procedimento em quatro ou cinco veias.*

O que *lady* Montagu provavelmente não sabia era que o enxerto não era originário de Constantinopla. Duzentos anos antes do seu relato, os médicos chineses já usavam a técnica de variolização nos pacientes com pó de crostas de lesões variólicas.

---

22 O termo "variolização" vem do vocábulo *varus*, que significa bexiga ou pústula. Outros termos como "enxerto" e "inoculação" são sinônimos.

A vívida descrição de *lady* Montagu talvez soe familiar. Isso porque essa técnica é o mesmo processo de vacinação que Jenner empregou muitos anos depois, com uma diferença importante: na técnica de vacinação de Jenner, as pessoas eram infectadas com material que continha varíola bovina, e não humana. O uso de vacina bovina era muito mais seguro do que a utilização da varíola humana.

Tanto a vacinação quanto a variolização usam o sistema adaptativo de proteção do organismo, estimulando as necessárias defesas imunológicas para combater agentes infecciosos, como o vírus da varíola. É precisamente esse sistema que as mulheres empregam com mais eficácia do que os homens ao longo da vida. A ideia implícita na vacinação e na variolização é causar uma infecção mais branda, que o corpo consegue vencer e que, depois, confere certo grau de imunidade protetora. As mulheres, quando são provocadas imunologicamente, têm capacidade de reagir com mais intensidade do que os homens para combater provocações induzidas por meio de imunização.

Ao que parece, *lady* Montagu ficou tão maravilhada com o fato de a variolização poder evitar a varíola que submeteu seu filho Edward ao procedimento diante de Charles Maitland, cirurgião da embaixada britânica. Funcionou, e seu filho nunca contraiu a forma grave da doença.

Em uma carta escrita logo após a inoculação do filho, ela declarou:

> *Sou bastante patriota para me dar o trabalho de fazer com que essa invenção útil seja adotada na Inglaterra, e não deixaria de escrever a alguns dos nossos médicos dando detalhes minuciosos sobre ela se conhecesse algum que fosse virtuoso a ponto de abrir mão de parte considerável da sua renda pelo bem da humanidade.*

Ao retornar à Inglaterra, em abril de 1721, *lady* Montagu demonstrou seu desejo de ajudar a apresentar a variolização aos concidadãos, tentando atrair interesse para a técnica. Não seria fácil para uma mulher como ela conseguir levar um procedimento médico desconhecido do Oriente para uma sociedade médica conservadora. Não admira que a variolização não tenha sido aceita pela sociedade médica londrina na velocidade que *lady* Montagu esperava.

Quando outra epidemia de varíola assolou Londres em 1721, *lady* Montagu quis que sua filha de 4 anos de idade, que também se chamava Mary, fosse variolizada. Ela pediu que Charles Maitland realizasse o procedimento, uma vez que ele havia testemunhado a inoculação do filho em Constantinopla alguns anos antes. O médico se recusou.

É compreensível que os médicos daquela época, e também muitos outros, achassem bizarro cortar a veia sadia de alguém e inserir pus extraído de uma pessoa doente com varíola. Além disso, não estava claro para Maitland nem para qualquer outra pessoa qual era a melhor técnica de variolização. Que veia deveria ser usada: uma veia de grande ou de pequeno calibre? Que quantidade de pus de uma pessoa infectada por varíola deveria ser usada em um procedimento? Maitland não estava sendo caprichoso ao recusar a solicitação de *lady* Montagu. Dados os riscos inerentes à variolização, pois 2% a 3% dos pacientes contraíam uma forma de varíola fulminante e morriam, ele não queria ser responsável por, sem querer, causar a morte da menina.

Em face de tantas incertezas, é compreensível que Maitland tivesse muitas reservas em relação a inocular uma criança. Mas *lady* Montagu acreditava que valia a pena tentar. Ela sabia muito bem qual era a alternativa: morrer ou, na melhor das hipóteses, ficar permanentemente desfigurada pela doença. Portanto, persuadiu Maitland, que foi em frente com o procedimento diante de duas testemunhas. A filha de *lady* Montagu passou bem após a inoculação, e o interesse pela variolização começou a aumentar, desta vez por parte da família real.

Em 9 de agosto de 1721, Maitland recebeu uma licença real para fazer uma experiência de variolização. No século XVIII, ainda havia pena de morte na Grã-Bretanha. O fato de ter acesso aos condenados que estavam nas mãos dos executores por terem cometido crimes aparentemente de menor gravidade criou uma situação peculiar para Maitland. Deu-lhe as primeiras cobaias.

Em troca da possibilidade de evitar a execução — isto é, se tivessem a sorte de sobreviver ao experimento de Maitland —, seis condenados foram tratados com variolização. E sobreviveram. A variolização tinha funcionado, tal como previra *lady* Montagu. Um dos condenados inoculados chegou a ser exposto a um paciente com varíola em estágio avançado para ver se estava imune. E estava. Esse condenado não adoeceu, escapou da forca e foi perdoado, assim como seus companheiros que haviam sido inoculados.

De uma maneira puramente dickensoniana, Maitland efetuou variolização em crianças órfãs da paróquia de St. James, que felizmente também sobreviveram. Com as evidências sobre a segurança da variolização e sua proteção contra a varíola em mãos, Maitland recebeu permissão para realizar o procedimento em Amelia e Caroline, filhas da princesa de Gales. As duas meninas sobreviveram.

Por volta da mesma época, a *Philosophical Transactions of the Royal Society* publicou alguns artigos que recontavam as experiências de outros médicos com a variolização. A Royal Society de Londres também recebeu duas cartas, uma em 1714, de Emanuel Timoni, e outra em 1716, de Giacomo Pilarino, em que ambos descreviam com exatidão o mesmo procedimento que *lady* Montagu havia testemunhado em Istambul. No entanto, foi a atenção atraída pela variolização das crianças reais que acabou sendo decisiva para sua aceitação, algo pelo que *lady* Montagu havia lutado com desespero.

Os problemas da variolização persistiam, como o risco de adquirir a forma grave da doença, que desfigurava ou matava. Com o tempo, algumas das incertezas iniciais foram superadas com uma técnica mais nova denominada método suttoniano, que consistia em fazer uma incisão menor e administrar uma quantidade menor de pus. Usando a técnica desenvolvida pelo pai, Daniel Sutton (que não era médico nem cirurgião) inoculou 22 mil pessoas entre 1763 e 1766, com apenas três mortes. Esse método aprimorado reduziu a morbidade e a mortalidade de forma significativa.[23]

Voltando a Jenner e à marca de vacina no meu braço, é fácil entender por que o uso de um vírus de uma espécie diferente, porém estreitamente relacionado ao vírus da varíola (pois ambos pertencem à mesma família), tem muitas vantagens. A varíola bovina, que acometia vacas, e não pessoas, não era nem de longe tão perigosa quanto a humana. Portanto, o uso da varíola bovina em vez da varíola humana para a variolização foi um grande salto qualitativo. Até mesmo um médico menos experiente poderia realizar o procedimento sem medo de matar o paciente.

Mas o trabalho de Jenner não teria sido possível sem os apelos incansáveis de *lady* Montagu. Eis o porquê: o próprio Jenner tinha sido inoculado com varíola quando pequeno, caso contrário não teria vivido para ser lembrado como o pai da vacina. Seu destino poderia ter sido o do rei Luís XV da França, que morreu de varíola em 1774. Os franceses eram totalmente contra a variolização. Como observou uma testemunha da corte francesa: "O ar do palácio estava infectado;

23 A variolização com a própria varíola humana pode ter o efeito oposto ao pretendido. Mesmo com o método suttoniano, uma fração das pessoas variolizadas ainda desenvolveria a forma grave da doença e morreria.

mais de cinquenta pessoas contraíram varíola só pelo fato de andarem pelas galerias de Versailles, e dez delas morreram". Após a morte de Luís XV, seu neto, Luís XVI, ascendeu ao trono, ao lado da esposa, Maria Antonieta. Só depois da Revolução Francesa, no fim do século XVIII, é que os franceses enfim começariam a ser vacinados.

Naquela época, os ingleses eram ferrenhos opositores da vacinação e resistiram ao novo procedimento de Jenner. Por certo não eram os pais preocupados que resistiam à proteção muito mais segura que a vacinação oferecia. Eram os próprios variolizadores que relutavam em renunciar àquela que tinha se tornado uma fonte confiável de fluxo de caixa.

Tanto a vacinação como a variolização exigem a presença de uma parte especializada do sistema imunológico, as células B. Como dissemos, as células B das mulheres genéticas não apenas conseguem produzir mais anticorpos, mas também anticorpos com mais afinidade.

Nós produzimos novos tipos de anticorpos em cada momento da nossa vida. As células B usam receptores idênticos em sua superfície que têm a mesma forma dos anticorpos que elas produzem. O trabalho desses receptores consiste, principalmente, em reagir a uma forma única e específica de imunógeno, que os ativa. As células B têm cerca de 100 mil cópias idênticas desse anticorpo em sua superfície, como antenas, enquanto esperam esse imunógeno com encaixe perfeito que vai ativá-las para começarem a produzir seu anticorpo.

Então, se uma célula B encontra um imunógeno e se liga suficientemente a ele — bingo! Essa célula B começará a se dividir em células-filhas. Entre dezoito e 24 horas depois que o receptor foi estimulado, essa célula B, com todas as suas células-filhas, começarão a produzir milhões de anticorpos idênticos e a bombeá-los na circulação.

Existe também um aspecto de meritocracia. As células B que produziram um anticorpo capaz de combater um patógeno são "promovidas" e retidas para o caso de ocorrer uma reinfecção com o mesmo microrganismo. É por isso que algumas das células-filhas são selecionadas para se tornarem células de memória, que serão mantidas durante anos na expectativa de um contra-ataque.

Usamos esse sistema toda vez que imunizamos alguém. É por isso que a imunização pode conferir proteção durante anos e, às vezes, para toda a vida. Somos colecionadores dedicados de memórias imunológicas de todas as nossas infecções passadas. Ao vacinar, estimulamos e permitimos a formação de memórias imunológicas sem ficar gravemente doentes. De modo geral, vale a pena.

Algumas dessas células de memória ou suas progênies podem ter a mesma idade da pessoa. Esse fenômeno está relacionado ao fato de as crianças pequenas adoecerem com tanta frequência. O sistema imunológico delas, assim como o restante do corpo, ainda está em desenvolvimento. Com o tempo, elas vão adquirindo experiência imunológica por meio de infecções microbianas brandas ou graves, criando um repertório imunológico vasto o bastante para lidar com os possíveis milhões de invasores. É graças a essa memória imunológica que conseguimos responder de forma mais rápida e agressiva a qualquer ameaça, sobretudo em caso de reinfecção viral ou bacteriana.

A memória imunológica pode representar a diferença entre a vida e a morte. Assim como os neurônios cerebrais, que codificam habilidades e eventos passados que usamos para sobreviver, o sistema imunológico usa anticorpos específicos para os invasores, de modo a se lembrar deles e matá-los caso retornem. Esse processo é chamado de resposta adaptativa do sistema imunológico. E no que diz respeito à memória imunológica, em comparação com os homens, uma mulher não se esquece com facilidade. As mulheres costumam sentir mais dor e ter mais efeitos colaterais com a vacina do que os homens, mas na verdade isso se deve ao sistema imunológico superpreparado, que reage de maneira mais agressiva e mais eficaz à vacina.

Embora a maioria das pessoas tenha a capacidade inata de produzir os próprios anticorpos, as mulheres genéticas são muito melhores nisso. Como falei, as mulheres conseguem produzir anticorpos com mais afinidade que os homens por meio de um processo de hipermutação somática, em que as células B sofrem ciclos de mutações genéticas para melhorar seu desempenho. O que distingue ainda mais as mulheres em termos imunológicos é que suas células B de memória (que produzem anticorpos específicos) permanecem no corpo durante muito mais anos do que no caso dos homens. É por isso que as mulheres costumam responder muito melhor às vacinas. Suas células imunológicas literalmente nunca se esquecem.

O que *lady* Montagu não podia saber é que existe uma diferença na maneira como o sistema imunológico de homens e mulheres responde e se lembra da variolização ou da vacinação. Da perspectiva imunológica, as mulheres também combatem os microrganismos com mais intensidade e mais rapidez em caso de reinfecção.

Foi a memória imunológica que fez com que *lady* Montagu defendesse a variolização, embora na época ela não compreendesse todos os detalhes biológicos. Sem a capacidade inata do organismo de produzir anticorpos bastante específicos, nem a vacinação nem a variolização seriam eficazes. No que se refere à produção e retenção de anticorpos, as mulheres genéticas sobressaem.

//

EM TERMOS GEOGRÁFICOS, A CIDADE DE ATLANTA, nos estados unidos, e a cidade de Koltsovo, na região de Novosibirsk, Rússia, estão a léguas de distância uma da outra. Mas elas têm algo em comum: ambas conservam os dois últimos lotes de vírus da varíola.

Desde 1980, quando a Organização Mundial da Saúde declarou que a varíola tinha sido erradicada em todo o mundo, fala-se muito, mas pouco se faz sobre a destruição desses últimos lotes da doença. Conseguimos fazer o que aparentemente era impossível: livrar o mundo todo de uma das doenças virais mais letais da história. Mas, depois de tudo pelo que passamos com a varíola ao longo dos anos, está sendo difícil abrir mão dela por completo. Assim como uma caixa de sapatos repleta de recordações de um romance da adolescência de que não conseguimos nos desfazer, ainda existem amostras desse vírus, mantidas longe de nossas vistas.

Há uma boa razão para essa relutância em destruí-las. Nunca se sabe se poderão ser úteis. Especialmente se for preciso criar uma *nova* vacina antivariólica.

Não são somente vírus que são mantidos no gelo e trancafiados a sete chaves. Algumas de minhas próprias pesquisas diziam respeito ao desenvolvimento de um antibiótico para a possibilidade de um microrganismo ser transformado em arma biológica, sobretudo a *Yersinia pestis*, agente causador das terríveis pestes bubônica e pneumônica. Muito mais letal que a varíola, essa bactéria na forma pneumônica da peste pode matar 90% dos infectados. A letalidade da *Y. pestis* é amplificada, assim como no caso de muitos outros patógenos bacterianos, por uma fonte rica de ferro biologicamente disponível no hospedeiro. Homens jovens e de meia-idade em geral têm maior quantidade de estoque de ferro no organismo, pois não perdem ferro pela menstruação ou gravidez. Isso pode deixá-los em desvantagem em relação às mulheres na hora de combater microrganismos que precisam de ferro, como a *Y. pestis*.

Mesmo com toda essa letalidade, a *Y. pestis* é surpreendentemente sensível aos antibióticos existentes — mas isso antes de ser transformada em arma biológica. Hoje em dia é de espantar com que facilidade é possível aumentar ainda mais a letalidade de um microrganismo. Com uma pequena atualização do seu DNA, a *Y. pestis* pode se tornar totalmente imune a todos os antibióticos atuais. Se essa bactéria adquirir a capacidade genética de obter mais ferro do hospedeiro, e a uma velocidade maior — por meio de técnicas de edição de DNA —, os homens genéticos, com seus estoques ricos em ferro, correrão um risco ainda maior.

Temos de nos preparar para o fato de que a peste negra pode ressurgir a qualquer momento como arma biológica e começar a matar milhões. Por isso é fundamental manter sempre algumas bactérias *Y. pestis* de reserva, para que possamos manipular seu DNA a fim de desenvolver e testar novos medicamentos para combatê-la — medicamentos que esperamos nunca precisar usar.

Existe a mesma possibilidade em relação à varíola. É possível sintetizar o vírus em laboratório. Foi depois da deserção de cientistas soviéticos na década de 1980 que soubemos que a varíola estava sendo transformada em uma potente arma biológica. Só em 1992 o presidente russo Boris Yeltsin admitiu publicamente que a União Soviética tinha um extenso programa de desenvolvimento de armas biológicas que incluía a produção da varíola, além do antraz e da peste bubônica.

Mesmo que um vírus não seja usado como arma biológica, existem preocupações de que recentes restos humanos com varíola ou alguma antiga amostra de tecido possam ser desencavados por acidente, liberando o vírus de novo para o mundo. A melhor maneira de combater esse vírus ainda é com vacinação, e é por isso que tão cedo essas amostras não vão a lugar algum.

A cicatriz no meu braço esquerdo foi causada pela reação do meu organismo à vacina de vírus *vaccinia* vivos da cepa da New York City Board of Health. Ao contrário da vacina de Jenner, que usava o vírus vivo de varíola bovina, e da que eu recebi, a maioria das vacinas hoje em dia não usa vírus vivo. Para reduzir as chances de efeitos adversos, usamos um fragmento de vírus ou bactéria inativado que não consegue sobreviver nem se replicar. Assim é mais seguro. Mas desencadear uma resposta do sistema imunológico a uma vacina que não é tão biologicamente ativa apresenta suas dificuldades.

Para superar isso, as vacinas modernas costumam ser administradas com um irritante imunológico, que faz um sinal de alarme disparar no corpo e iniciar o recrutamento de células imunológicas. Esse irritante é parcialmente responsável pela sensação dolorida que sentimos após uma injeção, que pode ser muito maior nas mulheres genéticas, por causa de sua resposta imunológica mais potente.

//

O IMPRESSIONANTE É QUE podemos produzir qualquer anticorpo de que precisamos, mesmo um que nunca existiu antes em nenhum ser humano. É por isso que a vacinação funciona tão bem. Mas o que acontece quando você nasce sem a capacidade de produzir anticorpos?

Quase todas as pessoas que não têm a capacidade de produzir anticorpos são do sexo masculino. Os homens genéticos que nascem com agamaglobulinemia ligada ao X (ALX) têm uma mutação em um gene chamado *BTK*, localizado no cromossomo X, que torna o corpo deles incapaz de produzir anticorpos adequados. Sem outro cromossomo pronto a intervir quando necessário, os homens com agamaglobulinemia ligada ao X, assim como os homens com daltonismo ligado ao X, estão em desvantagem genética.

Uma das doenças mais comuns que os pacientes com agamaglobulinemia ligada ao X contraem logo cedo é infecção de ouvido recidiva. A maioria desses meninos é totalmente sadia nos primeiros meses de vida. Isso porque ainda estão repletos de anticorpos que receberam passivamente da mãe através da placenta durante a vida intrauterina. Mas esses anticorpos não duram muito tempo após o nascimento. Quando esses anticorpos herdados acabam, os problemas desses meninos começam.

O tratamento da doença inclui injeções ou infusões de gamaglobulinas (outro nome dos anticorpos) durante toda a vida. As gamaglobulinas são obtidas de centenas de doadores e agrupadas. Em seguida, são infundidas ou injetadas nos pacientes em sua maioria do sexo masculino.

Na prática, as pessoas que têm agamaglobulinemia ligada ao X se mantêm vivas pelas memórias imunológicas emprestadas daqueles que conseguem produzir e doar seus anticorpos. Mas não é só isso que as mantêm assim.

A razão pela qual os homens com agamaglobulinemia ligada ao X sobrevivem com anticorpos doados é que eles ainda têm uma parte do sistema imunológico chamada de resposta inata. Essa parte do sistema imunológico costuma ser a primeira reação a uma invasão microbiana (ou a um grupo de células cancerosas). A resposta inata inclui o que chamamos de barreiras protetoras, como a pele e as mucosas, que fazem interface com o ambiente externo. A resposta inata tem natureza generalista — ela não é específica —, o que é importante, pois permite uma resposta rápida a um invasor sem muitas perguntas.

A resposta inata é feita por um grupo de células chamadas coletivamente de leucócitos, conhecidos também como glóbulos brancos. O carro-chefe da resposta inata é um tipo de leucócito chamado neutrófilo.

Como são generalistas, essas células usam receptores de reconhecimento de padrões (RRPs). Quando ativados, esses receptores se comportam como um alarme de incêndio altíssimo, alertando o restante das células do corpo para uma iminente invasão microbiana.

Alguns receptores de reconhecimento de padrões, como os genes *TLR7* e *TLR8*, que codificam receptores tipo *toll* (TLR — *toll-like receptors*), são encontrados no cromossomo X. Os receptores tipo *toll* ficam na superfície das células imunológicas e são usados por elas para reconhecer corpos estranhos de microrganismos invasores. O fato de ter duas versões de *TLR7* e *TLR8* dá às mulheres maior capacidade de reconhecer os invasores microbianos. Os homens ficam em desvantagem, pois possuem apenas uma cópia de cada gene. Isso significa que, logo de cara, as mulheres terão uma vantagem imunológica cromossomicamente sinérgica para reagir a um microrganismo que esteja tentando invadir o corpo delas.

Poucos minutos depois de uma invasão ou ataque, os neutrófilos chegam prontamente à cena, loucos por uma boa briga. Os neutrófilos também podem chamar o *backup* imunológico, recrutando outras células para entrarem no embate. Às vezes, ocorrem danos colaterais à medida que a luta se arrasta e as células se tornam liquefeitas, formando pus.

De todos os bilhões de neutrófilos que são produzidos todos os dias na medula óssea, alguns são liberados na corrente sanguínea, enquanto outros vão para o fígado e o baço.

Em comparação com outras células do corpo, os neutrófilos não vivem muito tempo. Seu ciclo de vida varia de algumas horas a alguns dias; porém, assim como o salmão do Pacífico, que nada contra a corrente para chegar a seu local de descanso final, a maioria dos neutrófilos retorna à medula óssea, onde comete uma forma de haraquiri celular, e depois é reciclada.

Temos uma grande quantidade de neutrófilos — 50 bilhões são produzidos todos os dias na medula óssea. Cada neutrófilo usa um cromossomo X, o que significa que as mulheres têm uma diversidade genética muito maior, já que os neutrófilos do homem usam exatamente o mesmo cromossomo X.

No caso das mulheres genéticas, essa diversidade de neutrófilos se aplica a outros tipos de células, como os macrófagos e as células assassinas naturais, que trabalham de forma árdua para eliminar células infectadas por vírus ou que se tornaram cancerosas.

É essencial para a sobrevivência que os dois ramos do sistema imunológico, a resposta inata e a resposta adaptativa, estejam funcionando com perfeição. Como sabemos disso? Infelizmente, vimos o que acontece quando elas não estão funcionando em casos como o de David Vetter, que ficou famoso como o "menino da bolha". Durante doze anos, David teve de permanecer em um ambiente protegido e relativamente estéril para sobreviver.

A razão pela qual era um "menino", e não uma "menina da bolha" é que David tinha uma doença ligada ao X chamada imunodeficiência combinada grave (IDCG). Cerca de metade dos casos dessa doença é causada por mutações no cromossomo X. É por isso que três quartos das pessoas com imunodeficiência combinada grave são do sexo masculino. Os médicos de David fizeram uma transfusão de medula óssea na tentativa de tratá-lo. A medula óssea é repleta de células imunológicas, que podem combater infecções, e eles tinham a esperança de curá-lo. Infelizmente, David faleceu de linfoma causado pelo vírus Epstein-Barr, introduzido por acidente no corpo dele pela transfusão de medula óssea.

A doença genética de David nos ensina que, assim como no caso de daltonismo ligado ao X, os homens não têm o mesmo número de opções genéticas que as mulheres. E não é só isso; em relação aos genes do cromossomo X, a posição dos homens é de deficiência quando algo dá errado, o que acontece com bastante frequência.

À medida que a ciência for se inteirando da superioridade genética da resposta de anticorpos das mulheres, as vacinas que desenvolvemos terão de levar esse fato em conta. Pode ser que os homens tenham de receber uma dose de reforço ou uma dose inicial mais alta , em comparação com a das mulheres, para obter o mesmo grau de proteção.

//

SE VOCÊ É MULHER e está tentando se curar de uma infecção ou de um câncer, a hiperatividade imunológica pode ter seus benefícios. Mas essa capacidade também tem um preço bem alto, um preço que em geral só as mulheres têm de pagar.

Com milhões de fãs e uma agenda repleta de turnês, as coisas estavam indo muito bem para a megaestrela Selena Gomez. Mas, de repente, com apenas 22 anos de idade, a ex-estrela da Disney começou a se sentir muito cansada. Como estivera sob os holofotes desde criança, e depois de terminar um relacionamento com Justin Bieber, ela tinha todo o direito de querer tirar um período de folga. Havia até mesmo especulações de que Selena havia se internado em uma clínica de reabilitação.

Na época, ninguém poderia imaginar que Selena Gomez lutava pela vida. Seu corpo tinha declarado guerra contra si próprio e a matava lenta e metodicamente, uma célula por vez. Ela não estava em uma clínica de reabilitação; na verdade, estava sendo tratada de uma doença autoimune chamada lúpus eritematoso sistêmico (LES), conhecida popularmente apenas como lúpus.

Selena não é a única. Cerca de 5 milhões de pessoas , na maioria mulheres, têm essa doença no mundo. As mulheres respondem por quase 90% de todos os casos diagnosticados.

Embora fosse conhecido por Hipócrates com outro nome, na verdade o lúpus foi descrito há mais de 2 mil anos. Acredita-se que essa doença, que provoca lesões avermelhadas no rosto, tenha recebido esse nome no século XIV, proveniente do latim *lupus*, que significa "lobo". Algumas pessoas acham que o nome se deve à característica erupção cutânea que surge no rosto e que se assemelha ao padrão de cor do focinho do lobo. Outras acham que é porque as lesões faciais avermelhadas observadas em um tipo de lúpus são semelhantes à mordida cicatrizada de um lobo.

Mais recentemente, várias pessoas acometidas por lúpus usaram a metáfora do lobo para descrever os sintomas dessa doença autoimune destrutiva. Como descreveu a escritora norte-americana Mary Flannery O'Connor, que tinha lúpus: "O lobo, temo, está me estraçalhando por dentro". Aos 39 anos, ela acabou perdendo a batalha contra a doença.

No caso de Selena Gomez, suas células imunológicas excessivamente autocríticas tentavam, de modo equivocado, matar as células operantes. Além disso, seu sistema imunológico excessivamente acrítico decidiu se voltar contra os rins, fazendo com que as células B produzissem anticorpos contra eles em particular e, em decorrência, causando uma complicação em geral fatal chamada nefrite lúpica.

Em pouco tempo, os rins dela pararam de funcionar. Prestes a iniciar sessões de hemodiálise, sua única esperança era um transplante de rim, que milagrosamente lhe foi doado por sua melhor amiga, Francia Raisa.

Hoje em dia, existem cerca de cem doenças autoimunes. Segundo estimativas dos National Institutes of Health (NIH), juntas, essas doenças acometem mais de 20 milhões de pessoas nos Estados Unidos, embora individualmente algumas delas sejam raras. De modo geral, as doenças autoimunes são a terceira causa de morbidade e mortalidade na maioria dos países desenvolvidos. O ponto em comum entre muitas delas é o fato de serem crônicas e debilitantes.

As doenças autoimunes afetam sobretudo as mulheres — mais de 80%. Como quinta principal causa de morte em mulheres, essas doenças estão longe de ser benignas. Então, se as mulheres são o sexo mais forte da perspectiva genética, por que elas têm mais problemas de autoimunidade?

A princípio, os cientistas não acreditavam que o sistema imunológico fosse capaz de lançar um ataque contra si próprio e, em consequência, causar danos ao corpo. Qual seria o sentido disso? O corpo atacar a si próprio? Um disparate.

Em 1900, Paul Ehrlich, que poucos anos depois receberia o Prêmio Nobel de Fisiologia e Medicina por seu trabalho pioneiro na área da imunologia, chamou de "horror autotóxico" a impossibilidade de o sistema imunológico se voltar contra si próprio. Na mesma época em que Ehrlich disse isso, começaram a surgir relatos de que, na verdade, era exatamente isso o que acontecia.

Nas décadas de 1950 e 1960, chegou-se ao consenso científico de que muitas doenças, como esclerose múltipla e lúpus, de fato eram causadas por autoimunidade. Ficou claro também que essas doenças eram mais frequentes em mulheres. Ninguém sabia por que havia esse desequilíbrio numérico no diagnóstico entre os sexos. Muitos médicos, bem como o meio científico predominantemente masculino, presumiram que as mulheres talvez externassem mais a dor e o desconforto causados pelos sintomas de doenças autoimunes como síndrome de Sjögren, artrite reumatoide, tireoidite autoimune, esclerodermia e miastenia grave. Os médicos achavam que os homens sofriam calados e não procuravam atendimento médico e, portanto, não eram contabilizados. A pressuposição era de que, em relação às doenças autoimunes, na verdade não havia uma diferença numérica entre os sexos.

Hoje sabemos com certeza que isso não é verdade. O número de mulheres com doenças autoimunes é muito mais elevado. De fato, em todo o mundo, quase todas as doenças autoimunes acometem mais as mulheres.

Classicamente, pensamos nas doenças autoimunes como parte de uma resposta adaptativa; o dano é causado por células como os linfócitos B, que atacam o corpo, criando autoanticorpos. Em vez de irmos atrás de microrganismos invasores, por equívoco, atacamos a nós mesmos. Às vezes os anticorpos atacam um receptor na superfície celular, bloqueando sua ação — é como grudar um chiclete em uma fechadura para que a chave não funcione.

Outras vezes, esses anticorpos podem causar danos diretos às células e, em decorrência, aos tecidos (um quadro chamado hipersensibilidade do tipo III). Na hipersensibilidade do tipo III, que é evidente no lúpus, os anticorpos ligam-se a autoantígenos, formando complexos antígeno-anticorpo. Da mesma forma, proteínas agregadas (um misto de imunógenos e anticorpos) depositam-se nos estreitos canais e vasos do corpo. Como se isso não bastasse, esses agregados de material celular e proteico ficam presos em espaços apertados, provocando inflamação e, em consequência, exacerbando a situação ao causar dor e inchaço. É bem provável que fosse esse o quadro de Selena enquanto esperava desesperadamente pelo transplante renal que poderia salvá-la.

O preço da agressividade imunológica das mulheres é o maior risco de desenvolver doenças autoimunes. O sistema imunológico de Selena, que deveria protegê-la de microrganismos invasores, tinha se rebelado e se voltado contra ela. Creio que o nível mais alto de autoimunidade que aconteceu com Selena, e que pode acontecer com todas as mulheres genéticas, é o preço e o resultado da superioridade genética feminina.

//

O TIMO É UM ÓRGÃO LINFOIDE PRIMÁRIO localizado no tórax, logo abaixo do pescoço. Enquanto nossas células B produzem antibióticos para combater patógenos, temos também as células T, que podem ajudar a atacar e até a matar invasores diretamente.[24] É no timo que as células T da resposta adaptativa do sistema imunológico terminam seus "estudos".

As células T nascem na medula óssea. Depois de se "diplomarem" na medula óssea, elas vão para o timo, onde passam para um grau mais elevado de "instrução" imunológica. E é uma instrução brutal. A maioria das células T não sai viva; acredita-se que apenas 1% das que entram sobreviva. É por isso que muitas células T reconhecem o "próprio", ou seja, nosso próprio corpo, como estranho e, se tiverem uma chance, lançam um ataque.

O timo faz contribuições extraordinárias a nossa vida. O órgão serve como principal sistema educacional para as

24 Existem vários tipos de células T. Algumas delas atacam células cancerosas e células infectadas por vírus. Segundo novas pesquisas, há também tipos especializados, como as células T $\gamma\delta$, que são capazes de matar bactérias diretamente.

células T, sem o qual elas jamais seriam civilizadas. Sem timo não há vida. Mas o timo não bate como o coração nem é grande como o fígado, e encolhe à medida que envelhecemos, por isso não pensamos muito nele.

Em especial no caso das mulheres, o timo é um misto de bênção e pesadelo. É uma bênção porque as células T no timo da mulher são transformadas em assassinas muito bem treinadas. É um pesadelo porque, na maioria das vezes, essas mesmas habilidades assassinas voltam-se contra a própria mulher. Como é que isso acontece?

Tudo tem a ver com um gene chamado *regulador autoimune* (*AIRE — autoimmune regulator*). A proteína codificada pelo gene *AIRE* ativa milhares de genes dentro do timo. É como um *show-room* celular com partes de células do coração, dos pulmões, do fígado e do cérebro, todas representadas no timo. Genes que quase nunca são expressos na mesma célula são ativados.

Por meio desse processo, partes celulares de todo o corpo são expressas dentro do timo e depois mostradas às células T, que chegaram da medula óssea para dar início à sua educação final. Se o mecanismo mortífero de células T reconhecer qualquer coisa no *show-room* do corpo dentro do timo, essas células receberão ordens para se suicidarem.

Isso permite a realização de um "teste beta" das células T para ver se reagiriam a alguma parte do corpo. Esse mecanismo complexo é chamado de tolerância central. Significa que as células T que são autorreativas ao corpo não são liberadas do timo para a periferia. Esse processo ocorre tanto em homens quanto em mulheres, mas com uma diferença significativa. As mulheres não usam tanto o gene *AIRE* quanto os homens. Por quê?

Após a puberdade nas mulheres, um estrogênio chamado estradiol diminui a expressão do gene *AIRE*, tornando-o muito menos ativo. Sem um *AIRE* ativo, menos genes do próprio corpo são representados no *show-room* do timo.

Mas então por que tantas mulheres atacam a si próprias em termos imunológicos?

Nas mulheres, células T que normalmente seriam instruídas a se matar, caso contrário acabariam atacando o corpo, são poupadas e não morrem. Como consequência, um número maior dessas células deixa o timo.

O preço por ter um sistema imunológico muito ativo é que ocorre um fenômeno semelhante ao fogo amigo: o corpo das mulheres às vezes pensa que está sob um ataque microbiano quando, na verdade, não está.

Chamo isso de defesa do Chapeuzinho Vermelho. Se um microrganismo é o lobo e está vestido de vovó, é melhor matar a vovó de vez em quando do que correr o risco de ser tapeado pelo lobo disfarçado de vovó. Uma das maneiras pelas quais nosso corpo usa essa estratégia é mantendo células T por perto, que podem atacar as próprias células e tecidos. Essas células T são mantidas por segurança, para o caso de algum patógeno conseguir ludibriar o sistema imunológico, pois ele parece idêntico a uma parte natural do corpo, embora não seja.

Fazer com que o nosso sistema imunológico adote a defesa do Chapeuzinho Vermelho é fundamental para combater microrganismos especialmente hábeis em mudar seu aspecto externo. Isso acontece todo ano com diferentes cepas de gripe. O vírus da gripe muda constantemente de forma para evitar nossas memórias e defesas imunológicas. Portanto, o corpo precisa ficar de sobreaviso. É por isso que mesmo um indivíduo sem doença autoimune tem algumas células T autodirecionadas que atacam o próprio corpo. Essa é a maneira que o corpo tem de se certificar de que não há um novo lobo vestido de vovó à espreita em algum lugar, pronto para dar o bote.

As mulheres fazem isso liberando uma porcentagem maior de células T do timo, que vão reagir e mirar o próprio corpo. Isso torna as células T das mulheres muito mais propensas a atacar alguma coisa que pareça o corpo, como um lobo disfarçado, ou infelizmente o próprio corpo. Ser capaz de matar lobos vestidos de vovó é uma coisa boa. Mas, às vezes, as células T das mulheres infelizmente matam uma vovozinha inocente, em vez de um lobo vestido de vovó. Quando isso acontece, o resultado é uma doença autoimune como o lúpus.

Influências hormonais também podem explicar por que as taxas de doenças autoimunes entre os sexos mudam de forma radical depois da puberdade nas meninas, quando os níveis de hormônios sexuais, como o estrogênio, aumentam. Embora a ocorrência de lúpus seja rara antes da puberdade, a proporção de lúpus nesse período é de duas mulheres para um homem. Após a puberdade, a proporção salta para nove mulheres para um homem. Esse mesmo padrão é visto também na esclerose múltipla.

Porém, os efeitos dos estrogênios não são simples. Os estrogênios podem ter efeitos diferentes, dependendo da quantidade presente no organismo. Em quantidades menores, podem estimular o sistema imunológico; mas, em concentrações mais elevadas, podem suspender ou suprimir um ataque imunológico.

Acontece o oposto com os homens.

Após a puberdade nos homens, os níveis de uma forma de testosterona chamada di-hidrotestosterona aumentam, fazendo com que o gene *AIRE* se torne muito mais ativo no timo. Como o *AIRE* está ativo, as células T dos homens genéticos são submetidas a um grau de instrução muito mais rigoroso dentro do *show-room* do timo, em comparação com as células T das mulheres.

Um número muito maior de células T que deveriam ter reconhecido o corpo recebe ordens para morrer. Isso é bom para o lobo, porque um lobo vestido de vovó não será atacado por uma célula T. É por isso que as células T nos homens são ainda mais tolerantes (em temos imunológicos).

O lado negativo para os homens é que mais lobos vestidos de vovó escapam da detecção, e essa é uma das razões pelas quais os homens são mais fracos da perspectiva imunológica. É por isso também que eles não têm doenças autoimunes na mesma proporção que as mulheres. Seu sistema imunológico não é tão crítico.

Existem outras causas possíveis para o alto preço que as mulheres pagam por sua superioridade genética. Por exemplo, estudos descobriram que mulheres com doenças autoimunes têm uma inativação preferencial de um cromossomo X. A inativação preferencial desproporcional de um cromossomo X em relação a outro dentro do *show-room* do timo torna as células T de uma mulher mais críticas quanto ao próprio corpo. Isso faz com que as células T não tenham uma instrução adequada em relação ao cromossomo X em menor número no timo. Se houver uma inativação preferencial do X em outros tecidos ou órgãos, pode ocorrer um conflito em que as células T reconhecerão essas estruturas como estranhas.

O que não sabemos ainda é se a inativação preferencial do X, que só pode ocorrer nas mulheres genéticas, é a causa ou a consequência da autoimunidade. Existe também a possibilidade de genes escaparem da inativação no X silenciado, o que também causaria problemas. Lembre-se de que cerca de 23% dos genes do cromossomo X que a princípio achávamos que eram silenciosos na verdade não são. Há também estrogênios que estimulam os linfócitos a secretarem citocinas e promoverem a sobrevivência de células T e B autorreativas, que, então, atacariam o próprio corpo. Em relação às diferenças entre o sistema imunológico de mulheres e homens, muitos mecanismos complexos estão em ação.

Autoimunidade ou autorreatividade é sempre o principal desafio do sistema imunológico adaptativo. Mas as notícias não são totalmente ruins em relação à autoimunidade das mulheres. O fato de se correr um risco maior de ter doenças autoimunes pode dar às mulheres uma vantagem, e não apenas quando se trata de matar microrganismos. Pode até fazer as células imunológicas femininas serem mais eficazes no combate ao câncer.

Na minha opinião, atacar uma célula cancerosa é uma forma de autoimunidade. As mulheres são mais resistentes e combatem melhor alguns tipos de câncer que os homens, e eu diria que essa é uma importante extensão de seu privilégio imunológico.

Ao longo de milhões de anos, nossos genes encontraram soluções criativas para fazer as células trabalharem em prol do bem comum do corpo. Se você precisa que um corte cicatrize, o processo de multiplicação celular terá de ser controlado com rigor. Vários pontos de checagem da multiplicação atuam juntos para manter todas as células sob controle. No entanto, quanto mais você viver, maior a probabilidade de um desses mecanismos de controle ser danificado. O câncer é o resultado de células amotinadas que se multiplicam descontroladamente. É por isso que o câncer muitas vezes é uma consequência inevitável do envelhecimento.

Os homens são mais propensos a ter câncer, e também a morrer dessa doença. De acordo com os dados compilados pela American Cancer Society, os homens têm um risco 20% maior de desenvolver câncer em comparação com as mulheres, e uma probabilidade 40% maior de morrer da doença. Os números mais recentes de novos casos de câncer do Programa de Vigilância, Epidemiologia e Resultados Finais (SEER) do National Cancer Institute (NCI) nos Estados

Unidos exemplificam muito bem essa discrepância entre os sexos. Eles revelam que os homens superam em número as mulheres em novos diagnósticos dos seguintes tipos de câncer: bexiga, cólon e reto, rim e pelve renal, fígado, pulmão e brônquios, linfoma não Hodgkin e câncer pancreático.

O motivo de os homens serem mais suscetíveis ao câncer que as mulheres, em geral, vai além de fatores ambientais. Isso fica evidente quando se considera que a predominância masculina no desenvolvimento de câncer também é vista no tipo mais comum de leucemia que afeta as crianças, a leucemia linfocítica aguda (LLA), pois ela acomete sistematicamente mais meninos do que meninas.[25] Nem todo tipo de câncer em órgãos que acometem os dois sexos são mais comuns em homens. Alguns, como o câncer de mama e o de tireoide, são diagnosticados com mais frequência em mulheres.

Mas, no caso de alguns outros tipos, como carcinoma de células renais, a proporção é de dois homens para uma mulher. Isso depois de feito o ajuste por região geográfica, Produto Interno Bruto, fatores de risco ambientais e até mesmo tabagismo (as diferenças entre os sexos eram maiores porque antes os homens fumavam mais que as mulheres). Nos Estados Unidos, isso se traduz em cerca de 153 mil novos casos de câncer a mais em homens em relação às mulheres, por ano.

Sendo assim, por que outros animais com longo tempo de vida, como os elefantes africanos e asiáticos, não têm câncer? Tanto o elefante africano como o asiático possuem diversas cópias de um gene chamado *TP53*. Quando está funcionando bem, o gene *TP53* é um regulador muito importante da proliferação celular e um elemento fundamental que

25 Nem todas as leucemias infantis afetam predominantemente os homens. A incidência de alguns tipos menos comuns de leucemia, como leucemia mieloide aguda (LMA), é quase a mesma em homens e mulheres.

impede a proliferação de células cancerosas. Se o *TP53* for desativado, haverá uma proliferação celular irrestrita.

Se você tiver duas cópias funcionais, como a maioria dos seres humanos, estará a dois passos de que isso aconteça. Mas, se for um elefante, terá vinte cópias extras de *TP53*, um *backup* considerável. Um elefante que está tentando combater um câncer tem opções.

Não sabemos em detalhes por que ou como os elefantes herdaram tantas cópias do gene *TP53*, um supressor de tumor, nem se todos eles funcionam, mas é provável que isso tenha algo a ver com o incrível tamanho e o impressionante número de células que eles têm, cerca de cem vezes mais que o ser humano.

Mas uma implicação do fato de ter mais células é o câncer. Quanto mais células você tem, maior a possibilidade de que uma delas decida se rebelar. Basta uma célula para fazer com que todo o sistema interconectado desmorone. É por isso que ter todas essas cópias extras de *TP53* em cada uma das células vem a calhar. Isso garante que a ordem celular será mantida em milhões de células ao longo de décadas de vida.

Os elefantes também têm cópias extras de um gene chamado *LIF*, acrônimo genético de fator inibidor de leucemia (*leucemia inhibitory fator*).[26] A palavra-chave é "inibidor", e uma dessas cópias do *LIF*, chamada *LIF6*, é fiel ao seu nome — sob o comando do *TP53*, esse gene sabota a maquinaria celular de qualquer célula com múltiplas aberrações, provocando sua morte. É como ter um sistema interno de quimioterapia sob demanda para tratamento de câncer, uma boa coisa se você for um enorme elefante com uma vida longa pela frente. Quanto mais estudarmos animais como os elefantes africanos e asiáticos, mais descobriremos sobre como tratar melhor o câncer no ser humano.

---

26 Assim como as cópias extras do gene *TP53* encontradas nos elefantes, ainda não está claro se todas essas cópias extras de LIF são plenamente funcionais.

Bem, nem as mulheres nem os homens possuem vários pares dos genes *TP53* ou *LIF*. Mas as mulheres têm uma saída da via tradicional de desenvolvimento de câncer. Elas têm genes supressores de tumor[27] que escapam da inativação do X (*EXISTS — escape from X-inactivation tumor suppressors*): seis genes supressores de tumor encontrados no cromossomo X. Em vez das várias cópias de *TP53* ou *LIF* que os elefantes têm, todas as mulheres XX possuem várias cópias funcionantes de genes *EXITS*.

Quando esses genes sofrem mutação, a probabilidade de ocorrer o desenvolvimento de câncer é bem maior, sobretudo nos homens. Isso porque os homens só possuem uma cópia de cada um desses genes em cada uma das células. As mulheres sempre têm duas cópias desses genes supressores de tumor em cada célula. Os homens não possuem genes *EXITS*; as mulheres os têm.[28] Quando se trata de prevenção de câncer, as mulheres têm opções.

Quando as mulheres desenvolvem câncer nos mesmos órgãos que os homens, em geral isso ocorre em uma idade mais avançada e a doença é menos agressiva. Em alguns casos, estudos demonstraram que as mulheres respondem melhor ao tratamento de câncer que os homens e, de modo geral, têm taxas mais elevadas de sobrevida. Mas o preço por ser mais imune ao câncer é apresentar um índice mais alto de quase todas as doenças autoimunes.

A primeira linha do sistema inigualável de defesa contra o câncer das mulheres é a existência dos dois cromossomos X que cooperam entre si e trabalham juntos para impedir que uma célula se rebele, e a segunda linha de defesa é uma

27 Entre os genes que escapam à inativação do X nas mulheres estão os seguintes seis genes supressores de tumor: *ATRX, CNKSR2, DDX3X, KDM5C, KDM6A* e *MAGEC3*.

28 Os homens podem ter genes semelhantes no cromossomo Y, mas eles não parecem proporcionar aos homens os mesmos benefícios de prevenção de câncer.

resposta imunológica muito mais forte para matar qualquer célula que faça isso.

Assim como uma força policial que reprime severamente qualquer forma de oposição, as células das mulheres nem sempre são boazinhas com o corpo delas, e muitas vezes infligem danos debilitantes que causam inúmeras doenças autoimunes. A produção de anticorpos melhores e de células T mais agressivas não apenas ajuda as mulheres a combater o câncer de modo mais eficaz, como também garante sua sobrevivência ao torná-las mais capazes de superar quaisquer obstáculos patogênicos que encontrem pela frente.

Se levarmos em consideração vida e morte, sobrevivência e extinção, talvez valha a pena pagar o preço da superimunidade.

6 | Bem-Estar: Por Que a Saúde das Mulheres Não É Igual a dos Homens?

A CONDUTA MÉDICA sempre se pautou por estudos feitos principalmente com células masculinas, animais machos e indivíduos do sexo masculino. Por esse motivo, sabemos mais sobre os determinantes de saúde e bem-estar dos homens. Com poucas exceções, tratamos clinicamente as mulheres da mesma forma que tratamos os homens.[29]

O avanço em abordar as diferenças entre os sexos por parte da medicina tem sido bastante lento. Em grande parte, isso se deve ao fato de que a medicina tradicional desconhecia as grandes singularidades cromossômicas das mulheres genéticas. Não sabíamos que as células femininas podiam cooperar geneticamente entre si e que as mulheres, na verdade, utilizavam o potencial genético do cromossomo X silenciado em cada uma de suas células. E, é claro, há ainda

29 Algumas dessas exceções incluem questões ginecológicas e obstétricas, e doenças como osteoporose.

a questão do privilégio imunológico inato das mulheres, que faz com que estejam mais aptas a combater infecções e o câncer. Apesar de sabermos hoje que o preço desse privilégio é a maior suscetibilidade a doenças autoimunes, não há como negar a força e a versatilidade inerentes de que as mulheres desfrutam em termos genéticos, graças a seus dois cromossomos X. Todas essas diferenças fundamentais têm sido subestimadas na hora de desenvolver, testar e implementar os avanços da medicina.

Eu me dei conta da magnitude desse problema quando estava nos estágios iniciais de desenvolvimento do meu primeiro antibiótico para combater infecções por superbactérias, ou seja, bactérias resistentes a diversos medicamentos, como as cepas de *Staphylococcus aureus* resistentes à meticilina (SARM). Anos antes que os pesquisadores testem um medicamento ou tratamento em seres humanos, órgãos governamentais como a Food and Drug Administration (FDA) dos Estados Unidos exigem a realização de um estudo pré-clínico. Esse estudo costuma ser realizado com células e animais para produzir evidências da eficácia e segurança do tratamento proposto.

Em relação a metais como zinco e ferro, os organismos masculino e feminino têm necessidades distintas.[30] Como alguns dos meus antibióticos eram à base de metais, eu queria testar particularmente se havia diferenças experimentais nos resultados entre camundongos machos e fêmeas.

Como disse na Introdução, o problema é que não era fácil obter camundongos fêmeas. Fiquei perplexo ao descobrir que, de modo geral, apenas camundongos machos eram usados nesses tipos de modelos experimentais de infecção.

---

30 A ingestão diária recomendada (IDR) para homens e mulheres com mais de 19 anos de idade difere; no caso do zinco é de 11 miligramas e 8 miligramas, respectivamente. A IDR de ferro para adultos entre 19 e 50 anos é de 8 miligramas para homens e 18 miligramas para mulheres.

Em 1987, a FDA publicou um documento que orientava os cientistas que quisessem solicitar aprovação de um novo medicamento ou tratamento a usar animais de ambos os sexos nos estudos clínicos. O documento continha a seguinte declaração: "Os estudos pré-clínicos para avaliação da segurança farmacológica de produtos que serão usados para os dois sexos devem usar animais machos e fêmeas". O único problema é que se tratava de uma recomendação, e não de uma norma. Essa recomendação, em especial, não precisava ser seguida para que um medicamento fosse aprovado pela FDA.

Notei que, se quisesse garantir um número equivalente de camundongos machos e fêmeas para os meus estudos, teria de fazer uma encomenda especial de fêmeas, pois a maior parte dos biotérios não mantinha um estoque de fêmeas naquela época. Ao constatar quanto era inusitada uma solicitação de camundongos fêmeas, percebi que a maioria dos meus colegas usava somente machos em seus estudos pré-clínicos.

Se tivesse de encomendar camundongos fêmeas, precisaria adiar em muitos meses o início do estudo, atrasando o meu projeto. Gostaria de ter esperado. Como viria a descobrir anos depois, quando enfim incluí machos e fêmeas em meus estudos pré-clínicos, os resultados experimentais obtidos apenas com o uso de machos eram diferentes. Isso me fez repensar e reelaborar algumas de minhas estratégias de desenvolvimento de medicamentos. E, se aquela era a minha experiência, talvez os resultados que outros cientistas vinham obtendo com o uso exclusivo de camundongos machos no desenvolvimento inicial de medicamentos só previssem desfechos clínicos com precisão na metade das vezes.

//

Pode ser que a inclusão de camundongos fêmeas em estudos pré-clínicos também não resolva o problema por completo. A maioria das fêmeas usadas em estudos hoje em dia é de linhagem isogênica, ou seja, foram submetidas a cruzamentos consanguíneos por várias gerações consecutivas. Isso significa que, ao contrário das mulheres, que têm dois cromossomos X totalmente diferentes em todas as células, as fêmeas isogênicas de camundongos possuem dois cromossomos X idênticos (o que as torna praticamente iguais aos machos em termos genéticos). O resultado é que as fêmeas isogênicas não têm a diversidade genética das mulheres nem das fêmeas heterogênicas; tampouco contam com cooperação genética. Portanto, mesmo que comecemos a usar mais camundongos fêmeas nos estudos clínicos, teremos de levar esse importante aspecto em consideração.

Apenas estudos clínicos relativamente recentes passaram a levar o sexo genético em consideração. Pesquisas realizadas nas décadas de 1980 e 1990 para analisar as solicitações de registro de novos medicamentos (a primeira etapa do longo e árduo processo de aprovação de um medicamento) descobriram que, embora as mulheres fossem incluídas nos estudos clínicos, ainda eram sub-representadas em muitos deles.

Em 1993, essa discrepância levou os National Institutes of Health (NHI) dos Estados Unidos a enfim exigirem a inclusão de mulheres em estudos clínicos financiados pela própria instituição. A última pesquisa a abordar a questão de inclusão de mulheres em estudos clínicos analisou cerca de 185 mil participantes de estudos clínicos e não encontrou evidências de inferioridade numérica significativa das mulheres. Essa é uma boa notícia, pois representa um passo importante na direção certa. Mas, como a maioria dos estudos clínicos anteriores basicamente ignorou as diferenças entre os sexos, ainda temos um longo caminho a percorrer.

Mesmo com a inclusão de mulheres em estudos clínicos, as diferenças de sexo e gênero no contexto de drogas, medicamentos e procedimentos médicos ainda não foram totalmente abordadas por todos os envolvidos nos estudos. Quando analisamos as solicitações de registro de novos medicamentos feitas à FDA, por exemplo, não vemos recomendações de doses específicas para os sexos. Isso acontece mesmo quando esses medicamentos são metabolizados e excretados de formas distintas por homens e mulheres.

Veja o álcool, por exemplo. O etanol é uma das drogas recreativas mais consumidas no mundo todo. E, em geral, as mulheres metabolizam o álcool mais devagar que os homens. Isso significa que, a cada drinque a mais ingerido, as mulheres terão mais eventos adversos de consumo de álcool do que os homens.Existem muitos outros exemplos de diferentes velocidades de metabolização de fármacos entre os sexos. Quando eu estava na faculdade de medicina, aprendi a receitar a mesma dose de Ambien (zolpidem), um medicamento para insônia, para homens e mulheres. Por que eu receitaria doses diferentes?

Acontece que não fazer distinção entre os sexos genéticos nesse caso pode ser perigoso. Depois de muitos anos e de milhões de receitas aviadas, começaram a surgir alguns relatos de que as mulheres eram mais sensíveis que os homens aos efeitos de sonolência do Ambien. Isso acabou suscitando uma revisão de segurança desse medicamento. Ninguém esperava o que foi descoberto.

Em abril de 2013, a FDA enfim reconheceu que a dose de Ambien receitada para homens e mulheres deve ser diferente. O que a maioria dos médicos não sabia antes desse anúncio era que as mulheres metabolizam medicamentos como o Ambien muito mais devagar do que os homens. Por esse motivo, uma mulher que estivesse tomando a dose de Ambien recomendada antes se sentiria sonolenta na manhã seguinte, enquanto um homem que tomasse a mesma dose se sentiria descansado. Consequentemente, as novas diretrizes da FDA reduziram a dose para mulheres de dez miligramas para cinco miligramas.[31]

Não resta dúvida de que o organismo de mulheres e homens genéticos absorve, distribui, metaboliza e elimina os medicamentos de maneiras distintas. Até mesmo medicamentos isentos de prescrição médica como o Tylenol (paracetamol), por exemplo, são depurados e removidos do organismo a uma velocidade diferente nos homens — cerca de 22% mais rápido. Mesmo com todos os avanços alcançados no estudo do genoma humano desde seu sequenciamento no início do século XXI, ainda não entendemos as vias genéticas subjacentes que explicam essa divergência entre os sexos genéticos.

A especialidade que estuda a maneira como o corpo humano lida com os medicamentos chama-se farmacocinética. As pessoas que trabalham nessa área há muito sabem que existem diferenças significativas entre os sexos. Cada um dos fatores farmacocinéticos mencionados antes (como absorção e eliminação) podem aumentar ou diminuir os níveis de um medicamento no organismo, dependendo do sexo genético da pessoa. Isso significa que, para determinado sexo, certa dose de um medicamento pode se tornar tóxica ou venenosa. Ou então o medicamento pode ser metabolizado com tanta rapidez que sua eficácia se reduz ou é totalmente eliminada.

O problema de determinar perfis pré-clínicos de segurança e eficácia de medicamentos usando somente células masculinas e animais machos é que as mulheres correm maior risco que os homens de ter uma reação adversa a

31 A dose de soníferos com o princípio ativo zolpidem para mulheres foi reduzida pela metade em 2013, passando de dez miligramas para cinco miligramas por dia (comprimidos de liberação imediata) e de 12,5 para 6,25 miligramas por dia (comprimidos de liberação prolongada), enquanto a dose receitada para os homens permaneceu inalterada.

certos medicamentos vendidos sob prescrição médica. Nem sempre os estudos clínicos levam em consideração a forma distinta com que as mulheres processam os medicamentos, pois foram delineados com base em informações fornecidas por estudos pré-clínicos que podem ter usado apenas células masculinas e animais machos. Isso porque os órgãos que aprovam os medicamentos, como a FDA norte-americana, não exigem a inclusão de células femininas nem de fêmeas nos estudos.

Por esse motivo, a maneira como as mulheres reagem a alguns medicamentos em geral não é testada em um estudo clínico, nem após sua aprovação, antes que lhes sejam receitados. Por exemplo, um medicamento para o coração pode colocar em risco a vida de uma mulher se não levar em conta o fato de que o ritmo cardíaco feminino — o modo como o coração bate e bombeia sangue para todo o corpo — é sensível a alguns medicamentos vendidos sob prescrição médica. Alguns já foram retirados do mercado por acarretarem maior risco de arritmia fatal (por exemplo, *torsades de pointes*) em mulheres. Se os estudos clínicos tivessem incluído números equivalentes de homens e mulheres, talvez isso tivesse sido evitado.

Durante muitos anos, as mulheres tomaram medicamentos como Seldane (terfenadina), um anti-histamínico, ou Prepulsid (cisaprida), para alívio de azia noturna, sem saber que a cada comprimido corriam um risco maior de apresentarem alterações do ritmo cardíaco. Ainda não sabemos até que ponto outros medicamentos podem influenciar o coração das mulheres dessa maneira destrutiva.

Mas sabemos, por exemplo, que leva muito mais tempo para as mulheres genéticas eliminarem a digoxina, um medicamento para o coração, algo que pode ser atribuído à menor atividade das UDP-glicuronosiltransferases (UGTs) hepáticas nas mulheres. Essas enzimas quebram muitos dos compostos tóxicos que consumimos, bem como influenciam vários dos medicamentos que tomamos.

De modo geral, o cólon transverso das mulheres é muito mais longo do que o dos homens. As mulheres também têm motilidade gástrica menor e trânsito intestinal mais lento, o que significa que qualquer coisa que comam leva mais tempo para chegar à outra extremidade do trato digestório. Na prática, isso quer dizer que as mulheres precisam esperar mais tempo após as refeições para tomar um medicamento que deve ser ingerido com o estômago vazio, como Claritin (loratadina), um antialérgico. Assim, o estômago estará vazio o bastante para maximizar a absorção do medicamento.

Para complicar ainda mais a situação, alguns medicamentos só são eficazes nas mulheres, e não nos homens. Zelnorm (tegaserode) é um exemplo. Ele foi aprovado apenas para mulheres que sofrem de síndrome do intestino irritável e constipação, pois demonstrou ser ineficaz para os homens. Se a eficácia do Zelnorm tivesse sido testada antes que as mulheres participassem de estudos clínicos, seus benefícios para elas não teriam sido descobertos.

Do mesmo modo, em uma recente reunião do Conselho Consultivo de Saúde da Mulher dos National Institutes of Health dos Estados Unidos, a dra. Louise McCullough, pesquisadora de acidente vascular cerebral (AVC), chegou à espantosa conclusão de que havia obtido resultados distorcidos em suas pesquisas porque as células de camundongos machos e fêmeas que ela tinha usado possuíam vias de morte isquêmica distintas. Isso significa que, embora parecessem indistinguíveis, as células de machos e fêmeas morriam de maneira bem diversa (um achado surpreendente considerando-se que se acreditava que as células de camundongos machos e fêmea se comportassem da mesma maneira tanto na vida como na morte). Os achados da dra. Louise levaram os pesquisadores a se questionarem se alguns dos processos essenciais da vida celular também eram diferentes, uma vez que essas células não estavam morrendo da mesma maneira. A descoberta da dra. Louise abriu novos caminhos de pesquisas que poderiam resultar em tratamentos mais eficazes tanto para homens quanto para mulheres.

Estamos apenas começando a entender o imenso impacto das diferenças entre os sexos na clínica médica. À medida que mais mulheres começarem a participar de estudos clínicos de novos medicamentos, e à medida que reavaliarmos nosso discernimento clínico com base nesse ponto de vista, nosso conhecimento certamente aumentará.

//

Ao longo dos anos, aprendi que ainda há muito a ser descoberto sobre as diferenças na anatomia humana entre os sexos. Até agora, a maioria das pessoas presumia que tudo o que há para saber sobre a anatomia do corpo humano já se sabe. Em grande parte, isso é verdade, se a humanidade fosse formada apenas por homens.

Conheci Stephanie no último ano da faculdade de medicina. Ela tinha quarenta e poucos anos e havia marcado uma consulta por causa de um problema antigo e constrangedor, que piorou depois que ela teve o primeiro filho. Meu papel naquele dia era descobrir mais sobre a história clínica de Stephanie, inclusive seus sintomas atuais.

Seu médico a havia encaminhado a um urologista especializado em procedimentos de alça uretral. Ela foi encaminhada para cirurgia porque estava com incontinência urinária de esforço, expressão médica utilizada para descrever a perda involuntária de urina quando alguma coisa exerce pressão sobre a bexiga, como tosse, risada ou espirro. Stephanie tinha algumas dúvidas básicas sobre a cirurgia e os resultados que poderia esperar.

Eu lhe fiz as perguntas de praxe sobre alguns dos desencadeantes de escape de urina em geral associados à incontinência de esforço. Ela respondeu "não" a quase todas as perguntas da lista que eu havia preparado. Então coloquei a lista de lado e pedi a Stephanie que descrevesse em detalhes o que acontecia.

— Bem... não acontece sempre, só quando meu marido e eu estamos tendo relação sexual. Quando estou prestes a ter um orgasmo, sinto vontade de fazer xixi e simplesmente faço. Fica tudo molhado, é muito incômodo. Meu marido é compreensivo... Não parece incomodá-lo, mas a mim incomoda. O pior é que não consigo interromper o fluxo — disse ela.

Os sintomas dela na verdade não pareciam ser de incontinência de esforço. Nem de qualquer problema que constasse do meu questionário de anamnese. Pode ocorrer perda de urina involuntária durante a relação sexual nas mulheres (incontinência coital), mas em geral não está associada ao orgasmo, como Stephanie descreveu.

Apresentei o caso de Stephanie ao cirurgião e lhe dei todas as informações que havia reunido. Ele me agradeceu e disse que os sintomas de incontinência urinária de esforço podem se apresentar de várias maneiras.

Alguns meses depois, fiquei sabendo que Stephanie havia sido operada, mas sem sucesso. Essa não foi uma grande surpresa, pois a "cura" decorrente desse tipo de procedimento no curto prazo nunca é de 100% — uma porcentagem mais realista é de cerca de 80%. Mas eu ainda tinha a impressão de que havia algo a mais no caso de Stephanie. No final, o verdadeiro "problema" não era incontinência, mas ejaculação feminina.

Posso atestar, com base em minha própria formação médica e experiência profissional, que a medicina tradicional ainda está silenciosa em relação a esse aspecto particular da anatomia e da sexualidade feminina. Os médicos raramente aprendem alguma coisa a esse respeito na faculdade.

Há mais de 1.500 anos, no entanto, Aristóteles e Galeno sabiam perfeitamente que as mulheres eram capazes de produzir uma emissão de "líquido feminino". Muitos de seus contemporâneos acreditavam também que equivalia ao sêmen masculino e que era a mistura de ambos que resultava em gravidez. Mas de onde vinha esse líquido nas mulheres?

Da próstata feminina, é óbvio. E a existência dessa glândula também não é uma descoberta recente. No século XVII, Regnier de Graaf, anatomista e médico holandês, descreveu em detalhes a anatomia genital feminina após meticulosas dissecações anatômicas. Sua descrição incluía o que ele chamou de "próstata feminina", que comparou à próstata masculina. Ele inclusive diferenciou o líquido que saía da próstata feminina das secreções vaginais que forneciam lubrificação durante o coito.

Graaf não foi o único a identificar esse atributo anatômico das mulheres. O inglês William Smellie, médico do século XVIII, descreveu a ejaculação feminina como um "líquido ejetado da próstata ou de glândulas análogas" produzido pelas mulheres.

Mas o pensamento médico vigente ditava que Stephanie tinha incontinência urinária. Ninguém sequer chegou a considerar outra explicação clínica, e esse equívoco remonta a um ginecologista escocês do século XIX chamado Alexander Skene. Ainda hoje, os livros de anatomia clínica que professores e estudantes de medicina usam em todo o mundo têm uma omissão flagrante, ou, devo dizer, um nome errado.

Skene identificou uma pequenina glândula com minúsculos orifícios nos dois lados da uretra. Mas há um detalhe importante: duzentos anos antes dele, Graaf descreveu com exatidão a mesma glândula. Ele acreditava que ela liberava líquido diretamente na uretra e, o que é mais importante, que era a fonte da ejaculação feminina. Nunca conheci nenhum trabalho de Graaf, mas já ouvi falar sobre o de Skene.

Se você procurar por "Skene" em um livro de anatomia clínica atual, encontrará pelo menos uma ou duas páginas dedicadas à "glândula de Skene" (não à próstata feminina). Portanto, o que ainda chamamos de glândula de Skene é basicamente a próstata feminina. Skene não sabia precisamente qual era a função da glândula que descrevia, nem que a próstata feminina está embriologicamente relacionada à próstata masculina.

Em 2001, o Comitê Internacional Federativo de Terminologia Anatômica mudou oficialmente o nome "glândula de Skene" para "próstata feminina". Nem toda mulher já observou se produz algum líquido de sua próstata, mas uma coisa é certa: toda mulher genética a tem. Sabemos também que o fluído liberado por algumas mulheres pode conter antígeno específico da próstata (PSA — *prostate-specific antigen*) e fosfatase ácida prostática (PAP — *prostate acid phosphatase*), que se acreditava serem produzidos apenas pela próstata masculina.

No entanto, estranhamente, muitos livros de medicina não foram corrigidos nem atualizados para refletir essa alteração do nome. É por isso que alguns médicos pressupõem que a incontinência urinária ao coito, ou seja, a liberação involuntária de urina durante a relação sexual, seja a única explicação para qualquer líquido liberado durante a excitação feminina.

Em pleno século XXI, Stephanie foi tratada com base em um modelo ultrapassado de anatomia e fisiologia feminina do século XIX. Ironicamente, se a medicina moderna tivesse usado a descrição de Graaf da próstata feminina, que remonta a trezentos anos, talvez os sintomas de Stephanie não tivessem sido considerados patológicos e ela não tivesse sido submetida a uma cirurgia desnecessária.

Mais recentemente, minha experiência com o caso de Stephanie me ajudou a tratar outra paciente com um quadro clínico aparentemente não relacionado. Samantha era uma mulher saudável de 41 anos de idade que tinha sido encaminhada para uma consulta por uma clínica particular depois de ser submetida a um *check-up* admissional completo, pago pelo novo empregador, e ter apresentado um resultado de exame inexplicado.

Salvo por crises esporádicas de enxaqueca, para as quais ela tomava Treximet (sumatriptana e naproxeno), Samantha tinha boa saúde. Cerca de seis meses antes de seu encaminhamento, ela implantara um DIU hormonal, sem nenhuma complicação.

A razão específica do encaminhamento de Samantha era que tinha havido um erro médico durante seu *check-up*. Até mesmo nas melhores instituições de saúde ainda acontecem erros, que vão desde aqueles de menor importância até os mais graves.

Na primeira vez em que compareceu à clínica, fora registrada por engano como homem, pois toda Samantha costuma ser chamada de Sam. Eu sabia, por experiência própria, que esse equívoco ocorria com frequência, pois meu nome, Shäron, é bastante incomum para um homem. Toda vez que eu marcava consulta com um novo médico, a secretária preparava a sala com antecedência para um exame ginecológico, que não era o meu caso.

Uma vez que Samantha foi registrada como homem no prontuário eletrônico da clínica, quando sua amostra de sangue foi enviada ao laboratório para análise, uma bateria de exames de sangue específicos para homens foi solicitada de forma automática. Para surpresa geral, os exames de sangue de Samantha acusavam níveis elevados de PSA, o antígeno específico da próstata. O valor de PSA considerado normal pela maioria dos médicos é inferior a 4,0 nanogramas por mililitro. Embora ainda existam controvérsias sobre o uso dos níveis de PSA para rastreio de câncer de próstata, um PSA de 43,2 nanogramas por mililitro (que era o resultado do exame de Samantha) teria levado de imediato a uma recomendação decisiva de exames de imagem e biópsia da próstata, se Samantha fosse homem. Mas Samantha era mulher e, portanto, segundo a medicina moderna, ela não tinha próstata. Então por que Samantha apresentou um nível altíssimo de PSA?

Como não havia nenhuma explicação para seu nível elevado de PSA, ela foi submetida a outros exames.

O urologista ao qual eu a encaminhei, especialista em câncer urológico, constatou que Samantha tinha adenocarcinoma da glândula de Skene, ou seja, câncer de próstata. O nível de PSA de Samantha estava elevado porque ela tinha um câncer que nunca acomete mulheres genéticas. Logo depois, ela foi operada e seu nível de PSA baixou.

Minha experiência com Stephanie me ensinou que as mulheres têm próstata, e não há como negar isso. E o caso de Samantha me ensinou que, embora seja raríssimo, as mulheres também podem ter câncer de próstata. Assim como supúnhamos que só mulheres tinham câncer de mama, hoje sabemos que homens e mulheres podem ter esse tipo de câncer.

Os erros médicos quase nunca acabam bem, mas felizmente esse não foi o caso de Samantha. Por ela ter sido tratada a princípio como homem, e não como mulher, esse erro em particular acabou salvando sua vida. Espero que, ao expandirmos nosso conhecimento sobre as diferenças e singularidades dos sexos genéticos, possamos entender melhor como tratar ambos.

//

ANTES DE FALAR MAIS sobre o futuro da medicina, é preciso fazer uma breve viagem ao passado recente, parando um pouco na cidade italiana de Bolonha. Antigos pórticos e calçadas cobertas fornecem abrigo e amparo aos pedestres de Bolonha há mais de mil anos. A própria cidade se tornou uma metrópole próspera sob o poder dos romanos há mais de 2 mil anos. Hoje em dia, Bolonha é chamada de *la dotta, la grassa, la rossa,* ou seja, "a culta", por sua antiquíssima universidade; "a gorda", por ser o berço da mortadela, do ragu e do *tortellini*; e "a vermelha", em alusão à cor dos tijolos que revestem suas torres, paredes e edifícios.

Com o aumento crescente da população e a maior demanda por moradia, e como não havia mais espaço para construir, as pessoas começaram a aumentar o andar superior das casas literalmente sobre a rua, o que acabou produzindo cerca de quarenta quilômetros de pórticos. Hoje, esses pórticos estão sempre repletos de milhares de estudantes de toda a Itália que frequentam a Universidade de Bolonha.

Fundada no século XI, a universidade é a mais antiga instituição de ensino superior do mundo ocidental ainda em funcionamento. Alguns personagens ilustres que estudaram nessa universidade são Guglielmo Marconi, o inventor do rádio, e o poeta italiano Durante degli Alighieri, conhecido como Dante.

Ao percorrer os pórticos de Bolonha, o tom vermelho-escuro dos tijolos me lembrou da razão de minha estada na Itália. Eu tinha ido fazer uma palestra sobre minhas pesquisas a respeito do papel genético do ferro no desenvolvimento das doenças humanas.

Minhas pesquisas se concentravam de modo específico em uma doença genética pouco conhecida à época chamada hemocromatose hereditária. A hemocromatose faz o organismo absorver uma quantidade excessiva de ferro dos alimentos. O gene associado à hemocromatose é o *HFE*, localizado no cromossomo 6.

Meu trabalho com a hemocromatose começou há mais de vinte anos, e naquela época a medicina achava que a doença que eu estudava era rara. Mas, embora essa doença genética seja considerada rara, seus efeitos negativos sobre a saúde já podem ser evitados com tratamento. Sempre achei que é importante aumentar a conscientização a respeito da hemocromatose para ajudar pessoas que talvez não saibam que têm a doença.

Sabemos agora que a hemocromatose é uma "assassina silenciosa". A doença é causada por uma das mutações mais comuns nos descendentes de indivíduos do leste e do norte europeu, sendo que até um terço dos homens têm pelo menos uma versão do gene mutante, *C282Y* ou *H63D*. Quando o ferro se acumula no organismo, o estresse oxidativo induz um processo biológico danoso de "ferrugem". Alguém com hemocromatose não tratada é como o Homem de Lata, suscetível a ferrugem de dentro para fora. Esse processo acomete muitas das articulações, e os pacientes podem precisar de cirurgia de artroplastia do quadril. No final, órgãos como o fígado e o coração entram em falência, pois são muito danificados pela hemocromatose.

O que surpreende algumas pessoas em relação à hemocromatose é o fato de a mutação genética não estar ligada ao cromossomo X, mas ainda assim acometer mais os homens. A razão disso é que a maior parte das mulheres perde ferro na menstruação ou na gestação — eventos que reduzem naturalmente a quantidade de ferro do sangue e do organismo. É por isso que, em sua maioria, as mulheres têm uma proteção natural contra a hemocromatose. No caso de mulheres que possuem essa doença, o início em geral se dá após a menopausa, pois o excesso de ferro não é mais eliminado pelo sangue menstrual.

Ainda hoje o tratamento de hemocromatose consiste em sessões regulares de flebotomia, ou sangria terapêutica (procedimento semelhante à sangria praticada séculos atrás, que consistia na abertura de uma veia com uma lanceta, porém com mais segurança).

Enquanto eu percorria os pórticos de Bolonha a caminho da Via dell'Archiginnasio, a imagem de um poste de barbeiro em um cartaz pendurado sob os arcos chamou minha atenção. Séculos atrás, o poste de barbeiro sinalizava o local em que barbeiros-cirurgiões faziam sangria. É impressionante que hoje em dia os médicos tratem os pacientes de hemocromatose com um processo que era realizado naquela mesma rua há centenas de anos.

Absorto em meus pensamentos sanguinolentos, acabei passando a entrada do Palazzo dell'Archiginnasio de Bolonha e tive de voltar. Quando cheguei, admirei a porta de entrada do que, a meu ver, representava o passado e o futuro da medicina. Grande parte dos conhecimentos médicos atuais se deve às dissecações do corpo humano realizadas em Bolonha e em outras cidades italianas, como Pádua. Aquela entrada singela era a mesma que muitos gigantes dos primórdios da medicina percorriam todos os dias a caminho do trabalho.

Dirigi-me ao anfiteatro anatômico do Archiginnasio, que abriga uma reprodução da majestosa sala construída originalmente em 1637, onde pessoas de todos os cantos da Europa aprendiam a medicina mais recente e mais avançada de sua época. O anfiteatro original foi destruído quase por completo por um bombardeio aéreo das forças aliadas na Segunda Guerra Mundial.

Na reprodução atual, há uma única mesa de mármore no centro do anfiteatro medieval. Era lá que cadáveres humanos eram lenta e minuciosamente dissecados enquanto espectadores curiosos assistiam petrificados ao que acontecia diante de seus olhos.

Sentado em um dos bancos laterais com vista para a mesa de anatomia, fiquei impressionado com o fato de não ter mudado quase nada. Os mortos ainda têm muito a ensinar aos vivos.

Há muitos anos deixei para trás a sala de dissecação, onde fui apresentado aos segredos do corpo humano. A sala de anatomia em que estudei não tinha as paredes revestidas de madeira nem uma imponente estátua de Apolo, datada do século XVII, presa ao teto observando meu trabalho. Minha sala tinha piso de linóleo cor de creme e um cadáver sobre uma mesa de aço inoxidável, com a cabeça apoiada em um bloco de madeira. Mas a vista da minha sala de anatomia era muito mais arrebatadora: a linha do horizonte da Manhattan do século XXI.

A arte da prossecção[32] e o estudo da anatomia humana quase não mudaram, pois o corpo humano não mudou. Mas a maneira de se obter um corpo humano teve uma mudança radical. Antigamente, os cadáveres não eram requisitados como doação por aqueles que queria aprimorar o estudo da medicina. Muitos dos cadáveres dissecados ali em público eram roubados ou adquiridos após enforcamentos e decapitações. Como havia mais execuções de homens, havia mais cadáveres do sexo masculino disponíveis para serem dissecados e estudados em minúcias.

Embora a execução de mulheres fosse menos frequente, muitas vezes elas também acabavam sobre uma mesa de dissecação, assim como as que tinham morrido de complicações decorrentes do parto. O que está claro no estudo de anatomia é a fascinação que havia na época em relação às diferenças

32 Dissecação de um cadáver para o estudo de anatomia.

entre os sexos. A anatomia reprodutiva das mulheres, sobretudo o útero, era objeto de atenção especial.

Modelos anatômicos realistas e detalhados de homens, mulheres, bebês e fetos também eram preparados em cidades italianas como Firenze. Esses desconcertantes modelos, uma combinação de tecido, osso e cera, propiciavam uma visão do corpo sem o cheiro repugnante de carne humana em decomposição. Muitos deles ainda estão expostos na Universidade de Bolonha.

Um modelo de cera em particular chamou minha atenção durante a minha visita: o de uma jovem grávida chamada La Venerina, que significa "pequena Vênus". Ela foi criada por Clemente Susini, famoso ceroplasta florentino do século XVIII especializado em modelagem anatômica. A Venerina é uma réplica fiel de uma jovem que morreu há mais de duzentos anos. Se acreditarmos que se trata da representação de uma pessoa real, e acredita-se que seja, é provável que ela tivesse cerca de 1,45 metro de altura e estava grávida quando morreu, ainda na adolescência.

A visão da Venerina não é para pessoas sensíveis. Mas, em sua morte, ela tem algo a transmitir para aqueles que têm paciência para observá-la com atenção e aprender.

Ela está deitada de costas, protegida por uma armação de vidro. As paredes abdominais e torácicas da Venerina podem ser removidas. Isso permite uma dissecação real, pois ela pode ser desmontada, com exposição dos órgãos internos. O coração foi deixado dentro do peito, mas aberto, expondo os ventrículos direito e esquerdo. Mas, se você se aproximar da armação de vidro e olhar bem de perto, verá algo inusitado no coração de cera da Venerina.

Os ventrículos do coração dela têm a mesma espessura, o que não é um achado normal na maioria das pessoas. O ventrículo esquerdo costuma ser mais espesso do que o direito, pois precisa fazer mais força contra uma pressão maior para bombear o sangue arterial. A razão pela qual os ventrículos da Venerina têm a mesma espessura também está presente — fielmente recriada em cera. No coração dela, existe um pequeno canal que conecta a aorta à artéria pulmonar. Hoje em dia, chamamos o caso da Venerina de persistência do canal arterial (PCA), uma anomalia em que um canal que normalmente está presente durante a vida fetal continua aberto depois do nascimento, até a vida adulta. Sabemos hoje que a incidência dessa anomalia é duas vezes maior em mulheres, mas ainda não sabemos por quê. A persistência do canal arterial faz com que o sangue venoso e o sangue arterial se misturem e as pressões no interior do coração se equalizem. Isso explica por que os ventrículos da Venerina têm a mesma espessura. Tudo isso pode ser observado em um modelo de cera.

Mais de duzentos anos depois, nunca havia tido uma visão tão detalhada e abrangente dessas em minhas dissecações anatômicas — sem a devida ajuda de uma simulação por computador. É a atenção aos detalhes que dá vida a esses modelos, fazendo com que pareçam reais. Alguns eram tão genuínos, que tive a impressão de que sairiam das vitrines e me seguiriam até o hotel.

Com a modernização da medicina, não nos demos conta das diferenças bastante sutis e nem tão sutis entre os sexos que vi em Bolonha. A compreensão dessas diferenças tem consequências de vida e morte para o exercício da medicina. Em geral, implica uma inspeção visual do paciente em busca de sinais que revelem alguma doença, como os da Venerina.

Estudos descobriram uma grande variação na capacidade dos médicos em fazer diagnóstico visual. Às vezes, basta saber onde olhar e o que procurar. Tomemos como exemplo o melanoma maligno. O que aumenta a chance de sobrevida do paciente ainda é um diagnóstico visual precoce e criterioso. O melanoma maligno é o tipo menos comum de câncer de pele, mas isso não impede que seja o mais letal, sobretudo em homens brancos mais velhos. Isso deveria ser bastante previsível, porque, quanto mais clara a pele, maior a sensibilidade aos efeitos deletérios da radiação ultravioleta proveniente do sol, que danifica o DNA. Mas ainda não explica por que os índices de melanoma são mais altos em homens do que em mulheres.

Ficar longe do sol ainda é uma das melhores medidas preventivas contra o melanoma. Quando eu estava estudando as batatas no Altiplano andino, onde a radiação ultravioleta é 30% mais elevada do que ao nível do mar, tentava me lembrar da aplicação do protetor solar, de usar sempre o chapéu e não ficar exposto ao sol nos horários de pico, entre 11 horas e 14 horas. Infelizmente, isso não acontecia com muita frequência. E não era nada bom, levando-se em conta que os homens genéticos têm maior propensão ao melanoma e também de ter um prognóstico pior do que o de qualquer mulher, e ainda por cima uma taxa de cura bem menor.

As pesquisas indicam que o melanoma não depende apenas da biologia genética, mas também do comportamento. É por isso que existem variações na localização do melanoma entre os sexos: nos homens é mais comum no tronco, e nas mulheres, nas pernas. Em geral, as pessoas seguem os ditames da moda de sua época, usando roupas que expõem mais algumas partes do corpo do que outras. Provavelmente é por isso que existem variações na localização do melanoma de homens e mulheres. A radiação ultravioleta proveniente da exposição solar, afinal de contas, é o fator de risco ambiental mais significativo do melanoma.

Como existem muitas influências comportamentais, é difícil identificar a razão exata da diferença nas taxas e nos desfechos do melanoma entre os sexos. O que sabemos é que o privilégio imunológico das mulheres genéticas provavelmente é uma das principais razões pelas quais elas têm vantagem tanto no sentido de evitar o câncer de pele quanto de vencer a doença.

O melanoma não é o único tipo de câncer que apresenta diferenças relacionadas à prevalência e ao desfecho do tratamento entre os sexos. Como já mencionei, o câncer colorretal é mais comum em homens. Quando as mulheres têm câncer colorretal, em geral, é no lado direito do cólon, enquanto nos homens ele é mais frequente no lado esquerdo. Não sabemos a razão disso, mas essa diferença tem implicações no mundo real. Nas mulheres genéticas, os pólipos colônicos que se tornam cancerosos ocorrem mais acima, nas porções proximais do cólon, e podem não ser detectados pela sigmoidoscopia. Além disso, o diagnóstico de câncer colorretal das mulheres costuma ocorrer cinco anos mais tarde que o dos homens. É por isso que o rastreamento da doença por colonoscopia em adultos mais velhos pode trazer mais vantagens para as mulheres do que para os homens na detecção de câncer no lado direito do cólon.

Outra diferença entre os sexos que ainda estamos estudando é o desenvolvimento de câncer de pulmão em homens e mulheres que não fumam. Por razões ainda desconhecidas, mulheres que não fumam apresentam mais propensão a ter câncer de pulmão que homens que não fumam. Os homens que fumam parecem ter maior predisposição ao câncer de pulmão que as mulheres que fumam.

Basta dizer que, sempre que estudamos o corpo humano, descobrimos que os órgãos masculinos e femininos não se comportam da mesma maneira. Essas diferenças entre os sexos não deveriam ser uma surpresa se levarmos em consideração que cada uma das nossas células tem um sexo e, portanto, os tecidos, órgãos e corpúsculos compostos dessas células também possuem um sexo genético.

//

A medicina raramente presta muita atenção à maneira como o mesmo tipo de lesão pode afetar os sexos de forma desproporcional. Estamos começando a perceber que o traumatismo cranioencefálico (TCE) é um exemplo disso. O traumatismo cranioencefálico é causado por um impacto, golpe ou solavanco na cabeça que perturba ou altera o funcionamento do cérebro. Pode ser causado também por aceleração ou desaceleração brusca da cabeça, que sacode o cérebro, cuja consistência é gelatinosa, dentro do crânio. Movimentos bruscos também podem produzir forças de cisalhamento, que destroem a delicada arquitetura cerebral.

Mas nem todos os traumatismos cranioencefálicos são iguais. Eles podem ser causados por uma série de lesões, desde concussão leve, classificada como TCE leve, a um TCE potencialmente letal, que exige intervenção médica imediata.

Foi isso o que aconteceu ao canadense Adonis Stevenson, um dos pugilistas mais velhos e mais longevos do mundo. Em dezembro de 2018, ele sofreu um grave traumatismo cranioencefálico durante uma luta em que defendia seu título. No décimo primeiro assalto da luta contra Oleksandr Gvozdyk, Stevenson recebeu uma série de fortes golpes na cabeça e foi a nocaute. Ele mal conseguia se levantar. Estava claro que havia algo errado. Se Stevenson não tivesse sido submetido a uma cirurgia de emergência e a um tratamento intensivo de acompanhamento, a maioria dos médicos acha que ele teria morrido.

Nem todo mundo sabe que sofreu um traumatismo cranioencefálico. Às vezes, os efeitos levam anos para se manifestar e podem desencadear mudanças de personalidade, bem como alterações no funcionamento do cérebro. Outras vezes, os efeitos são tão evidentes que até alguém que está assistindo a uma transmissão ao vivo pela televisão consegue perceber a gravidade.

A maioria das pessoas que sofre traumatismo cranioencefálico hoje em dia é do sexo masculino. Portanto, estamos apenas começando a avaliar seus efeitos de longo prazo nas mulheres, e os resultados são preocupantes. Estudos sobre esportes que têm regras semelhantes para homens e mulheres, como basquete e futebol, constataram que as mulheres não apenas sofriam mais concussões que os homens, como também relatavam piores sintomas no longo prazo em consequência delas.

Além disso, de modo geral, as proporções físicas do pescoço e da cabeça de homens e mulheres são diferentes: as mulheres sofrem maior aceleração angular da cabeça em caso de impacto, o que pode causar um traumatismo cranioencefálico muito mais grave.

Minha paciente Lorena me ensinou que um traumatismo cranioencefálico pode mudar o curso da vida de uma pessoa. Quando a conheci, Lorena estava deitada em um leito de hospital, vestindo um macacão cor de laranja de presidiária e com as mãos algemadas à cama. Quando entrei no quarto, ela me olhou com desdém e disse apenas:

— Cai fora!

Respirei fundo. Naquela época, eu estava no quarto ano de medicina, concluindo o estágio de medicina interna no hospital de um bairro pobre de Nova York. A administração do hospital me havia designado o caso de Lorena, e eu era responsável pelos cuidados dela. O quarto estava mal iluminado, e, quando me aproximei de Lorena, vi que ela estava bastante pálida e aparentemente exausta. Notei um brilho metálico perto de seus pés descobertos e vi que as pernas delas estavam acorrentadas uma à outra.

Nunca tinha tratado alguém do sistema penitenciário antes, e não sabia qual era a história clínica de Lorena antes que ela chegasse ao hospital em uma manhã gélida de fevereiro, acompanhada por dois guardas armados. De acordo com o prontuário médico, ela tinha sido levada ao hospital porque havia desmaiado duas vezes nas últimas duas semanas.

O prontuário indicava que ela estava tendo o que se presumia ser um fluxo menstrual bastante intenso e ininterrupto havia quatro semanas. Era óbvio que aquilo não era normal. Tentei conversar com Lorena sobre seus sintomas, mas, exceto pela recepção "calorosa" inicial, ela não dissera muita coisa. Dada sua apresentação clínica, fiquei bastante preocupado.

Terminei de fazer minhas anotações com base em nosso encontro inicial e solicitei exames de sangue, alguns exames de imagem e uma consulta com a equipe de ginecologia para tentar esclarecer a razão de toda aquela hemorragia.

O único fato relevante na história clínica de Lorena era um grave traumatismo cranioencefálico que ela tinha sofrido durante uma partida de lacrosse no ensino médio. Depois disso, os familiares e amigos relataram alterações acentuadas de personalidade e dificuldades pessoais. Mas, como o incidente havia ocorrido quando ela era adolescente, não achei que tivesse alguma relação com sua apresentação inicial no pronto-socorro.

A explicação da hemorragia de Lorena veio no dia seguinte. Meu *pager* tocou e retornei a ligação. Era a médica-residente de ginecologia. Ela disse que o sangramento contínuo de Lorena podia ser causado por um câncer ginecológico avançado, provavelmente câncer de colo do útero em estágio IV. Mas a residente não podia confirmar suas suspeitas, pois Lorena se recusava a ser submetida a uma biópsia ou a qualquer outro exame.

Enquanto ainda estava ao telefone, meu *pager* tocou outra vez. Reconheci o ramal: era uma mensagem urgente do laboratório do hospital. Encerrei logo o telefonema e liguei para o laboratório. A técnica que atendeu foi diretamente ao ponto:

— Paciente número XX dos exames de sangue desta manhã: nível baixíssimo de hemoglobina, 5 g / dL — e desligou. Lorena estava em maus lençóis.

O nível de hemoglobina é uma indicação da capacidade do organismo de levar oxigênio do meio externo para as células que precisam. Quando essa capacidade fica abaixo de determinado nível, a pessoa sufoca de dentro para fora, célula por célula. Essa é uma das raras exceções em que a medicina realmente leva o sexo genético em consideração. Nas mulheres, um nível de hemoglobina abaixo de 12 gramas por decilitro está associado à anemia. Nos homens, o nível é um pouco mais alto, de 13 gramas por decilitro. Um nível abaixo de 6 ou 7 gramas por decilitro para ambos os sexos requer transfusão de sangue imediata.

Eu estava pensando nisso quando peguei o elevador para ir ao andar de Lorena. Sem a permissão dela, não seria possível fazer a transfusão de sangue de que ela precisava desesperadamente. E, sem a transfusão, a vida dela corria perigo.

Ouvi de uma das enfermeiras que cuidavam de Lorena que ela gostava de Coca-Cola *diet*, então, a caminho do quarto, parei em uma máquina automática. Quem sabe uma oferta de paz pudesse ajudar. Felizmente, depois que falei com ela sobre a importância da transfusão de sangue e, mais tarde, de uma biópsia, Lorena consentiu em fazer os dois procedimentos. Saí do quarto animado com a pequena vitória, sabendo que a transfusão afastaria o perigo imediato.

Depois de providenciar a transfusão, fui ver os outros pacientes daquele dia. Uma hora depois meu *pager* tocou. Era a enfermeira de Lorena.

— Ela se recusa a fazer a transfusão e está ameaçando a equipe de enfermagem. Vamos cancelar — disse ela.

Perguntei se Lorena ainda estava com hemorragia. Ela disse que sim.

— Não é um bom sinal. Deixe-me falar com ela outra vez. Talvez eu consiga fazê-la mudar de ideia. Já estou a caminho — falei.

Como ela ainda estava com hemorragia, era provável que sua hemoglobina tivesse baixado ainda mais. Expliquei outra vez por que ela precisava de ajuda e comentei sobre os riscos que ela corria ao se recusar a fazer a transfusão. Lorena cedeu e concordou mais uma vez em fazer a transfusão.

Desastre evitado. Pelo menos, era o que eu achava. Mas meia hora depois meu *pager* tocou. Era a enfermeira de Lorena.

— Ela está se recusando a fazer a transfusão outra vez. Quer voltar e conversar com ela? — perguntou a enfermeira.

Voltei ao quarto de Lorena e reiterei minha preocupação. Ela pareceu convencida e concordou com a transfusão pela terceira vez, mas, minutos depois que saí do quarto, a paciente voltou a se recusar.

Retornei ao quarto e disse:

— Lorena, isso não pode continuar. Você ainda está perdendo sangue e, sem uma transfusão, sua vida corre sério risco. Meu turno está acabando e eu gostaria de ir embora sabendo que você está fora de perigo. O enfermeiro está esperando fora do quarto com uma bolsa de sangue que pode salvar sua vida. Por questões de segurança, o sangue não pode ser devolvido ao banco de sangue. E, como você é O negativo, só pode receber sangue O negativo. Sangue O negativo é raro; portanto, se estiver pensando em recusar de novo, saiba que esse meio litro de sangue raro poderia ter ajudado outra pessoa.

Ela permaneceu calada enquanto processava o que eu lhe dissera e depois falou em tom calmo:

— Está bem, desta vez eu vou fazer.

E, com isso, providenciei a transfusão.

O procedimento nunca foi feito.

Eu estava saindo do hospital quando ouvi pelo alto-falante alguém anunciar o código azul, de parada cardiorrespiratória. Voltei correndo para o quarto de Lorena. O carrinho de emergência já estava a postos, e o chefe da equipe de código azul dava ordens. Um médico aplicava manobras de compressão torácica, enquanto outro tentava desesperadamente fazer um acesso intravenoso.

Pouco depois, Lorena foi declarada morta.

Hoje sabemos perfeitamente que traumas físicos afetam o cérebro de maneiras muito complexas, por toda a vida. O mais provável é que as alterações de personalidade de Lorena fossem uma consequência direta do trauma que seu cérebro havia sofrido. Ainda não sabemos o suficiente sobre traumatismos cranioencefálicos, e sabemos ainda menos a respeito de seus efeitos no cérebro das mulheres. Muitas das alterações cerebrais após uma lesão causam mudanças permanentes no funcionamento do cérebro, produzindo déficits em funções executivas, que acabam acarretando dificuldades cognitivas, emocionais e sociais.

Evidências crescentes apontam para um fenômeno bastante sério: mantidas as demais circunstâncias, quando a mesma força é aplicada ao cérebro, ela é sentida de forma diferente em homens e mulheres. Os poucos estudos feitos até agora indicam que as mulheres têm maior risco de sofrer traumatismo cranioencefálico relacionado a esporte em comparação aos homens, bem como de apresentar piores desfechos.

Só conheceremos de fato os efeitos distintos de lesões semelhantes em homens e mulheres quando começarmos a estudá-los. Um exemplo disso pode ser visto nos resultados de um estudo recente que pesquisou alterações estruturais, metabólicas e funcionais do cérebro que podem ser causadas por impactos subconcussivos repetitivos na cabeça durante a prática esportiva. Os atletas podem nem saber que sofreram um impacto subconcussivo durante o curso normal de uma partida.

No estudo, 25 jogadores de hóquei no gelo de nível universitário (catorze homens e onze mulheres) foram submetidos a exames de ressonância magnética (RM) ponderada na sequência de difusão (DWI), antes e depois da temporada de hóquei. Os espantosos mapas de cores caleidoscópicas da substância branca produzidos por esse exame são tão impressionantes visualmente que foram parar em galerias de arte.

Com as imagens produzidas por ressonância magnética de difusão é possível avaliar o estado das conexões cerebrais, uma área considerada bastante sensível a lesões, sobretudo por forças de cisalhamento produzidas por trauma físico. Basta dizer que as lesões às conexões cerebrais podem ter consequências catastróficas.

O estudo revelou alterações significativas nas imagens cerebrais ao final da temporada de hóquei, observadas no fascículo longitudinal superior, na cápsula interna e na coroa radiada do hemisfério direito do cérebro. É o mesmo tipo de lesão observado em pessoas que sofreram traumatismo cranioencefálico.

Entretanto, nenhum dos 25 jogadores que participaram do estudo relatou ter sofrido algum tipo de traumatismo craniano, embora as imagens de ressonância magnética mostrassem o contrário. E ainda há mais: nenhuma das alterações cerebrais vistas nas imagens foram observadas em jogadores do sexo masculino. No final da temporada, apenas as mulheres apresentavam alterações cerebrais. Não resta dúvida de que, se aumentarmos a compreensão clínica e neurológica de como os traumatismos cranioencefálicos afetam especificamente o cérebro das mulheres, seremos capazes de lhes oferecer um tratamento muito mais eficiente.

//

Os médicos podem aprender as lições mais importantes e duradouras com seus pacientes. Para mim, Amanda foi mais uma dessas pacientes, e seu caso representou um curso intensivo sobre as grandes limitações da medicina moderna em relação ao tratamento das mulheres.

No campo das doenças cardiovasculares, está comprovado cientificamente que existem diferenças significativas entre os sexos. No entanto, essas diferenças ainda são negligenciadas com frequência nas recomendações mais recentes da cardiologia. Não faz tanto tempo assim, percebemos que mulheres e homens apresentam sintomas diferentes quando têm um infarto do miocárdio ou um ataque cardíaco. Foi com esse pano de fundo que conheci Amanda.

Recebi o caso dela assim que iniciei meu plantão no domingo de manhã, em um hospital bastante movimentado de Nova York. Ela tinha dado entrada no sábado, tarde da noite.

Aos 47 anos de idade, Amanda parecia estar vendendo saúde. Ela se exercitava quase todos os dias e tinha uma alimentação equilibrada, com muitas frutas e hortaliças frescas. A obesidade era comum na família de Amanda, assim como o diabetes tipo II, e o que a motivava era o medo de ter esses problemas, sobretudo nos dias em que, depois do trabalho, ela tinha vontade de faltar à academia e tomar uns drinques com as amigas.

Mas ela acabava se encontrando com as amigas depois da academia, sempre dando um jeito de se socializar. Enquanto conversávamos sobre isso na primeira consulta, ela mencionou que tinha se separado havia pouco tempo e que vinha tendo dificuldade de lidar com a tensão emocional resultante desse processo.

Felizmente, Amanda não pensava em causar mal a si própria, mas estava completamente arrasada. Não era para menos. Depois de doze anos de casada, ela havia descoberto que o marido estava tendo um caso com sua melhor amiga e que eles iam ter um filho. Uma semana antes de Amanda dar entrada no pronto-socorro, seu marido havia pedido o divórcio. Considerando o momento pelo qual ela passava, achei que estava lidando muito bem com a situação.

A única dica que a equipe médica tinha deixado para mim no prontuário de Amanda era o desenho de um tridente. Era comum usar esse símbolo como indicação de psiquiatria. Ninguém pareceu ter levado as queixas dela a sério; os médicos se limitaram a achar que ela precisava falar com alguém da psiquiatria sobre sua separação recente, o que fazia sentido.

Quando vi Amanda sentada calmamente em uma maca, notei que ela não parecia machucada nem gravemente doente, como a maioria dos pacientes que estavam no pronto-socorro naquela manhã: gente que tinha sofrido queda por embriaguez, lesões causadas por briga e *overdose* de opioides.

Os sintomas de Amanda eram vagos e inespecíficos, e consistiam principalmente em ansiedade, letargia, náuseas e uma leve sensação dolorida no tórax, que ela atribuía aos exercícios que havia feito na academia no dia anterior. O médico que a atendeu logo que ela deu entrada achou que ela pudesse estar grávida e solicitou um exame de sangue, pressuposição justa, tendo em vista que ela não menstruava havia dois meses.

Seus exames de sangue e de urina estavam normais, e o teste de gravidez dera negativo. Acabamos dando alta a Amanda, com recomendações para que retornasse naquela mesma semana para uma consulta no departamento de psiquiatria.

Terminei o plantão naquele dia e voltei na manhã seguinte. Fiquei surpreso ao ver que Amanda estava dando entrada de novo no pronto-socorro. Daquela vez, seus sintomas tinham mudado para dor aguda no peito, que parecia irradiar para os dois braços. Ela achava que estava tendo um infarto. É difícil acreditar que nenhum de nós houvesse identificado o que Amanda realmente tinha.

Fizemos um eletrocardiograma com rapidez, enviamos amostras de sangue ao laboratório para pesquisa de marcadores de infarto agudo do miocárdio e realizamos também uma ecocardiografia à beira do leito. Mas, na verdade, Amanda não estava tendo um infarto. Como logo ficou evidente pelas imagens cardíacas, Amanda tinha um abaulamento do ventrículo esquerdo, associado a uma doença chamada miocardiopatia de Takotsubo.

Mais de 90% das pessoas diagnosticadas com miocardiopatia de Takotsubo são mulheres. O nome da doença se deve à forma peculiar do coração observado nesses casos, que se assemelha a uma armadilha em forma de vaso utilizada pelos japoneses para capturar polvos. Misteriosamente, tudo indica que a miocardiopatia de Takotsubo sempre ocorre depois de uma situação de intenso estresse emocional. Talvez seja por isso que ela é conhecida também como "síndrome do coração partido".

Amanda teve sorte e se recuperou por completo. Antes considerada rara, de acordo com pesquisas recentes, a miocardiopatia de Takotsubo pode ser muito mais comum do que pensávamos. Um fato interessante é que, embora seja muito mais comum em mulheres, os homens que têm miocardiopatia de Takotsubo não se recuperam tão bem. Provavelmente porque, assim como as células que compõem o nosso corpo, os órgãos também têm um sexo bastante específico, escolhido muito antes de nascermos.

//

TODO RIM HUMANO é masculino ou feminino. O rim mede cerca de 10 a 12 centímetros de comprimento, e tem o formato de um grão de feijão gigante. Cada rim possui cerca de um milhão de néfrons, que ajudam o corpo a filtrar o sangue. Toda vez que o coração bate, o sangue vai para os rins para ser filtrado pelos néfrons. Eles absorvem o que o corpo quer manter e excretam os resíduos tóxicos da vida cotidiana, cujo resultado é a produção de urina. Quando aumenta o consumo de proteínas, os rins têm de trabalhar muito mais para se livrar de todos os resíduos criados especificamente pela metabolização das proteínas. Essa é uma das razões pelas quais as pessoas que sofrem de doença renal crônica e aguardam um transplante renal são aconselhadas a consumir menos proteínas.

Nos Estados Unidos, atualmente, cerca de 100 mil pessoas aguardam um novo rim. A maioria delas vai morrer esperando. A cada dez minutos alguém é adicionado à lista de espera de transplante, seja de fígado, coração ou pulmão. Só nos Estados Unidos, todos os dias, outras vinte pessoas que já estão na lista morrem esperando por um novo órgão.

Os rins entram em falência por várias razões. Uma doença autoimune (como nefrite lúpica, que custou a Selena Gomez o funcionamento de seus rins) é uma delas. Pressão alta, diabetes e obstrução dos vasos sanguíneos que irrigam os rins, um quadro chamado estenose da artéria renal, são outras razões pelas quais as pessoas precisam ser submetidas a um transplante de rim.

De um modo geral, os rins dos homens contêm mais néfrons, enquanto os rins das mulheres têm de 10% a 15% menos. Isso significa que, em geral, o rim masculino possui maior capacidade de filtrar o sangue do que o rim feminino. Se houver opção, é melhor receber um rim com capacidade maior.

Se os dois rins falharem, a única maneira de sobreviver enquanto se espera por um novo é fazendo hemodiálise.

Trata-se de um processo artificial para filtrar os resíduos metabólicos do sangue, embora não seja nem de longe tão eficiente quanto o processo normal. Para quem é submetido a um transplante renal, os melhores resultados são obtidos com transplante de doador vivo. A maioria das pessoas que faz hemodiálise confirma as profundas mudanças que ocorrem na vida delas após receber um novo rim. Essas mudanças são imediatas e significativas. Embora a hemodiálise não seja uma solução permanente para a maioria das pessoas, é a única coisa que pode salvar e prolongar a vida delas.

São os homens que mais precisam de um rim novo, mas são as mulheres as maiores doadoras vivas de rim e, por esse motivo, as que mais doam rins aos homens. A razão pela qual mais homens precisam de um novo rim tem a ver com fatores biológicos relacionados ao sexo, como hipertensão (pressão alta), que acomete mais os homens e causa lesão renal.

Vários estudos clínicos descobriram que o fato de receber um órgão doado por uma mulher genética é um fator de risco tanto de rejeição do órgão como de morte para os homens. Além disso, as pesquisas indicam que, quando uma mulher precisa de transplante renal, o índice de sucesso do transplante é mais alto quando ela recebe um rim masculino, e não feminino. Outros estudos descobriram que os homens que receberam outros órgãos de mulheres, como coração ou fígado, tiveram os piores desfechos.

Por que isso ocorre?

Uma das razões pode ter a ver com o fato de, como falei antes, todos os órgãos terem um sexo (masculino ou feminino), pois são formados por células que têm sexo. As células dos rins masculinos são menos sensíveis a muitos dos efeitos colaterais dos imunossupressores que os pacientes têm de tomar para impedir que seu corpo ataque o órgão "estranho". Isso significa que, se uma mulher receber um rim masculino, o novo rim poderá ter menos efeitos colaterais em relação aos medicamentos que ela vai receber durante o processo de restabelecimento.

Outra razão importante é que todas as células dentro dos órgãos masculinos, como o rim, usam o mesmo cromossomo X. No rim feminino, uma combinação de células utiliza diferentes cromossomos X. Isso dá ao rim feminino uma diversidade genética muito maior e, portanto, torna-o mais imunogênico que o rim masculino — o que ajuda a explicar por que órgãos femininos são rejeitados com mais frequência do que órgãos masculinos pelo corpo do receptor.

Algumas dessas diferenças em relação ao desfecho do transplante também podem ter a ver com a qualidade dos órgãos que estão sendo doados. A maioria dos doadores do sexo feminino é mais velha do que os doadores do sexo masculino, enquanto o inverso é verdadeiro no caso dos receptores. O estado de saúde de muitos homens que recebem um órgão transplantado também é pior. Por fim, o fator mais relevante é o sexo do órgão.

Como vimos, existem muitas diferenças entre homens e mulheres em relação a desfechos de saúde, longevidade e incapacidade. Muitas dessas diferenças estão relacionadas ao sexo das células, tecidos e órgãos que sustentam a vida.

Para que a medicina avance de fato em relação à saúde feminina, precisamos incluir mais mulheres nos estudos clínicos e encontrar maneiras melhores de comparar efetivamente os resultados obtidos por homens e mulheres nesses estudos. Por exemplo, sabemos que as mulheres são mais suscetíveis a acidente vascular cerebral (AVC) isquêmico, bem como à doença de Alzheimer.

Como só há pouco tempo as pesquisas médicas começaram a levar em conta as diferenças entre os sexos genéticos, ainda não temos uma boa compreensão teórica nem uma explicação para o fato de mais mulheres serem diagnosticadas com doenças como o Alzheimer. Ainda não sabemos em detalhes qual é a melhor maneira de ajudar essas mulheres. É por isso que os pesquisadores precisam usar, de forma consciente e sistemática, células femininas e fêmeas de animais nos estudos. Se compreendermos as diferenças entre homens e mulheres, poderemos oferecer um tratamento melhor a ambos.

Não basta continuar dizendo que são necessárias mais pesquisas quando essa mesma geração de conhecimento depende de uma estrutura conceitual baseada no sexo masculino. O que precisamos é de um olhar totalmente novo em relação aos estudos clínicos e à conduta médica em relação às mulheres. É por isso que primeiro temos de levar em conta a diversidade genética e a cooperação celular exclusivas das mulheres, que lhes conferem superioridade genética.

Também precisamos aplicar sem demora essa nova compreensão ao tratar e pesquisar as doenças femininas. Do ponto de vista clínico, isso significa que não devemos elaborar estudos clínicos que analisem as mulheres somente por meio da ótica biológica masculina.

À medida que médicos, pesquisadores e o público em geral começar a entender o abismo genético que divide os sexos cromossômicos, a medicina terá de se esforçar para colocar em prática esse conhecimento. O importante é começar.

Conclusão: A Importância dos Cromossomos Sexuais

NÃO COSTUMAMOS PENSAR MUITO SOBRE OS cromossomos sexuais que herdamos. No entanto, esses filamentos microscópicos de DNA desempenham um papel fundamental em todos os aspectos da nossa vida, embora a maioria de nós não tenha tido a oportunidade de observá-los de perto. Se os seus cromossomos sexuais estão funcionando bem, silenciosa e diligentemente, por que você precisaria pensar neles? Afinal de contas, eles estão trabalhando desde muito antes do seu nascimento: o cromossomo X que você recebeu da sua mãe foi criado quando ela ainda estava no útero da mãe dela, e assim por diante. Se você recebeu um cromossomo Y, foi do seu pai, que, por sua vez, recebeu do pai dele.

A primeira vez que extraí meus cromossomos de dentro de leucócitos do meu sangue, fiquei espantado ao ver como o cromossomo Y era pequeno. Enquanto eu preparava o meu cariótipo, processo que consiste em visualizar e identificar cada um dos 46 cromossomos por tamanho e padrões distintos de bandeamento, o cromossomo Y foi o mais fácil de reconhecer. Quando dispus meus cromossomos em seus respectivos pares, o cromossomo Y, minúsculo e solitário, ficou sem par. Foi quando por fim coloquei meu cromossomo Y ao lado do meu cromossomo X que constatei visualmente que as mulheres têm muito mais material genético.

Entretanto, durante todo o curso de medicina e na pós-graduação, a importância do cromossomo Y para a espécie humana era sempre enfatizada. Afinal de contas, diziam, é o que faz um homem. Existem muitas razões para esse enfoque, mas acho que também deve ter algo a ver com o fato de que a maior parte das pessoas que falava sem parar sobre o cromossomo Y tinha um.

Dos nossos 23 cromossomos, aquele sobre o qual quase nunca eu ouvia falar, exceto em termos negativos, era o cromossomo X. Havia aulas intermináveis a respeito dos vários problemas causados pelo X, tudo, desde daltonismo até deficiências intelectuais. Quando se acreditava que um cromossomo estava se comportando mal, era sempre o mesmo que era levado à frente de toda a classe e repreendido como uma criança levada: o cromossomo X. Não mudou muito desde então, pois a maior parte das pesquisas clínicas e da medicina em geral continua a estudar o cromossomo X do ponto de vista de suas implicações negativas para a saúde.

E, como agora você já sabe, isso está absolutamente correto. Quer dizer, se você for um homem genético. Mas, se nasceu com dois cromossomos X, em vez de ser daltônica, pode ter visão tetracromática e ser capaz de enxergar milhões de cores a mais que os homens. E, em vez de ter um sistema imunológico deficiente, você possui, na verdade, um sistema imunológico *mais forte*, que lhe permite combater as infecções mais graves que matariam um homem.

Portanto, sim, as diferenças resultantes dos cromossomos herdados são enormes. Não é por pura ignorância que os médicos talvez não saibam quanto é importante levar em consideração os cromossomos sexuais na hora de receitar um medicamento ou fazer rastreamento de câncer. Durante muitos anos, as mulheres foram excluídas de todos os níveis de pesquisas clínicas, o que se refletiu no ensino e, não raro, no exercício da medicina. Por sorte, essa situação está começando a mudar.

Minha primeira experiência científica me ensinou grande parte do que sei hoje sobre a inerente vantagem genética das mulheres em relação aos homens. Mas são sempre as minhas experiências pessoais que me permitem transformar esses conhecimentos teóricos em prática.

Durante os preparativos de nossa lua de mel no Camboja, em que passaríamos algumas semanas explorando as ruínas do complexo de templos Angkor Wat, eu e minha futura esposa, Emma, fomos vacinados contra febre tifoide.

A bactéria *Salmonella typhi* pode causar uma infecção terrível, em geral adquirida por meio de alimentos contaminados devido à falta de higiene. Longe de ser benigna, a febre tifoide pode matar um quinto das pessoas infectadas, caso elas não sejam tratadas.

Embora nós dois tenhamos tomado a mesma vacina no mesmo momento, no dia seguinte eu fui trabalhar, mas Emma não foi. A julgar pela diferença de reação física à vacina, era como se tivéssemos tomado vacinas diferentes. O braço dela ficou tão dolorido no local da injeção que ela não conseguia se vestir, e ficou de cama pelo resto da semana, com dor de cabeça e mal-estar.

Quando falei com a enfermeira que nos vacinou, ela me disse que, com base em sua experiência, podia afirmar que o que estava acontecendo conosco era comum. As mulheres tinham uma reação mais forte às vacinas. Não senti praticamente nada, e iria pagar caro por isso.

Três meses depois, explorávamos as florestas tropicais do Camboja quando comecei a me sentir mal. A princípio, achei que devia ser efeito do *jet lag* ou talvez do calor sufocante, mas pouco depois fui internado com febre tifoide.

Quando estava no leito do hospital, lembro-me de ter olhado para cima e visto a bolsa de soro, que continha antibióticos, e pensar que minha esposa e eu havíamos comido as mesmas coisas desde nossa chegada ao Camboja. Então, por que eu estava doente com um patógeno transmitido pelos alimentos enquanto ela estava sentada ao lado da minha cama, perfeitamente bem? Como aprendi mais tarde, ela não sofreu desnecessariamente após tomar a vacina para febre tifoide.

Enquanto meu sistema imunológico pareceu ignorar a vacina, o dela preparou seu corpo para o que nós dois iríamos enfrentar no Camboja. Ao responder à vacina com os dois cromossomos X, o sistema imunológico de Emma reagiu de forma deliberada à vacina, preparando-se para o pior, a fim de lutar contra uma bactéria potencialmente letal. Por meio de um processo desencadeado por hipermutação somática, as células B dela desenvolveram anticorpos bem específicos para atacar as bactérias e debelar a infecção.

Como é evidente, nosso corpo não respondeu da mesma maneira à vacina, embora a mesma classe de células imunológicas contendo DNA semelhante circulem em nosso sangue. Porém, mesmo que as células imunológicas masculinas e femininas possam ter DNA semelhante, isso não significa que estejam usando os mesmos genes no mesmo grau. Muitos dos genes relacionados à imunidade nas minhas células ficaram quietinhos depois da vacina, enquanto as células imunológicas da minha esposa e os genes dentro delas responderam à vacina com a maior urgência.

Mesmo em relação aos genes que ambos temos e que não estão relacionados com a imunidade, existem diferenças na maneira como eles são usados por cada sexo. Pesquisas recentes descobriram que homens e mulheres usam até 6.500 dos 20 mil genes de forma diferente nos 45 tecidos comuns aos dois sexos. Alguns dos genes que se mostraram mais ativos nos homens estão relacionados ao crescimento de pelos e ao desenvolvimento de massa muscular, enquanto outros genes envolvidos no armazenamento de gordura e no metabolismo[33] de medicamentos eram mais ativos nas mulheres.

O vigor imunológico de minha esposa, conforme mostrado pela nossa experiência contrastante de vacinação, é apenas um exemplo de como a mulher supera o homem em termos fisiológicos. Essa mesma força faz com que, durante toda a vida, as mulheres corram maior risco de direcionar seus potentes mecanismos de defesa imunológica contra si próprias, causando uma doença autoimune.

Em última análise, só há uma maneira de avaliar a superioridade entre os sexos genéticos. O verdadeiro teste é ser capaz de sobreviver aos desafios da vida. E quem é que vive mais?

Vamos rever os números: os homens iniciam a vida com uma vantagem demográfica generosa, pois nascem 105 meninos para cada 100 meninas. Mas, como vimos no caso de Jordan e Emily na UTI neonatal, no início deste livro, essa vantagem diminui com rapidez, até desaparecer por completo. Por

---

33 Dos 6.500 genes que se comportam de modo diferente entre os sexos, dois genes que estão envolvidos no metabolismo de medicamentos, *CYP3A4* e *CYP2B6* (parte da família de enzimas do citocromo P450), são mais ativos nas mulheres genéticas. Esses dois genes codificam as instruções para duas enzimas envolvidas no metabolismo de mais de 50% dos medicamentos prescritos atualmente a homens e mulheres. Uma das razões de as mulheres genéticas terem muito mais efeitos colaterais induzidos por medicamentos do que os homens provavelmente é o fato de seus genes se comportarem e metabolizarem os medicamentos de formas distintas.

volta dos 40 anos de idade, o número de mulheres e homens é praticamente igual. Mas, aos 100 anos, cerca de 80% das pessoas vivas são mulheres, assim como 95% dos supercentenários (pessoas com mais de 110 anos).

Das quinze principais causas de morte nos Estados Unidos, os homens são mais afetados em treze delas, que incluem uma série de doenças como cardiopatia, câncer, doença hepática, doença renal e diabetes. Dessas quinze principais causas, somente na doença de Alzheimer o número de mulheres é maior; quanto às doenças cerebrovasculares, os sexos genéticos estão empatados.

A maior longevidade das mulheres em relação aos homens não é um fenômeno isolado específico dos Estados Unidos. Recentemente, a expectativa de vida ao nascimento foi analisada em 54 países e constatou-se que em todos ela é maior em mulheres.

Se driblar a morte é o melhor indicador de força genética, o estrondoso sucesso das mulheres em cruzar a linha de chegada dos supercentenários as tornam vencedoras incontestes. Não deveria ser nenhuma surpresa o fato de quase sempre ser uma mulher a deter o título de pessoa mais velha do mundo. Kane Tanaka é uma das mais recentes em uma fila incrivelmente longa de mulheres que alcançaram esse feito notável.

A história de Tanaka é um exemplo da vantagem de sobrevivência das mulheres. Apesar de ter nascido prematuramente em 2 de janeiro de 1903, o mesmo ano em que os irmãos Wright realizaram o primeiro voo da história, Tanaka viveu mais que o marido e o filho.

Tanaka disse que ansiava pelo cobiçado título de pessoa mais velha do mundo desde o centésimo aniversário. Aos 116 anos de idade, ela enfim realizou seu desejo. Emocionada, disse que o fato de ter entrado para o *Guinness Book*, o livro de recordes mundiais, como a pessoa viva mais velha do mundo e também a mulher mais velha do mundo tinha sido o acontecimento mais eletrizante da vida dela. Na cerimônia que marcou a ocasião, quando lhe perguntaram qual tinha sido o momento mais feliz de sua vida, ela respondeu:

— Este momento.

Pesquisas recentes que estudaram a proporção por sexo na população adulta de 344 espécies confirmaram o que observei como pesquisador de neurogenética vinte anos antes. Nas espécies que usam o sistema cromossômico XY masculino e XX feminino, como o ser humano, o número de fêmeas mais velhas vivas era maior. O padrão oposto ocorre em espécies como as aves, em que os machos têm os mesmos dois cromossomos sexuais, ZZ, e as mulheres têm ZW. Sem dúvida, não é só a espécie humana que se beneficia do fato de ter e usar dois cromossomos sexuais idênticos.

Em *A Melhor Metade*, mostrei que a vantagem genética das mulheres se deve ao fato de cada célula dentro dela ter a opção de usar um dos dois cromossomos X, cada qual contendo cerca de mil genes. Os genes localizados no cromossomo X são essenciais à vida, pois desempenham um papel fundamental no desenvolvimento e na manutenção do cérebro e do sistema imunológico. Como vimos nas doenças genéticas ligadas ao X, por exemplo, as deficiências intelectuais ligadas ao X e até mesmo o daltonismo, ter um cromossomo X sobressalente é inestimável. A diversidade genética e a cooperação celular que ocorrem no corpo das mulheres lhes dão uma vantagem genética sobre os homens em nossa espécie.

Apesar de tudo isso, os homens genéticos não são um sexo descartável. Obviamente, precisamos de ambos os sexos para nos reproduzir e multiplicar. Mas são as mulheres que se tornaram a melhor metade, em termos genéticos. Quanto mais cedo aceitarmos esse fato e mudarmos nossa maneira de realizar pesquisas e exercer a medicina, melhor será para todos nós.

Notas

Epígrafe

7 *"Procurei — da maneira mais corajosa possível"*: Agrippa, Henricus C. (2007). *Declamation on the Nobility and Preeminence of the Female Sex*. Publicado e traduzido por Albert Rabil. Chicago: University of Chicago Press.

Introdução

17 *Eis alguns fatos fundamentais: as mulheres vivem mais que os homens*: Se quiser ler mais sobre a discrepância dos sexos na longevidade humana, veja Ostan, R., Monti, D., Gueresi, P., Bussolotto, M., Franceschi, C. e Baggio, G. (2016). "Gender, aging and longevity in humans: An update of an intriguing/neglected scenario paving the way to a gender-specific medicine." *Clinical Science (London)* 130(19): 1711-1725;

Zarulli, V., Barthold Jones, J. A., Oksuzyan, A., Lindahl-Jacobsen, R., Christensen, K., Vaupel, J. W. (2018). "Women live longer than men even during severe famines and epidemics." *Proceedings of the National Academy of Sciences USA* 115(4): E832-E840.

17 *As mulheres têm um sistema imunológico mais forte*: Para mais informações sobre a variedade de diferenças nas respostas imunológicas entre os sexos, veja Giefing-Kröll, C., Berger, P., Lepperdinger, G., Grubeck-Loebenstein, B. (2015). "How sex and age affect immune responses, susceptibility to infections, and response to vaccination." *Aging Cell* 14(3): 309-321; Spolarics, Z., Pena, G., Qin, Y., Donnelly, R. J., Livingston, D. H. (2017). "Inherent X-linked genetic variability and cellular mosaicism unique to females contribute to sex-related differences in the innate immune response." *Frontiers in Immunology* 8: 1455.

17 *As mulheres são menos suscetíveis a deficiências de desenvolvimento*: Para uma apresentação à carga de deficiências intelectuais, veja: Muthusamy, B., Selvan, L. D. N., Nguyen, T. T., Manoj, J., Stawiski, E. W., Jaiswal, B. S., Wang, W., Raja, R., Ramprasad, V. L., Gupta, R., Murugan, S., Kadandale, J. S., Prasad, T. S. K., Reddy, K., Peterson, A., Pandey, A., Seshagiri, S., Girimaji, S. C., Gowda, H. (2017). "Next-generation sequencing reveals novel mutations in X-linked intellectual disability." *OMICS* 21(5): 295-303; Niranjan, T. S., Skinner, C., May, M., Turner, T., Rose, R., Stevenson, R., Schwartz, C. E., Wang, T. (2015). "Affected kindred analysis of human X chromosome exomes to identify novel X-linked Intellectual disability genes." *PLoS One* 10(2): e0116454.

17 *As mulheres costumam enxergar o mundo com mais colorido*: Se quiser ler mais sobre a capacidade de percepção de cores no ser humano em geral, veja: John D. Mollon, Joel Pokorny, Ken Knoblauch. (2003). *Normal and Defective Colour Vision*. Oxford, UK: Oxford University Press; Kassia St. Claire.

(2017). *The Secret Lives of Color*. Nova York: Penguin; Veronique Greenwood. "The humans with super human vision." *Discover*, junho de 2012; Jameson, K. A., Highnote, S. M., Wasserman, L. M. (2001). "Richer color experience in observers with multiple photopigment opsin genes." *Psychonomic Bulletin & Review* 8(2): 244-261; Jordan, G., Deeb, S. S., Bosten, J. M., Mollon, J. D. (2010). "The dimensionality of color vision in carriers of anomalous trichromacy." *Journal of Vision* 10(8): 12.

19 *De um modo geral, mulheres idosas vivem*: Existem inúmeras publicações sobre a longevidade das mulheres. Se quiser ler mais sobre esse tópico, estes artigos são um bom início: Marais, G. A. B., Gaillard, J. M., Vieira, C., Plotton, I., Sanlaville, D., Gueyffier, F., Lemaitre, J. F. (2018). "Sex gap in aging and longevity: Can sex chromosomes play a role?" *Biology of Sex Differences* 9(1): 33; Pipoly, I., Bokony, V., Kirkpatrick, M., Donald, P. F., Szekely, T., Liker, A. (2015). "The genetic sex determination system predicts adult sex ratios in tetrapods." *Nature* 527(7576): 91-94; Austad, S. N., Fischer, K. E. (2016). "Sex differences in lifespan." *Cell Metabolism* 23(6): 1022-1033.

21 *Não admira que as pesquisas tenham mostrado*: Parra, J., De Suremain, A., Berne Audeoud, F., Ego, A., Debillon, T. (2017). "Sound levels in a neonatal intensive care unit significantly exceeded recommendations, especially inside incubators." *Acta Paediatrica* 106(12): 1909-1914; Laubach, V., Wilhelm, P., Carter, K. (2014). "Shhh… I'm growing: Noise in the NICU." *Nursing Clinics of North America* 49(3): 329-344; Almadhoob, A., Ohlsson, A. (2015). "Sound reduction management in the neonatal intensive care unit for preterm or very low birth weight infants." *Cochrane Database Syst Rev* 1: CD010333.

22 *Um dos maiores desafios dos bebês mais prematuros*: Fizemos muitos progressos no tratamento de bebês prematuros. Para saber mais sobre esse tópico, veja os seguintes artigos:

Benavides, A., Metzger, A., Tereshchenko, A., Conrad, A., Bell, E. F., Spencer, J., Ross-Sheehy, S., Georgieff, M., Magnotta, V., Nopoulos, P. (2019). "Sex-specific alterations in preterm brain." *Pediatr Res* 85(1): 55-62; Glass, H. C., Costarino, A. T., Stayer, S. A., Brett, C. M., Cladis, F., Davis, P. J. (2015). "Outcomes for extremely premature infants." *Anesth Analg* 120(6): 1337-1351; EXPRESS, Group, Fellman, V., Hellström-Westas, L., Norman, M., Westgren, M., Källén, K., Lagercrantz, H., Marsál, K., Serenius, F., Wennergren, M. (2009). "One-year survival of extremely preterm infants after active perinatal care in Sweden." *The Journal of the American Medical Association — JAMA* 301(21): 2225-2233.

22 *Felizmente temos desenvolvido intervenções mais eficazes*: Macho, P. (2017). "Individualized developmental care in the NICU: A concept analysis." *Adv Neonatal Care* 17(3): 162-174; Doede, M., Trinkoff, A. M., Gurses, A. P. (2018). "Neonatal intensive care unit layout and nurses' work." *Health Environments Research & Design Journal — HERD* 11(1): 101-118; Stoll, B. J., Hansen, N. I., Bell, E. F., Walsh, M. C., Carlo, W. A., Shankaran, S., Laptook, A. R., Sánchez, P. J., Van Meurs, K. P., Wyckoff, M., Das, A., Hale, E. C., Ball, M. B., Newman, N. S., Schibler, K., Poindexter, B. B., Kennedy, K. A., Cotton, C. M., Watterberg, K. L., D'Angio, C. T., DeMauro, S. B., Truog, W. E., Devaskar, U., Higgins, R. D.; Eunice Kennedy Shriver National Institute of Child Health and Human Development Neonatal Research Network. (2015). "Trends in care practices, morbidity, and mortality of extremely preterm neonates, 1993-2012." *The Journal of the American Medical Association — JAMA* 314(10): 1039-1051; Stensvold, H. J., Klingenberg, C., Stoen, R., Moster, D., Braekke, K., Guthe, H. J., Astrup, H., Rettedal, S., Gronn, M., Ronnestad, A. E.; Norwegian Neonatal Network. (2017). "Neonatal morbidity and 1-year survival of extremely preterm infants." *Pediatrics* 139(3): pii, e20161821.

26 *Eu sabia, com base no meu trabalho como médico e em minhas pesquisas*: A metanálise, a seguir, de dezenove estudos que

pesquisaram os desfechos de pacientes traumatizados, analisando 100.566 homens e 39.762 mulheres, descobriu que o sexo masculino estava associado a maior risco de mortalidade, maior período de internação e maior incidência de complicações. Para mais informações, veja: Liu, T., Xie, J., Yang, F., Chen, J. J., Li, Z. F., Yi, C. L., Gao, W., Bai, X. J. (2015). "The influence of sex on outcomes in trauma patients: A meta-analysis." *The American Journal of Surgery* 210(5): 911-921. Para saber mais sobre o assunto, consulte os seguintes artigos e livro: Al-Tarrah, K., Moiemen, N., Lord, J. M. (2017). "The influence of sex steroid hormones on the response to trauma and burn injury." *Burns &Trauma* 5:29; Bösch, F., Angele, M. K., Chaudry, I. H. (2018). "Gender differences in trauma, shock and sepsis." *Mil Med Res* 5(1): 35; Barbara R. Migeon. (2013). *Females Are Mosaics: X-Inactivation and Sex Differences in Disease.* Nova York: Oxford University Press; Pape, M., Giannakópoulos, G. F., Zuidema, W. P., De Lange-Klerk, E. S. M., Toor, E. J., Edwards, M. J. R., Verhofstad, M. H. J., Tromp, T. N., van Lieshout, E. M. M., Bloemers, F. W., Geeraedts, L. M. G. (2019). "Is there an association between female gender and outcome in severe trauma? A multi-center analysis in the Netherlands." *Scandinavian Journal of Trauma, Resuscitation and Emergency Medicine* 27(1): 16.

26 *A razão disso é que o corpo dela podia usar dois cromossomos X*: Spolarics, Z., Pena, G., Qin, Y., Donnelly, R. J., Livingston, D. H. (2017). "Inherent X-linked genetic variability and cellular mosaicism unique to females contribute to sex-related differences in the innate immune response." *Frontiers in Immunology* 8: 1455.

27 *O sistema imunológico das mulheres genéticas tem muito mais probabilidade*: Billi, A. C., Kahlenberg, J. M., Gudjonsson, J. E. (2019). "Sex bias in autoimmunity." *Current Opinion in Rheumatology* 31(1): 53-61; Chiaroni-Clarke, R. C., Munro, J. E., Ellis, J. A. (2016). "Sex bias in paediatric autoimmune disease — not just about sex hormones?" *Journal of Autoimmunity* 69: 12-23.

28 *No começo havia uma divisão meio a meio entre as células*: Peña, G., Michalski, C., Donnelly, R. J., Qin, Y., Sifri, Z. C., Mosenthal, A. C., Livingston, D. H., Spolarics, Z. (2017). "Trauma-induced acute X chromosome skewing in white blood cells represents an immuno-modulatory mechanism unique to females and a likely contributor to sex-based outcome differences." *Shock* 47(4): 402-408; Chandra, R., Federici, S., Németh, Z. H., Csóka, B., Thomas, J. A., Donnelly, R., Spolarics, Z. (2014). "Cellular mosaicism for X-linked polymorphisms and IRAK1 expression presents a distinct phenotype and improves survival following sepsis." *Journal of Leukocyte Biology* 95(3): 497-507.

29 *O General Accounting Office dos Estados Unidos*: Petkovic, J., Trawin, J., Dewidar, O., Yoganathan, M., Tugwell, P., Welch, V. (2018). "Sex/gender reporting and analysis in Campbell and Cochrane systematic reviews: A cross-sectional methods study." *Systematic Reviews* 7(1): 113; Sandberg, K., Verbalis, J. G. (2013). "Sex and the basic scientist: Is it time to embrace Title IX?" *Biology of Sex Differences* 4(1): 13.

30 *"Ser homem ou mulher é uma variável importante e fundamental"*: Institute of Medicine (EUA), Committee on Understanding the Biology of Sex and Gender Differences, Mary-Lou Pardue, Theresa M. Wizemann (2001). *Exploring the Biological Contributions to Human Health: Does Sex Matter?* Washington, DC: National Academies Press.

1 | Os Fatos da Vida

33 *Eis alguns princípios básicos da biologia que serão necessários para a exposição dos meus argumentos*: Steven L. Gersen, Martha B. Keagle. (2013). *The Principles of Clinical Cytogenetics*. Nova York: Humana Press; R. J. McKinlay Gardner, Grant R. Sutherland, Lisa G. Shaffer (2013). *Chromosome Abnormalities and Genetic Counseling*. Nova York: Oxford University Press; Reed E.

Pyeritz, Bruce R. Korf, Wayne W. Grody, orgs. (2018). *Emery and Rimoin's Principles and Practice of Medical Genetics and Genomics*. Londres: Academic Press.

34 *Estamos prestes a dominar a arte da*: Crawford, G. E., Ledger, W. L. (2019). "In vitro fertilisation/intracytoplasmic sperm injection beyond 2020." *British Journal of Obstetrics and Gynaecology — BJOG* 126(2): 237-243; Vogel, G., Enserink, M. (2010). "Nobel Prizes honor for test tube baby pioneer." *Science* 330(6001): 158-159.

35 *O sexo biológico nem sempre coincide com a identidade de gênero*: Lina Gálvez, Bernard Harris. (2016). *Gender and Well-Being in Europe: Historical and Contemporary Perspectives*. Abingdon: Routledge; McCauley, E. (2017). "Challenges in educating patients and parents about differences in sex development." *American Journal of Medical Genetics Part C: Seminars in Medical Genetics* 175(2): 293-299.

36 *Apenas em raríssimas ocasiões um bebê que nasceu com dois cromossomos X pode se desenvolver*: Descrevi esse caso em meu livro *Inheritance: How Our Genes Change Our Lives — and Our Lives Change Our Genes*, publicado pela Grand Central Publishing em 2014. Para mais informações sobre o gene SOX3 e seu papel na reversão sexual XX, veja os seguintes artigos: Moalem, S., Babul-Hirji, R., Stavropolous, D. J., Wherrett, D., Bägli, D. J., Thomas, P., Chitayat, D. (2012). "XX male sex reversal with genital abnormalities associated with a de novo *SOX3* gene duplication." *American Journal of Medical Genetics Part A* 158A(7): 1759-1764; Vetro, A., Dehghani, M. R., Kraoua, L., Giorda, R., Beri, S., Cardarelli, L., Merico, M., Manolakos, E., Parada-Bustamante, A., Castro, A., Radi, O., Camerino, G., Brusco, A., Sabaghian, M., Sofocleous, C., Forzano, F., Palumbo, P., Palumbo, O., Calvano, S., Zelante, L., Grammatico, P., Giglio, S., Basly, M., Chaabouni, M., Carella, M., Russo, G., Bonaglia, M. C., Zuffardi, O. (2015). "Testis development in the absence of SRY:

Chromosomal rearrangements at *SOX9* and *SOX3*." *European Journal of Human Genetics* 23(8): 1025-1032; Xia, X. Y., Zhang, C., Li, T. F., Wu, Q. Y., Li, N., Li, W. W., Cui, Y. X., Li, X. J., Shi, Y. C. (2015). "A duplication upstream of *SOX9* was not positively correlated with the SRY-negative 46,XX testicular disorder of sex development: A case report and literature review." *Molecular Medicine Reports* 12(4): 5659-5664.

37 *Historicamente, a importância de ter um filho homem*: R. Bhatia (2018). *Gender Before Birth: Sex Selection in a Transnational Context*. Seattle: University of Washington Press.

38 *Aristóteles documentou seus achados*: Vergara, M. N., Canto--Soler, M. V. (2012). "Rediscovering the chick embryo as a model to study retinal development." *Neural Development* 7: 22; Haqq, C. M., Donahoe, P. K. (1998). "Regulation of sexual dimorphism in mammals." *Physiological Reviews* 78(1): 1-33.

40 *Infelizmente, muitas dessas fórmulas fitoterápicas são incompatíveis com gravidez*: Estima-se que medicamentos e fitoterápicos para a seleção do sexo causem milhares de natimortos, bem como maior risco de malformações congênitas. Um estudo recente relatou um risco três vezes maior quando as mulheres consumiam fitoterápicos durante a gestação. Eis aqui alguns artigos e editoriais que descrevem a situação atual: Neogi, S. B., Negandhi, P. H., Sandhu, N., Gupta, R. K., Ganguli, A., Zodpey, S., Singh, A., Singh, A., Gupta, R. (2015). "Indigenous medicine use for sex selection during pregnancy and risk of congenital malformations: A population-based case-control study in Haryana, India." *Drug Safety* 38(9): 789-797; Neogi, S. B., Negandhi, P. H., Ganguli, A., Chopra, S., Sandhu, N., Gupta, R. K., Zodpey, S., Singh, A., Singh, A., Gupta, R. (2015). "Consumption of indigenous medicines by pregnant women in North India for selecting sex of the foetus: What can it lead to?" *BMC Pregnancy and Childbirth* 15: 208.

40 *Uma delas foi Nettie Stevens*: Brush, S. (1978). "Nettie M. Stevens and the discovery of sex determination by chromosomes."

Isis 69(2): 163-172; Wessel, G. M. (2011). "Y does it work this way? Nettie Maria Stevens (7 de julho de 1861-4 de maio de 1912)." *Molecular Reproduction and Development* 78(9): Fmi; Ogilvie, M. B., Choquette, C. J. (1981). "Nettie Maria Stevens (1861-1912): Her life and contributions to cytogenetics." *Proceedings of the American Philosophical Society* 125(4): 292-311.

41 *Outra cientista que nem sempre obtém o devido reconhecimento*: Kalantry, S., Mueller, J. L. (2015). "Mary Lyon: A tribute." *American Journal of Human Genetics* 97(4): 507-510; Rastan, S. (2015). "Mary F. Lyon (1925-2014)." *Nature* 518(7537): 36; Watts, G. (2015). "Mary Frances Lyon." *The Lancet* 385(9970): 768; Morey, C., Avner, P. (2011). "The demoiselle of X-inactivation: 50 years old and as trendy and mesmerising as ever." *PLoS Genetics* 7(7): e1002212.

42 *Nesse estágio bastante inicial da gravidez*: Sahakyan, A., Yang, Y., Plath, K. (2018). "The role of Xist in X-chromosome dosage compensation." *Trends Cell Biol* 28(12): 999-1013; Gendrel, A. V., Heard, E. (2014). "Noncoding RNAs and epigenetic mechanisms during X-chromosome inactivation." *Annual Review of Cell and Developmental Biology* 30: 561-580; Wutz, A. (2011). "Gene silencing in X-chromosome inactivation: Advances in understanding facultative heterochromatin formation." *Nature Reviews Genetic* 12(8): 542-553.

43 *Durante a maior parte dos cinquenta anos desde a publicação do artigo de Mary Lyon sobre a inativação do cromossomo X*: Se quiser ler o trabalho original revolucionário da dra. Mary Lyon, veja: Lyon, M. F. (1961). "Gene action in the X-chromosome of the mouse (*Mus musculus L.)*." *Nature* 190: 372-373.

45 *Como geneticista, fiquei fascinado pela reprodução*: Breed, M. D., Guzmán-Novoa, E., Hunt, G. J. (2004). "Defensive behavior of honey bees: Organization, genetics, and comparisons with other bees." *Annual Review* of *Entomology* 49: 271-298; Metz, B. N., Tarpy, D. R. (2019). "Reproductive senescence in drones of the honey bee (*Apis mellifera*)." *Insects* 10(1).

47 *Descobriu-se que as abelhas fêmeas também são exímias matemáticas do mundo dos insetos*: Howard, S. R., Avargues-Weber, A., Garcia, J. E., Greentree, A. D., Dyer, A. G. (2019). "Numerical cognition in honeybees enables addition and subtraction." *Science Advances* 5(2): eaav0961; Howard, S. R., Avarguès-Weber, A., Garcia, J. E., Greentree, A. D., Dyer, A. G. (2019). "Symbolic representation of numerosity by honeybees (*Apis mellifera*): Matching characters to small *quantities." Proceedings of Biological Sciences* 286 (1904): 20190238.

48 *Apesar da superioridade genética das mulheres, todos os anos nascem mais meninos que meninas*: "The sex-ratio-at-birth data is available for almost all countries worldwide and is kept by UNdata", <http: / / data.un.org / Data.aspx?d=PopDiv&f =variableID%3A52>.

2 | Resiliência: Por Que as Mulheres São Mais "Duras na Queda"?

51 *O dr. Barry J. Marshall estava à beira do desespero*: Enserink, M. (2005). "Physiology or medicine: Triumph of the ulcer-bug theory." *Science* 310(5745): 34-35; Sobel, R. K. (2001). "Barry Marshall. A gutsy gulp changes medical science." *U.S. News & World Report* 131(7): 59; Kyle, R. A., Steensma, D. P., Shampo, M. A. (2016). "Barry James Marshall — discovery of *Helicobacter pylori* as a cause of peptic ulcer." *Mayo Clinic Proceedings* 91(5): e67-68.

52 *"Preferi acreditar nos meus olhos, e não nos livros didáticos ou na comunidade médica"*: Barry J. Marshall, org. (2002). *Helicobacter Pioneers: Firsthand Accounts from the Scientists Who Discovered Helicobacters, 1892-1982*. Carlton South: Wiley-Blackwell.

53 *"Eu tinha feito uma descoberta que poderia abalar os alicerces de uma indústria de 3 bilhões de dólares"*: "Pamela Weintraub. The doctor who drank infectious broth, gave himself

an ulcer, and solved a medical mystery." *Discover*, abril de 2010; Groh, E. M., Hyun, N., Check, D., Heller, T., Ripley, R. T., Hernandez, J. M., Graubard, B. I., Davis, J. L. (2018). "Trends in major gastrectomy for cancer: Frequency and outcomes." *Journal of Gastrointestinal Surgery*. doi: 10.1007/s11605-018-4061-x.

54 *Havia muito já sabíamos que as úlceras eram*: Rosenstock, S. J., Jorgensen, T. (1995). "Prevalence and incidence of peptic ulcer disease in a Danish County — prospective cohort study." *Gut* 36(6): 819-824; Räihä, I., Kemppainen, H., Kaprio, J., Koskenvuo, M., Sourander, L. (1998). "Lifestyle, stress, and genes in peptic ulcer disease: A nationwide twin cohort study." *Archives of Internal Medicine* 158(7): 698-704.

54 *Agora, porém, não resta dúvida de que isso se deve ao fato de os homens*: Schurz, H., Salie, M., Tromp, G., Hoal, E. G., Kinnear, C. J., Möller, M. (2019). "The X chromosome and sex-specific effects in infectious disease susceptibility." *Human Genomics* 13(1): 2; Sakiani, S., Olsen, N. J., Kovacs, W. J. (2013). "Gonadal steroids and humoral immunity." *Nature Reviews Endocrinology* 9(1): 56-62; Spolarics, Z., Pena, G., Qin, Y., Donnelly, R. J., Livingston, D. H. (2017). "Inherent X-linked genetic variability and cellular mosaicism unique to females contribute to sex-related differences in the innate immune response." *Frontiers in Immunology* 8: 1455; Ding, S. Z., Goldberg, J. B., Hatakeyama, M. (2010). "*Helicobacter pylori* infection, oncogenic pathways and epigenetic mechanisms in gastric carcinogenesis." *Future Oncology* 6(5): 851-862.

55 *Em seres humanos, o tratamento de linhagens celulares de adenocarcinoma gástrico humano*: Ohtani, M., Ge, Z., García, A., Rogers, A. B., Muthupalani, S., Taylor, N. S., Xu, S., Watanabe, K., Feng, Y., Marini, R. P., Whary, M. T., Wang, T. C., Fox, J. G. (2011). "17 β-estradiol suppresses *Helicobacter pylori* — induced gastric pathology in male hypergastrinemic INS-GAS

mice." *Carcinogenesis* 32(8): 1244-1250; Camargo, M. C., Goto, Y., Zabaleta, J., Morgan, D. R., Correa, P., Rabkin, C. S. (2012). "Sex hormones, hormonal interventions, and gastric cancer risk: A meta-analysis." *Cancer Epidemiology, Biomarkers & Prevention* 21(1): 20-38.

56 *Seja uma bactéria como o* Staphylococcus aureus: Schurz, H., Salie, M., Tromp, G., Hoal, E. G., Kinnear, C. J., Möller, M. (2019). "The X chromosome and sex-specific effects in infectious disease susceptibility." *Human Genomics* 13(1): 2.

58 *Recentemente, o governo tailandês fez enormes avanços*: Para ler mais sobre esse feito fantástico, veja os seguintes artigos: Lolekha, R., Boonsuk, S., Plipat, T., Martin, M., Tonputsa, C., Punsuwan, N., Naiwatanakul, T., Chokephaibulkit, K., Thaisri, H., Phanuphak, P., Chaivooth, S., Ongwandee, S., Baipluthong, B., Pengjuntr, W., Mekton, S. (2016). "Elimination of mother-to-child transmission of HIV-Thailand." *Morbidity and Mortality Weekly Report — MMWR* 65(22): 562-566; Thisyakorn, U. (2017). "Elimination of mother-to-child transmission of HIV: Lessons learned from success in Thailand." *Paediatrics and International Child Health* 37(2): 99-108.

59 *Hoje sabemos que, mesmo quando são tratados com o mesmo coquetel*: Griesbeck, M., Scully, E., Altfeld, M. (2016). "Sex and gender differences in HIV-1 infection." *Clinical Science (London)* 130(16): 1435-1451; Jiang, H., Yin, J., Fan, Y., Liu, J., Zhang, Z., Liu, L., Nie, S. (2015). "Gender difference in advanced HIV disease and late presentation according to European consensus definitions." *Scientic Reports* 5: 14543.

60 *No entanto, um ano após iniciar o tratamento antirretroviral*: Beckham, S. W., Beyrer, C., Luckow, P., Doherty, M., Negussie, E. K., Baral, S. D. (2016). "Marked sex differences in all-cause mortality on antiretroviral therapy in low- and middle-income countries: A systematic review and meta--analysis." *Journal of International AIDS Society* 19(1): 21106; Kumarasamy, N., Venkatesh, K. K., Cecelia, A. J., Devaleenol,

B., Saghayam, S., Yepthomi, T., Balakrishnan, P., Flanigan, T., Solomon, S., Mayer, K. H. (2008). "Gender-based differences in treatment and outcome among HIV patients in South India." *Journal of Women's Health* 17(9): 1471-1475.

61 *As mulheres genéticas têm maior capacidade de produzir anticorpos com mais afinidade*: Hwang, J. K., Alt, F. W., Yeap, L. S. (2015). "Related mechanisms of antibody somatic hypermutation and class switch recombination." *Microbiol Spectr* 3(1): MDNA3-0037-2014; Kitaura, K., Yamashita, H., Ayabe, H., Shini, T., Matsutani, T., Suzuki, R. (2017). "Different somatic hypermutation levels among antibody subclasses disclosed by a new next-generation sequencing-based antibody repertoire analysis." *Frontiers in Immunology* 8: 389; Methot, S. P., Di Noia, J. M. (2017). "Molecular mechanisms of somatic hypermutation and class switch recombination." *Advances in Immunology* 33:37-87; Sheppard, E. C., Morrish, R. B., Dillon, M. J., Leyland, R., Chahwan, R. (2018). "Epigenomic modifications mediating antibody maturation." *Frontiers in Immunology* 9: 355; Xu, Z., Pone, E. J., Al-Qahtani, A., Park, S. R., Zan, H., Casali, P. (2007). "Regulation of *AICDA* expression and AID activity: Relevance to somatic hypermutation and class switch DNA recombination." *Critical Reviews in Immunology* 27(4): 367-397; Methot, S. P., Litzler, L. C., Subramani, P. G., Eranki, A. K., Fifield, H., Patenaude, A. M., Gilmore, J. C., Santiago, G. E., Bagci, H., Côté, J. F., Larijani, M., Verdun, R. E., Di Noia, J. M. (2018). "A licensing step links AID to transcription elongation for mutagenesis in B cells." *Nature Communications* 9(1): 1248.

62 *As mulheres têm dois cromossomos X em cada uma das células imunológicas*: Schurz, H., Salie, M., Tromp, G., Hoal, E. G., Kinnear, C. J., Möller, M. (2019). "The X chromosome and sex-specific effects in infectious disease susceptibility." *Human Genomics* 13(1): 2; Spolarics, Z., Pena, G., Qin, Y., Donnelly, R. J., Livingston, D. H. (2017). "Inherent X-linked genetic variability and cellular mosaicism unique to females

contribute to sex-related differences in the innate immune response." *Frontiers in Immunology* 8: 1455; Vázquez-Martínez, E. R., García-Gómez, E., Camacho-Arroyo, I., González-Pedrajo, B. (2018). "Sexual dimorphism in bacterial infections." *Biology of Sex Differences* 9(1): 27.

62 *Estudos mostram que bebês amamentados correm menos risco*: Tromp, I., Kiefte-de Jong, J., Raat, H., Jaddoe, V., Franco, O., Hofman, A., De Jongste, J., Moll, H. (2017). "Breastfeeding and the risk of respiratory tract infections after infancy: The Generation R. Study." *PLoS One* 12(2): e0172763; Gerhart, K. D., Stern, D. A., Guerra, S., Morgan, W. J., Martinez, F. D., Wright, A. L. (2018). "Protective effect of breastfeeding on recurrent cough in adulthood." *Thorax* 73(9): 833-839.

62 H. pylori *pode se apropriar do processo de hipermutação*: Ding, S. Z., Goldberg, J. B., Hatakeyama, M. (2010). "*Helicobacter pylori* infection, oncogenic pathways and epigenetic mechanisms in gastric carcinogenesis." *Future Oncology* 6(5): 851-862; Matsumoto, Y., Marusawa, H., Kinoshita, K., Endo, Y., Kou, T., Morisawa, T., Azuma, T., Okazaki, I. M., Honjo, T., Chiba, T. (2007). "*Helicobacter pylori* infection triggers aberrant expression of activation-induced cytidine deaminase in gastric epithelium." *Nature Medicine* 13(4): 470-476.

64 *Kafka morreu no dia 3 de junho de 1924, aos 40 anos de idade*: Se quiser saber mais sobre a história médica de Kafka, veja: Felisati, D., Sperati, G. (2005). "Famous Figures: Franz Kafka (1883-1924)." *Acta Otorhinolaryngol Italica* 25(5): 328-332; Mydlík, M., Derzsiová, K. (2007). "Robert Klopstock and Franz Kafka — the friends from Tatranské Matliare (the High Tatras)." *Prague Medical Report* 108(2): 191-195; Vilaplana, C. (2017). "A literary approach to tuberculosis: Lessons learned from Anton Chekhov, Franz Kafka, and Katherine Mansfield." *International Journal of Infectious Diseases* 56: 283-285.

65 *Um infeliz incidente conhecido como desastre de Lübeck*: Lange, L., Pescatore, H. (1935). "Bakteriologische Untersuchungen zur Lübecker Säuglingstuberkulose." *Arbeiten a. d. Reichsges--Amt* 69: 205-305; Schuermann, P., Kleinschmidt, H. (1935). "Pathologie und Klinik der Lübecker Säuglingstuberkuloseerkrankungen." *Arbeiten a. d. Reichsges-Amt* 69: 25-204.

66 *Exatamente por isso, a tuberculose multirresistente (TBMR)*: A Organização Mundial da Saúde tem um repositório de informações abrangentes sobre tuberculose, inclusive o número de casos de TBMR, que atualmente é de cerca de 558 mil em todo o mundo. Para mais informações específicas sobre tuberculose, o site da Organização Mundial da Saúde é um bom começo: <https://www.who.int/tb/en/>.

67 *Sobreviver no caldo patogênico em que vivemos*: Se quiser ler mais sobre o impacto da doença infecciosa e como ela moldou a história humana de inúmeras maneiras, veja um dos meus livros anteriores: Shäron Moalem com Jonathan M. Prince. (2007). *Survival of the Sickest: A Medical Maverick Discovers Why We Need Disease*. Nova York: William Morrow.

3 | Em Desvantagem: O Cérebro Masculino

70 *Por muito tempo, acreditou-se que a incidência de TEA fosse oito vezes maior em meninos:* Loomes, R., Hull, L., Mandy, W. P. L. (2017). "What is the male-to-female ratio in autism spectrum disorder? A systematic review and meta-analysis." *Journal of the American Academy of Child & Adolescent Psychiatry* 56(6): 466-474.

71 *De acordo com os números publicados pelos Centros de Controle e Prevenção de Doenças (CDC)*: Kogan, M. D., Vladutiu, C. J., Schieve, L. A., Ghandour, R. M., Blumberg, S. J., Zablotsky, B., Perrin, J. M., Shattuck, P., Kuhlthau, K. A., Harwood, R. L., Lu, M. C. (2018). "The prevalence of parent-reported autism spectrum disorder among US children." *Pediatrics*

142(6); Christensen, D. L., Braun, K. V. N., Baio, J., Bilder, D., Charles, J., Constantino, J. N., Daniels, J., Durkin, M. S., Fitzgerald, R. T., Kurzius-Spencer, M., Lee, L. C., Pettygrove, S., Robinson, C., Schulz, E., Wells, C., Wingate, M. S., Zahorodny, W., Yeargin-Allsopp, M. (2018). "Prevalence and characteristics of autism spectrum disorder among children aged 8 years — Autism and Developmental Disabilities Monitoring Network, 11 Sites, Estados Unidos, 2012." *MMWR Surveillance Summaries* 65(13): 1-23.

71 *A falta de variedade do cromossomo X dentro das células*: Benavides, A., Metzger, A., Tereshchenko, A., Conrad, A., Bell, E. F., Spencer, J., Ross-Sheehy, S., Georgieff, M., Magnotta, V., Nopoulos, P. (2019). "Sex-specific alterations in preterm brain." *Pediatric Research* 85(1): 55-62; Skiöld, B., Alexandrou, G., Padilla, N., Blennow, M., Vollmer, B., Adén, U. (2014). "Sex differences in outcome and associations with neonatal brain morphology in extremely preterm children." *Journal of Pediatrics* 164(5): 1012-1018; Zhou, L., Zhao, Y., Liu, X., Kuang, W., Zhu, H., Dai, J., He, M., Lui, S., Kemp, G. J., Gong, Q. (2018). "Brain gray and white matter abnormalities in preterm-born adolescents: A meta-analysis of voxel-based morphometry studies." *PLoS One* 13(10): e0203498; Hintz, S. R., Kendrick, D. E., Vohr, B. R., Kenneth Poole, W., Higgins, R. D.; NICHD Neonatal Research Network. (2006). "Gender differences in neurodevelopmental outcomes among extremely preterm, extremely--low-birthweight infants." *Acta Paediatrica* 95(10): 1239-1248.

72 *Dos mil genes no cromossomo X, mais de cem*: Neri, G., Schwartz, C. E., Lubs, H. A., Stevenson, R. E. (2017). "X-linked intellectual disability update." *American Journal of Medical Genetics Part A* 176(6): 1375-1388; Takashi Sado. (2018). *X-Chromosome Inactivation: Methods and Protocols*. Nova York: Springer Nature; Stevenson, R. E., Schwartz, C. E. (2009). "X-linked intellectual disability: Unique vulnerability of the male genome." *Developmental Disabilities Research Reviews* 15(4): 361-368.

72 *Os sintomas da deficiência intelectual ligada ao X*: Lubs, H. A., Stevenson, R. E., Schwartz, C. E. (2012). "Fragile X and X-linked intellectual disability: Four decades of discovery." *American Journal of Human Genetics* 90(4): 579-590; Roger E. Stevenson, Charles E. Schwartz, R. Curtis Rogers. (2012). *Atlas of X-Linked Intellectual Disability Syndromes*. Nova York: Oxford University Press.

73 *Quase 99% das pessoas com síndrome do X frágil:* Hagerman, R. J., Berry-Kravis, E., Hazlett, H. C., Bailey Jr,, D. B., Moine, H., Kooy, R. F., Tassone, F., Gantois, I., Sonenberg, N., Mandel, J. L., Hagerman, P. J. (2012). "Fragile X syndrome." *Nature Reviews Disease Primers* 3: 17065; Bagni, C., Tassone, F., Neri, G., Hagerman, R. (2012). "Fragile X syndrome: Causes, diagnosis, mechanisms, and therapeutics." *Journal of Clinical Investigation* 122(12): 4314-4322; Bagni, C., Oostra, B. A. (2013). "Fragile X syndrome: From protein function to therapy." *American Journal of Medical Genetic A* 161A(11): 2809-2821; Lubs, H. A., Stevenson, R. E., Schwartz, C. E. (2012). "Fragile X and X-linked intellectual disability: Four decades of discovery." *American Journal of Human Genetics* 90(4): 579-590.

74 *Sabemos agora que os meninos estão em desvantagem*: Boyle, C. A., Boulet, S., Schieve, L. A., Cohen, R. A., Blumberg, S. J., Yeargin-Allsopp, M., Visser, S., Kogan, M. D. (2011). "Trends in the prevalence of developmental disabilities in US children, 1997-2008." *Pediatrics* 127(6): 1034-1042; Xu, G., Strathearn, L., Liu, B., Yang, B., Bao, W. (2018). "Twenty-year trends in diagnosed attention-deficit/hyperactivity disorder among US children and adolescents, 1997-2016." *The Journal of the American Medical Association — JAMA* 1(4): e181471.

74 *Um estudo finlandês de grande porte*: Gissler, M., Järvelin, M. R., Louhiala, P., Hemminki, E. (1999). "Boys have more health problems in childhood than girls: Follow-up of the 1987 Finnish birth cohort." *Acta Paediatrica* 88(3): 310-314.

74 *Em um estudo significativo publicado em 2011 pelos CDCs*: Boyle, C. A., Boulet, S., Schieve, L. A., Cohen, R. A., Blumberg, S. J., Yeargin-Allsopp, M., Visser, S., Kogan, M. D. (2011). "Trends in the prevalence of developmental disabilities in US children, 1997-2008." *Pediatrics* 127(6): 1034-1042. Veja o site dos Centers for Disease Control and Prevention [Centro de Controle e Prevenção de Doenças] para obter mais informações: <https://www.cdc.gov/ncbddd/developmentaldisabilities/features/birthdefects-dd-keyfindings.html>.

74 *Os números mais recentes publicados pelo Centro Nacional de Estatística em Saúde, nos Estados Unidos*: As seguintes publicações discutem a prevalência de deficiências de desenvolvimento diagnosticadas em crianças de 3 a 17 anos nos Estados Unidos de 2014 a 2016. O resultado foi de 8,15% para homens e 4,29% para mulheres. Para obter mais informações, veja: Zablotsky, B., Black, L. I., Blumberg, S. J. (2017). "Estimated prevalence of children with diagnosed developmental disabilities in the United States, 2014-2016." *NCHS Data Brief* 291: 1-8.

75 *O cérebro não é um órgão simples*: Para compreender melhor a miríade de complexos processos de desenvolvimento envolvidos no desenvolvimento cerebral, veja meu livro *Inheritance: How Our Genes Change Our Lives — and Our Lives Change Our Genes*, publicado por Grand Central Publishing em 2014.

75 *Bebês que têm dificuldade para comer ou colocar a língua para fora*: Hong, P. (2013). "Five things to know about... ankyloglossia (tongue-tie)." *Canadian Medical Association Journal — CMAJ* 185(2): E128; Power, R. F., Murphy, J. F. (2015). "Tongue-tie and frenotomy in infants with breastfeeding difficulties: Achieving a balance." *Archives of Disease in Childhood* 100(5): 489-494.

76 *O pé torto, ou* talipes equinovarus *— malformação do membro inferior*: *Talipes equinovarus* congênito é uma deformação

congênita do pé comum em crianças. O método de Ponseti, que usa aparelho gessado, é um dos preferidos para o tratamento de pé torto atualmente. Veja os seguintes artigos para obter mais informações sobre essa deformidade e uma revisão de diferentes modalidades de tratamento: Ganesan, B., Luximon, A., Al-Jumaily, A., Balasankar, S. K., Naik, G. R. (2017). "Ponseti method in the management of clubfoot under 2 years of age: A systematic review." *PLoS One* 12(6): e0178299; Michalski, A. M., Richardson, S. D., Browne, M. L., Carmichael, S. L., Canfield, M. A., Van Zutphen, A. R., Anderka, M. T., Marshall, E. G., Druschel, C. M. (2015). "Sex ratios among infants with birth defects, National Birth Defects Prevention Study, 1997—2009." *American Journal of Medical Genetics A* 167A(5): 1071-1081.

77 *Em sua melhor expressão genética, os homens só podem aspirar a uma visão normal em cores*: John D. Mollon, Joel Pokorny, Ken Knoblauch. (2003). *Normal and Defective Colour Vision*. Oxford, RU: Oxford University Press.

77 *A capacidade de usar dois cromossomos X com diferentes versões*: Neitz, J., Neitz, M. (2011). "The genetics of normal and defective color vision." *Vision Research* 51(7): 633-651; Simunovic, M. P. (2010). "Colour vision deficiency." *Eye (London)* 24(5): 747-755.

77 *Essa "supervisão" para cores é chamada*: Acredita-se que o artigo a seguir contenha a primeira referência à possibilidade de visão tetracromática em seres humanos: De Vries, H. (1948). "The fundamental response curves of normal and abnormal dichromatic and trichromatic eyes." *Physica* 14(6): 367-380. "Para obter informações mais detalhadas sobre a visão tricromática e tetracromática, consulte os seguintes artigos: Jordan, G., Deeb, S. S., Bosten, J. M., Mollon, J. D. (2010). "The dimensionality of color vision in carriers of anomalous trichromacy." *Journal of Vision* 10(8): 12; Jameson, K. A., Highnote, S. M., Wasserman, L. M. (2001).

"Richer color experience in observers with multiple photopigment opsin genes." *Psychonomic Bulletin & Review* 8(2): 244-261; Kawamura, S. (2016). "Color vision diversity and significance in primates inferred from genetic and field studies." *Genes & Genomics* 38: 779-791; Neitz, J., Neitz, M. (2011). "The genetics of normal and defective color vision." *Vision Research* 51(7): 633-651; Veronique Greenwood. "The humans with super human vision." *Discover*, junho de 2012.

77 *O incrível sobre os nossos olhos*: Lamb, T. D. (2016). "Why rods and cones?" *Eye (London)* 30(2): 179-185; Lamb, T. D., Collin, S. P., Pugh Jr, E. N. (2007). "Evolution of the vertebrate eye: Opsins, photoreceptors, retina and eye cup." *Nature Reviews Neuroscience* 8(12): 960-976; Nickle, B., Robinson, P. R. (2007). "The opsins of the vertebrate retina: Insights from structural, biochemical, and evolutionary studies." *Cellular and Molecular Life Sciences* 64(22): 2917-2932.

78 *Cada tipo usa um receptor*: Kassia St. Claire. (2017). *The Secret Lives of Color*. Nova York: Penguin; Xie, J. Z., Tarczy-Hornoch, K., Lin, J., Cotter, S. A., Torres, M., Varma, R.; Multi-Ethnic Pediatric Eye Disease Study Group. (2014). "Color vision deficiency in preschool children: The multi-ethnic pediatric eye disease study." *Ophthalmology* (7): 1469-1474; Yokoyama, S., Xing, J., Liu, Y., Faggionato, D., Altun, A., Starmer, W. T. (2014). "Epistatic adaptive evolution of human color vision." *PLoS Genetics* 10(12): e1004884.

78 *Os cientistas descobriram que macacos machos daltônicos*: Troscianko, J., Wilson-Aggarwal, J., Griffiths, D., Spottiswoode, C. N., Stevens, M. (2017). "Relative advantages of dichromatic and trichromatic color vision in camouflage breaking." *Behavioral Ecology* 28(2): 556-564; Doron, R., Sterkin, A., Fried, M., Yehezkel, O., Lev, M., Belkin, M., Rosner, M., Solomon, A. S., Mandel, Y., Polat, U. (2019). "Spatial visual function in anomalous trichromats: Is less more?" *PLoS One* 14(1): e0209662; Melin, A. D., Chiou, K. L., Walco, E.

R., Bergstrom, M. L., Kawamura, S., Fedigan, L. M. (2017). "Trichromacy increases fruit intake rates of wild capuchins (*Cebus capucinus imitator*)." *Proceedings of the National Academy of Sciences USA* 114(39): 10402-10407.

79 *Segundo um artigo publicado na revista* Time *em 1940*: Se estiver interessado em ler o artigo original da *Time*, acesse este site: <http://content.time.com/time/magazine/article/0,9171,772387,00.html>.

79 *Concetta Antico é um bom exemplo da superioridade genética*: Richard Roche, Sean Commins, Francesca Farina. (2018). *Why Science Needs Art: From Historical to Modern Day Perspectives*. Abingdon: Routledge.

80 *Você já se perguntou por que seu animal de estimação*: Se quiser saber mais sobre como a genética dita as necessidades individuais específicas de alimentação, leia Shäron Moalem. (2016). *The DNA Restart: Unlock Your Personal Genetic Code to Eat for Your Genes, Lose Weight, and Reverse Aging*. Nova York: Rodale. O artigo a seguir também fornece uma boa visão geral sobre a genética da produção de vitamina C: Drouin, G., Godin, J. R., Pagé, B. (2011). "The genetics of vitamin C loss in vertebrates." *Currenty Genomics* 12(5): 371-378.

80 *Todos os outros mamíferos do planeta*: Nishikimi, M., Kawai, T., Yagi, K. (1992). "Guinea pigs possess a highly mutated gene for L-gulono-gamma-lactone oxidase, the key enzyme for L-ascorbic acid biosynthesis missing in this species." *Journal of Biological Chemistry* 267(30): 21967-21972; Cui, J., Yuan, X., Wang, L., Jones, G., Zhang, S. (2011). "Recent loss of vitamin C biosynthesis ability in bats." *PLoS One* 6(11): e27114.

81 *Pesquisas sobre o comportamento de um dos nossos parentes primatas*: Melin, A. D., Chiou, K. L., Walco, E. R., Bergstrom, M. L., Kawamura, S., Fedigan, L. M. (2017). "Trichromacy increases fruit intake rates of wild capuchins (*Cebus*

capucinus imitator)." *Proceedings of the National Academy of Sciences USA* 114(39): 10402-10407.

81 *Outras pesquisas realizadas com macaco-rhesus*: Melin, A. D., Kline, D. W., Hickey, C. M., Fedigan, L. M. (2013). "Food search through the eyes of a monkey: A functional substitution approach for assessing the ecology of primate color vision." *Vision Research* 86: 87-96; Nevo, O., Valenta, K., Razafimandimby, D., Melin, A. D., Ayasse, M., Chapman, C. A. (2018). "Frugivores and the evolution of fruit colour." *Biology Letters* 14(9); Michael Price. "You can thank your fruit-hunting ancestors for your color vision." *Science*, 19 de fevereiro de 2017.

85 *Rita Levi-Montalcini estava desempregada*: Chao, M. V., Calissano, P. (2013). "Rita Levi-Montalcini: In memoriam." *Neuron* 77(3): 385-387; Chirchiglia, D., Chirchiglia, P., Pugliese, D., Marotta, R. (2019). "The legacy of Rita Levi-Montalcini: From nerve growth factor to neuroinflammation." *Neuroscientist*. doi: 10.1177/1073858419827273; Federico, A. (2013). "Rita Levi--Montalcini, one of the most prominent Italian personalities of the twentieth century." *Neurological Sciences* 34(2): 131-133.

87 *Quando entram no tubo respiratório das abelhas*: Cepero, A., Martín-Hernández, R., Prieto, L., Gómez-Moracho, T., Martínez-Salvador, A., Bartolomé, C., Maside, X., Meana, A., Higes, M. (2015). "Is *Acarapis woodi* a single species? A new PCR protocol to evaluate its prevalence." *Parasitology Research* 114(2): 651-658; Ochoa, R., Pettis, J. S., Erbe, E., Wergin, W. P. (2005). "Observations on the honey bee tracheal mite *Acarapis woodi* (Acari: Tarsonemidae) using low-temperature scanning electron microscopy." *Experimental and Applied Acarology* 35(3): 239-249.

89 *Hoje chamamos esse composto proteico misterioso e antes desconhecido*: Manca, A., Capsoni, S., Di Luzio, A., Vignone, D., Malerba, F., Paoletti, F., Brandi, R., Arisi, I., Cattaneo, A., Levi--Montalcini, R. (2012). "Nerve growth factor regulates axial

rotation during early stages of chick embryo development." *Proceedings of the National Academy of Sciences USA* 109(6): 2009-2014; Levi-Montalcini, R. (2000). "From a home-made laboratory to the Nobel Prize: An interview with Rita Levi Montalcini." *The International Journal of Developmental Biology* 44(6): 563-566.

89 *Outras importantes neurotrofinas que foram identificadas*: Götz, R., Köster, R., Winkler, C., Raulf, F., Lottspeich, F., Schartl, M., Thoenen, H. (1994). "Neurotrophin-6 is a new member of the nerve growth factor family." *Nature* 372(6503): 266-269; Skaper, S. D. (2017). "Nerve growth factor: A neuroimmune crosstalk mediator for all seasons." *Immunology* 151(1): 1-15.

89 *A quantidade de neurotrofinas presentes em nosso corpo*: De Assis, G. G., Gasanov, E. V., De Sousa, M. B. C., Kozacz, A., Murawska-Cialowicz, E. (2018). "Brain derived neutrophic factor, a link of aerobic metabolism to neuroplasticity." *Journal of Physiology and Pharmacology* 69(3); Mackay, C. P., Kuys, S. S., Brauer, S. G. (2017). "The effect of aerobic exercise on brain-derived neurotrophic factor in people with neurological disorders: A systematic review and meta-analysis." *Neural Plasticity*. doi: 10.1155/2017/4716197.

90 *"o vira-lata mais dócil que eu já vi"*: Susan Tyler Hitchcock. (2004). *Rita Levi-Montalcini (Women in Medicine)*. Langhorne, PA: Chelsea House; Yount, L. (2009). *Rita Levi-Montalcini: Discoverer of Nerve Growth Factor (Makers of Modern Science)*. Langhorne, PA: Chelsea House.

90 *Mais de quarenta anos depois, pelo trabalho que ela havia começado*: Bradshaw, R. A. (2013). "Rita Levi-Montalcini (1909-2012)." *Nature* 493(7432): 306; Levi-Montalcini, R., Knight, R. A., Nicotera, P., Nisticó, G., Bazan, N., Melino, G. (2011). "Rita's 102!!" *Molecular Neurobiology* 43(2): 77-79; Chao, M. V., Calissano, P. (2013). "Rita Levi-Montalcini: In memoriam." *Neuron* 77(3): 385-387.

90 *O cérebro humano é dispendioso em termos metabólicos*: Lennie, P. (2003). "The cost of cortical computation." *Current Biology* 13(6): 493-497; Magistretti, P. J., Allaman, I. (2015). "A cellular perspective on brain energy metabolism and functional imaging." *Neuron* 86(4): 883-901.

91 *Evidências de vários estudos neurocientíficos*: Rodríguez-Iglesias, N., Sierra, A., Valero, J. (2019). "Rewiring of memory circuits: Connecting adult newborn neurons with the help of microglia." *Frontiers in Cell and Developmental Biology* 7: 24.

91 *Algumas das últimas pesquisas neurocientíficas envolvem*: Paolicelli, R. C., Bolasco, G., Pagani, F., Maggi, L., Scianni, M., Panzanelli, P., Giustetto, M., Ferreira, T. A., Guiducci, E., Dumas, L., Ragozzino, D., Gross, C. T. (2011). "Synaptic pruning by microglia is necessary for normal brain development." *Science* 333(6048): 1456-1458; Salter, M. W., Stevens, B. (2017). "Microglia emerge as central players in brain disease." *Nature Medicine* 23(9): 1018-1027.

92 *Essa teoria já circulava na comunidade científica*: Weinhard, L., Di Bartolomei, G., Bolasco, G., Machado, P., Schieber, N. L., Neniskyte, U., Exiga, M., Vadisiute, A., Raggioli, A., Schertel, A., Schwab, Y., Gross, C. T. (2018). "Microglia remodel synapses by presynaptic trogocytosis and spine head filopodia induction." *Nature Communications* 9(1): 1228.

92 *Hoje achamos que os microgliócitos desempenham um papel significativo*: Van der Poel, M., Ulas, T., Mizee, M. R., Hsiao, C. C., Miedema, S. S. M., Adelia, Schuurman, K. G., Helder, B., Tas, S. W., Schultze, J. L., Hamann, J., Huitinga, I. (2019). "Transcriptional profiling of human microglia reveals grey-white matter heterogeneity and multiple sclerosis-associated changes." *Nature Communications* 10(1): 1139; Zrzavy, T., Hametner, S., Wimmer, I., Butovsky, O., Weiner, H. L., Lassmann, H. (2017). "Loss of 'homeostatic' microglia and patterns of their activation in active multiple sclerosis." *Brain* 140(7): 1900-1913.

92 *Agora que despertaram nosso interesse da perspectiva patológica*: Para mais informações sobre o papel emergente que os micrógliócitos podem desempenhar no desenvolvimento de várias doenças, veja os seguintes artigos: Felsky, D., Roostaei, T., Nho, K., Risacher, S. L., Bradshaw, E. M., Petyuk, V., Schneider, J. A., Saykin, A., Bennett, D. A., De Jager, P. L. (2019). "Neuropathological correlates and genetic architecture of microglial activation in elderly human brain." *Nature Communications* 10(1): 409; Inta, D., Lang, U. E., Borgwardt, S., Meyer-Lindenberg, A., Gass, P. (2017). "Microglia activation and schizophrenia: Lessons from the effects of minocycline on postnatal neurogenesis, neuronal survival and synaptic pruning." *Schizophrenia Bulletin* 43(3): 493-496; Regen, F., Hellmann-Regen, J., Costantini, E., Reale, M. (2017). "Neuroinflammation and Alzheimer's disease: Implications for microglial activation." *Current Alzheimer Research* 14(11): 1140-1148; Sellgren, C. M., Gracias, J., Watmuff, B., Biag, J. D., Thanos, J. M., Whittredge, P. B., Fu, T., Worringer, K., Brown, H. E., Wang, J., Kaykas, A., Karmacharya, R., Goold, C. P., Sheridan, S. D., Perlis, R. H. (2019). "Increased synapse elimination by microglia in schizophrenia patient-derived models of synaptic pruning." *Nature Neuroscience* 22(3): 374-385.

92 *Um estudo* post-mortem *recente e relativamente grande*: Meltzer, A., Van de Water. J. (2017). "The role of the immune system in autism spectrum disorder." *Neuropsychopharmacology* 42(1): 284-298.

95 *Nos idos da década de 1960, havia muita ênfase sobre o cromossomo Y:* Borgaonkar, D. S., Murdoch, J. L., McKusick, V. A., Borkowf, S. P., Money, J. W., Robinson, B. W. (1968). "The YY syndrome." *The Lancet* 2(7565): 461-462; Nielsen, J., Stürup, G., Tsuboi, T., Romano, D. (1969). "Prevalence of the XYY syndrome in an institution for psychologically abnormal criminals." *Acta Psychiatrica Scandinavica* 45(4): 383-401; Fox, R. G. (1971). "The XYY offender: A modern myth?" *Journal of Criminal Law & Criminology* 62(1): 59-73.

97 *O que sabemos sobre o gene MAOA*: Godar, S. C., Fite, P. J., McFarlin, K. M., Bortolato, M. (2016). "The role of monoamine oxidase A in aggression: Current translational developments and future challenges." *Progress in Neuro-Psychopharmacology & Biological Psychiatry* 69: 90-100.

97 *É exatamente isso que um geneticista holandês*: Brunner, H. G., Nelen, M., Breakefield, X. O., Ropers, H. H., Van Oost, B. A. (1993). "Abnormal behavior associated with a point mutation in the structural gene for monoamine oxidase A." *Science* 262(5133): 578-580.

98 *Desde o artigo original de Brunner*: Godar, S. C., Bortolato, M., Castelli, M. P., Casti, A., Casu, A., Chen, K., Ennas, M. G., Tambaro, S., Shih, J. C. (2014). "The aggression and behavioral abnormalities associated with monoamine oxidase A deficiency are rescued by acute inhibition of serotonin reuptake." *Journal of Psychiatric Research* 56: 1-9; Godar, S. C., Bortolato, M., Frau, R., Dousti, M., Chen, K., Shih, J. C. (2011). "Maladaptive defensive behaviours in monoamine oxidase A-deficient mice." *The International Journal of Neuropsychopharmacology* 14(9): 1195-1207; Scott, A. L., Bortolato, M., Chen, K., Shih, J. C. (2008). "Novel monoamine oxidase A knock out mice with human-like spontaneous mutation." *NeuroReport* 19(7): 739-743.

98 *Caracterizado equivocadamente como "gene guerreiro"*: McDermott, R., Tingley, D., Cowden, J., Frazzetto, G., Johnson, D. D. (2009). "Monoamine oxidase A gene (*MAOA*) predicts behavioral aggression following provocation." *Proceedings of the National Academy of Sciences USA* 106(7): 2118-2123; Chester, D. S., DeWall, C. N., Derefinko, K. J., Estus, S., Peters, J. R., Lynam, D. R., Jiang, Y. (2015). "Monoamine oxidase A (*MAOA*) genotype predicts greater aggression through impulsive reactivity to negative affect." *Behavioral Brain Research* 283: 97-101; González-Tapia, M. I., Obsuth, I. (2015). "'Bad genes' and criminal responsibility." *International Journal of Law and Psychiatry* 39: 60-71.

99 *Ele também havia lido um artigo que descrevia o gene MAOA*: Para mais informações sobre o gene *MAOA*, veja Hunter, P. (2010). "The psycho gene." *EMBO Reports* 11(9): 667-669.

100 *Indiquei-lhe ainda um artigo*: Palmer, E. E., Leffler, M., Rogers, C., Shaw, M., Carroll, R., Earl, J., Cheung, N. W., Champion, B., Hu, H., Haas, S. A., Kalscheuer, V. M., Gecz, J., Field, M. (2016). "New insights into Brunner syndrome and potential for targeted therapy." *Clinical Genetics* 89(1): 120-127.

102 *Todo mundo nasce com traços bons e ruins, é isso que nos torna humanos*: Esta citação foi extraída da tese de pós-graduação de Sarah Anne Murphy, intitulada "Born to Rage?: A Case Study of the Warrior Gene", que pode ser encontrada no site: <https://wakespace.lib.wfu.edu/bitstream/handle/10339/37295/Murphy_wfu_024M_10224.pdf>.

4 | Vigor: Por Que as Mulheres Vivem Mais que os Homens?

105 *Nossa expectativa de vida vem aumentando significativamente*: Adair, T., Kippen, R., Naghavi, M., Lopez, A. D. (2019). "The setting of the rising sun? A recent comparative history of life expectancy trends in Japan and Australia." *PLoS One* 14(3): e0214578; GBD 2015 Mortality and Causes of Death Collaborators. (2016). "Global, regional, and national life expectancy, all-cause mortality, and cause-specific mortality for 249 causes of death, 1980-2015: A systematic analysis for the Global Burden of Disease Study." *The Lancet* 388(10053): 1459-1544. Para ler um artigo que se concentra principalmente em países com indivíduos longevos, incluindo o Japão, veja Marina Pitofsky. "What countries have the longest life expectancies." *USA Today*, 27 de julho de 2018, disponível em: < https://eu.usatoday.com/story/news/2018/07/27/life-expectancies-2018-japan-switzerland-spain/848675002/>.

106 *Até mesmo no Afeganistão, um país com uma das expectativas de vida mais baixas do mundo*: Para mais dados e informações, veja a Pesquisa sobre Mortalidade no Afeganistão de 2010 no site da United States Agency for International Development: <https://www.usaid.gov/sites/default/files/documents/1871/Afghanistan%20Mortality%20Survey%20Key%20Findings.pdf>.

106 *Ainda assim, é bem maior que a do londrino do século XVII*: Para saber mais sobre esse tópico, veja Griffin, J. P. (2008). "Changing life expectancy throughout history." *Journal of the Royal Society of Medicine* 101(12): 577.

106 *Em um livro publicado em 1662*: Benjamin, B., Clarke, R. D., Beard, R. E., Brass, W. (1963). "A discussion on demography." Proceedings of the *Royal Society of London, Series B, Biological Sciences* 159(74): 38-65.

106 *Durante a Grande Peste de Londres*: John Kelly. (2005). *The Great Mortality: An Intimate History of the Black Death, the Most Devastating Plague of All Time*. Nova York: Harper; Greenberg, S. J. (1997). "The 'dreadful visitation': Public health and public awareness in seventeenth-century London." *Bulletin of the Medical Library Association* 85(4): 391-401; Raoult, D., Mouffok, N., Bitam, I., Piarroux, R., Drancourt, M. (2013). "Plague: History and contemporary analysis." *Journal of Infection* 66(1): 18-26. Para obter mais informações sobre a mortalidade provocada pela peste bubônica em Londres entre os séculos XIV e XVII, veja Twigg, G. (1992). "Plague in London: Spatial and temporal aspects of mortality", disponível em: <https://www.history.ac.uk/cmh/epitwig.html>.

106-7 *Para ajudar a prever e rastrear as mortes prematuras*: Para saber mais sobre o importante papel que as pesquisadoras da morte desempenharam na história de Londres, veja Munkhoff, R. (1999). "Searchers of the dead: Authority, marginality, and the interpretation of plague in England, 1574-1665." *Gender & History* 11(1): 1-29.

107 *Os documentos, conhecidos como Tábuas de Mortalidade*: Morabia, A. (2013). "Epidemiology's 350th anniversary: 1662-2012." *Epidemiology* 24(2): 179-183; Slauter, W. (2011). "Write up your dead." *Medical History* 17(1): 1-15.

108 *Edmond Halley, inglês do século XVII*: Bellhouse, D. R. (2011). "A new look at Halley's life table." *Journal of the Royal Statistical Society —Series A* 174(3): 823-832; Halley, E. (1693): "An estimate of the degrees of the mortality of mankind, drawn from curious tables of the births and funerals at the city of Breslaw; with an attempt to ascertain the price of annuities upon lives." *Philosophical Transactions of the Royal Society of London* 17: 596-610; Mary Virginia Fox. (2007). *Scheduling the Heavens: The Story of Edmond Halley*. Greensboro, N. C.: Morgan Reynolds; John Gribbin, Mary Gribbin. (2017). *Out of the Shadow of a Giant: Hooke, Halley, and the Birth of Science*. New Haven, CT: Yale University Press.

108 *O artigo de Halley contribuiu sobremaneira*: Anders Hald. (2003). *A History of Probability and Statistics and Their Applications Before 1750*. Hoboken, NJ: John Wiley and Sons.

108 *Os achados de Graunt a respeito da sobrevida das mulheres*: Peter Sprent, Nigel C. Smeeton. (2007). *Applied Nonparametric Statistical Methods*. Boca Raton, FL: CRC Press.

108 *No mundo todo, as mulheres são mais longevas*: Existem muitas publicações sobre a longevidade feminina. Se quiser ler mais a respeito desse assunto, pode começar por estes artigos: Marais, G. A. B., Gaillard, J. M., Vieira, C., Plotton, I., Sanlaville, D., Gueyffier, F., Lemaitre, J. F. (2018). "Sex gap in aging and longevity: Can sex chromosomes play a role?" *Biology of Sex Differences* 9(1): 33; Pipoly, I., Bokony, V., Kirkpatrick, M., Donald, P. F., Szekely, T., Liker, A. (2015). "The genetic sex-determination system predicts adult sex ratios in tetrapods." *Nature* 527(7576): 91-94; Austad, S. N., Fischer, K. E. (2016). "Sex differences in lifespan." *Cell Metabolism* (6): 1022-1033.

109 *A história de Marguerite de La Rocque*: Existe uma discussão a respeito da ilha exata em que Marguerite foi abandonada. A localização mais provável é Belle Isle, embora algumas pessoas tenham sugerido outros locais. Se quiser, você pode ler o romance histórico baseado na história de Marguerite: Elizabeth Boyer. (1975). *Marguerite de La Roque: A Story of Survival*. Novelty, OH: Veritie Press.

111 *A história da Expedição Donner*: Existem vários relatos sobre a jornada fatídica da expedição Donner. Para conhecer alguns, veja: Donald L. Hardesty. (2005). *The Archaeology of the Donner Party*. Reno: University of Nevada Press; Grayson, D. K. (1993). "Differential mortality and the Donner Party disaster." *Evolutionary Anthropology* 2: 151-159.

112 *A expectativa de vida dos ucranianos antes da calamidade*: As expectativas de vida foram publicadas em: France Meslé, Jacques Vallin (2012). *Mortality and Causes of Death in 20th-Century Ukraine*. Nova York: Springer Science and Business Media. Considera-se que a obra de Meslé e Vallin é baseada em referências históricas e estatísticas sólidas, as mais confiáveis para a época. Para mais informações, veja Zarulli, V., Barthold Jones, J. A., Oksuzyan, A., Lindahl-Jacobsen, R., Christensen, K., Vaupel, J. W. (2018). "Women live longer than men even during severe famines and epidemics." *Proceedings of the National Academy of Sciences USA* 115(4): E832-E840.

112 *Os homens podem ser mais altos, ter maior porte, mais massa muscular*: Para mais informações sobre algumas das diferenças físicas entre homens e mulheres, veja Ellen Casey, Joel Press J., Monica Rho M. (2016). *Sex Differences in Sports Medicine*. Nova York: Springer Publishing.

112 *Os dados do século XIX e do início do século XX*: Lindahl-Jacobsen, R., Hanson, H. A., Oksuzyan, A., Mineau, G. P., Christensen, K., Smith, K. R. (2013). "The male-female health-survival paradox and sex differences in cohort life expectancy

in Utah, Denmark, and Sweden 1850-1910." *Annals of Epidemiology* 23(4): 161-166.

112 *O número de homens que exercem atividades mais perigosas*: Para saber quais são as causas de lesões ocupacionais fatais nos Estados Unidos, veja Clougherty, J. E., Souza, K., Cullen, M. R. (2010). "Work and its role in shaping the social gradient in health." *Annals of the New York Academy of Sciences* 1186: 102-124; Bureau of Labor Statistics. "Census of fatal occupational injuries summary, 2017", disponível em: <https://www.bls.gov/news.release/cfoi.nr0.htm>.

113 *No entanto, um estudo realizado na Alemanha também descobriu*: Austad, S. N., Fischer, K. E. (2016). "Sex differences in lifespan." *Cell Metabolism* 23(6): 1022-1033; Luy, M. (2003). "Causes of male excess mortality: Insights from cloistered populations." *Population and Development Review* 29(4): 647-676.

114 *Estamos descobrindo que dos mil genes*: Tukiainen, T., Villani, A. C., Yen, A., Rivas, M. A., Marshall, J. L., Satija, R., Aguirre, M., Gauthier, L., Fleharty, M., Kirby, A., Cummings, B. B., Castel, S. E., Karczewski, K. J., Aguet, F., Byrnes, A.; GTEx Consortium; Laboratory, Data Analysis and Coordinating Center (LDACC) — Analysis Working Group; Statistical Methods groups — Analysis Working Group; Enhancing GTEx (eGTEx) groups; NIH Common Fund; NIH/NCI; NIH/NHGRI; NIH/NIMH; NIH/NIDA; Biospecimen Collection Source Site — NDRI; Biospecimen Collection Source Site — RPCI; Biospecimen Core Resource — VARI; Brain Bank Repository — University of Miami Brain Endowment Bank; Leidos Biomedical — Project Management; ELSI Study; Genome Browser Data Integration &Visualization — EBI; Genome Browser Data Integration and Visualization — UCSC Genomics Institute, University of California Santa Cruz; Lappalainen, T., Regev, A., Ardlie, K. G., Hacohen, N., MacArthur, D. G. (2017). "Landscape of X chromosome inactivation across human tissues." *Nature* 550(7675): 244-248;

Snell, D. M., Turner, J. M. A. (2018). "Sex chromosome effects on male-female differences in mammals." *Current Biology* 28(22): R1313-R1324; Raznahan, A., Parikshak, N. N., Chandran, V., Blumenthal, J. D., Clasen, L. S., Alexander-Bloch, A. F., Zinn, A. R., Wangsa, D., Wise, J., Murphy, D. G. M., Bolton, P. F., Ried, T., Ross, J., Giedd, J. N., Geschwind, D. H. (2018). "Sex-chromosome dosage effects on gene expression in humans." *Proceedings of the National Academy of Sciences USA* 115(28): 7398-7403; Balaton, B. P., Dixon-McDougall, T., Peeters, S. B., Brown, C. J. (2018). "The eXceptional nature of the X chromosome." *Human Molecular Genetics* 27(R2): R242-R249.

116 *Há mais de dez mil anos, as circunstâncias*: Marcel Mazoyer, Laurence Roudart. (2006). *A History of World Agriculture: From the Neolithic Age to the Current Crisis*. Nova York: Monthly Review Press.

116 *O uso do fogo para cozinhar os alimentos, que dominamos muito antes*: Attwell, L., Kovarovic, K., Kendal, J. (2015). "Fire in the Plio-Pleistocene: The functions of hominin fire use, and the mechanistic, developmental and evolutionary consequences." *Journal of Anthropological* Sciences 93: 1-20; Gowlett, J. A. (2016). "The discovery of fire by humans: A long and convoluted process." *Philosophical Transactions of the Royal Society of London — Series B: Biological Sciences* 371: 1696.

121 *Foi exatamente o que começou a acontecer no verão de 1771*: Dribe, M., Olsson, M., Svensson, P. (2015). "Famines in the Nordic countries, AD 536-1875." *Lund Papers in Economic History* 138: 1-41; Zarulli, V., Barthold Jones, J. A., Oksuzyan, A., Lindahl-Jacobsen, R., Christensen, K., Vaupel, J. W. (2018). "Women live longer than men even during severe famines and epidemics." *Proceedings of the National Academy of Sciences USA* 115(4): E832-E840.

122 *Inclusive registros de óbito e dados censitários*: Dados de Zarulli, V. "Biology makes women and girls survivors", 15 de julho

de 2018, disponível em: <http://sciencenordic.com/biology-makes-women-and-girls-survivors>; bem como o artigo que a dra. Virginia Zarulli publicou em coautoria no the *PNAS*: Zarulli, V., Barthold Jones, J. A., Oksuzyan, A., Lindahl-Jacobsen, R., Christensen, K., Vaupel, J. W. (2018). "Women live longer than men even during severe famines and epidemics." *Proceedings of the National Academy of Sciences USA* 115(4): E832-E840.

125 *A batata domesticada (*Solanum tuberosum L.*) é tão essencial*: Andrew F. Smith. (2011). *Potato: A Global History*. Londres: Reaktion Books; Machida-Hirano, R. (2015). "Diversity of potato genetic resources." *Breeding Science* 65(1): 26-40; Camire, M. E., Kubow, S., Donnelly, D. J. (2009). "Potatoes and human health." *Critical Reviews in Food Science and Nutrition* 49(10): 823-840.

127 *As batatas domesticadas, por outro lado*: Comai L. (2005). The advantages and disadvantages of being polyploid. *Nature Reviews Genetic* (11): 836-846; Tanvir-Ul-Hassan Dar, Reiaz-Ul Rehman. (2017). *Polyploidy: Recent Trends and Future Perspectives*. Nova York: Springer.

133 *Crianças com síndrome de Hunter podem ter*: Muenzer, J., Jones, S. A., Tylki-Szymańska, A., Harmatz, P., Mendelsohn, N. J., Guffon, N., Giugliani, R., Burton, B. K., Scarpa, M., Beck, M., Jangelind, Y., Hernberg-Stahl, E., Larsen, M. P., Pulles, T., Whiteman, D. A. H. (2017). "Ten years of the Hunter Outcome Survey (HOS): Insights, achievements, and lessons learned from a global patient registry." *Orphanet Journal of Rare Diseases* 12(1): 82.

133 *Quando conheci Simon, ele já recebia*: Whiteman, D. A., Kimura, A. (2017). "Development of idursulfase therapy for mucopolysaccharidosis type II (Hunter syndrome): The past, the present and the future." *Drug Design, Development and Therapy* 11: 2467-2480; Muenzer, J., Giugliani, R., Scarpa, M., Tylki-Szymańska, A., Jego, V., Beck, M. (2017). "Clinical

outcomes in idursulfase-treated patients with mucopolysaccharidosis type II: 3-year data from the Hunter Outcome Survey (HOS)." *Orphanet Journal of Rare Diseases* 12(1): 161; Sohn, Y. B., Cho, S. Y., Park, S. W., Kim, S. J., Ko, A. R., Kwon, E. K., Han, S. J., Jin, D. K. (2013). "Phase I/II clinical trial of enzyme replacement therapy with idursulfase beta in patients with mucopolysaccharidosis II (Hunter syndrome)." *Orphanet Journal of Rare Diseases* 8: 42.

138 *Ela ganhou a ultramaratona de Moab 240, uma corrida de 384 quilômetros*: Se quiser ler mais sobre Courtney, veja: Ariella Gintzler. "How Courtney Dauwalter won the Moab 240 outright: The 32-year-old gapped second place (and first male) by 10 hours." *Trail Runner Magazine*, 18 de outubro de 2017, disponível em: <https://trailrunnermag.com/people/news/courtney-dauwalter-wins-moab 240.html>.

139 *"Às vezes, quando saio de casa, não sei se vai ser"*: Esta citação foi extraída do seguinte artigo: Taylor Rojek. "There's no stopping ultrarunner Courtney Dauwalter: The 33-year-old ultrarunner is smashing records — and she doesn't plan on slowing down." *Runner's World*, 3 de agosto de 2018.

139 *A* Montane Spine Race *é outra duríssima corrida de ultrarresistência*: Angie Brown. "The longer the race, the stronger we get." *BBC Scotland*, 17 de janeiro de 2019, disponível em: <https://www.bbc.com/news/uk-scotland-edinburgh-east-fife-46906365>.

140 *"Todos aqueles caras saem na frente, e horas depois eu os alcanço"*: Esta citação foi extraída do seguinte artigo: Meaghan Brown. "The longer the race, the stronger we get." *Outside*, 11 de abril de 2017, disponível em: <https://www.outsideonline.com/2169856/longer-race-stronger-we-get>.

140 *"Quando estava vindo para a corrida, pensei que talvez pudesse subir ao pódio"*: Esta citação foi extraída do seguinte artigo, que traz mais informações sobre a vitória de Kolbinger:

Helen Pidd. "Cancer researcher becomes first women to win 4,000 km cycling race." *The Guardian*, 6 de agosto de 2019, disponível em: <https://www.theguardian.com/sport/2019/aug/06/fiona-kolbinger-first-woman-win-transcontinental-cycling-race>.

5 | Superimunidade: Os Custos e Benefícios da Superioridade Genética

143 *Ao longo dos últimos séculos, a varíola tem sido a fonte*: Ghio, A. J. (2017). "Particle exposure and the historical loss of Native American lives to infections." *American Journal of Respiratory and Critical Care Medicine* 195(12): 1673; Shchelkunov, S. N. (2011). "Emergence and reemergence of smallpox: The need for development of a new generation smallpox vaccine." *Vaccine* 29 (Suppl 4): D49-53; Voigt, E. A., Kennedy, R. B., Poland, G. A. (2016). "Defending against smallpox: A focus on vaccines." *Expert Review of Vaccines* 15(9): 1197-1211.

143 *Lançou uma campanha intensa de erradicação da varíola*: Para mais informações sobre esse tópico, veja: Frank Fenner, Donald A. Henderon, Isao Arita, Zdeněk Ježek, Ivan D. Ladnyi. (1988). *Smallpox and Its Eradication*. Genebra: World Health Organization; Jack W. Hopkins. (1989). *The Eradication of Smallpox: Organizational Learning and Innovation in International Health*. Boulder, CO: Westview Press.

144 *Surgem então sintomas característicos da gripe*: Reardon, S. (2014). "Infectious diseases: Smallpox watch." *Nature* 509(7498): 22-24.

145 *Em 1980, a Organização Mundial da Saúde declarou oficialmente que a varíola tinha sido erradicada*: Para saber mais sobre esse feito extraordinário da OMS de erradicar totalmente a varíola em todo o mundo, veja World Health Organization. "The Smallpox Eradication Programme

— SEP (1966-1980)", disponível em: <https://www.who.int/features/2010/smallpox/en/>.

146 *A grande narrativa da extraordinária façanha científica*: D'Amelio, E., Salemi, S., D'Amelio, R. (2016). "Anti-infectious human vaccination in historical perspective." *International Reviews of Immunology* 35(3): 260-290; Hajj Hussein, I., Chams, N., Chams, S., El Sayegh, S., Badran, R., Raad, M., Gerges-Geagea, A., Leone, A., Jurjus, A. (2015). "Vaccines through centuries: Major cornerstones of global health." *Frontiers in Public Health* 3: 269.

146 *Por seu trabalho com os cucos, Jenner foi eleito membro*: Riedel, S. (2005). "Edward Jenner and the history of smallpox and vaccination." *Proceedings (Baylor University. Medical Center)* 18(1): 21-25.

146 *Existem algumas histórias sobre como Jenner*: Damaso, C. R. (2018). "Revisiting Jenner's mysteries, the role of the Beaugency lymph in the evolutionary path of ancient smallpox vaccines." *The Lancet Infectious Diseases* 18(2): e55-e63.

147 *A varíola bovina e a varíola humana são causadas*: Mucker, E. M., Hartmann, C., Hering, D., Giles, W., Miller, D., Fisher, R., Huggins, J. (2017). "Validation of a *pan*-orthopox real-time PCR assay for the detection and quantification of viral genomes from nonhuman primate blood." *Virology Journal* 14(1): 210.

147 *Para tanto, Jenner usou James Phipps*: Veja o seguinte artigo para obter mais informações a respeito do debate sobre o uso ético de seres humanos em pesquisas clínicas: Davies, H. (2007). "Ethical reflections on Edward Jenner's experimental treatment." *Journal of Medical Ethics* 33(3): 174-176.

148 *O pai da imunologia teve seu artigo rejeitado*: Riedel, S. (2005). "Edward Jenner and the history of smallpox and vaccination." *Proceedings (Baylor University. Medical Center)* 18(1): 21-25.

148 *O médico enfim publicou seu trabalho*: Jenson, A. B., Ghim, S. J., Sundberg, J. P. (2016). "An inquiry into the causes and effects of the variolae (or Cow-pox. 1798)." *Experimental Dermatology* 25(3): 178-180.

148 *No final, ele chegou a receber financiamento*: Para mais informações sobre Jenner, veja: London School of Hygiene e Tropical Medicine. Edward Jenner (1749-1823), disponível em: <https://www.lshtm.ac.uk/aboutus/introducing/history/frieze/edward-jenner>.

149 *Dez anos após os experimentos iniciais de Jenner*: Rusnock, A. (2009). "Catching cowpox: The early spread of smallpox vaccination, 1798-1810." *Bulletin of the History of Medicine* 83(1): 17-36.

149 Lady *Mary Montagu nasceu em 26 de maio de 1689*: Dinc, G., Ulman, Y. I. (2007). "The introduction of variolation 'A La Turca' to the West by Lady Mary Montagu and Turkey's contribution to this." *Vaccine* 25(21): 4261-4265; Rathbone, J. (1996). "Lady Mary Wortley Montague's contribution to the eradication of smallpox." *The Lancet* 347(9014): 1566.

150 *"A propósito de doenças infecciosas, vou lhe contar uma coisa"*: Barnes, D. (2012). "The public life of a woman of wit and quality: Lady Mary Wortley Montagu and the vogue for smallpox inoculation." *Feminist Studies* 38(2): 330-362; Weiss, R. A., Esparza, J. (2015). "The prevention and eradication of smallpox: A commentary on Sloane (1755) 'An account of inoculation'." *Philosophical Transactions of the Royal Society of London — Series B: Biological Sciences* 370 (1666).

150 *O que* Lady *Montagu provavelmente não sabia*: Dinc, G., Ulman, Y. I. (2007). "The introduction of variolation 'A La Turca' to the West by Lady Mary Montagu and Turkey's contribution to this." *Vaccine* 25(21): 4261-4265; Simmons, B. J., Falto-Aizpurua, L. A., Griffith, R. D., Nouri, K. (2015). "Smallpox: 12,000 years from plagues to eradication: A dermatologic ailment shaping the face of society." *JAMA Dermatology* 151(5): 521.

151 *As mulheres, quando são provocadas imunologicamente*: Flanagan, K. L., Fink, A. L., Plebanski, M., Klein, S. L. (2017). "Sex and gender differences in the outcomes of vaccination over the life course." *Annual Review of Cell and Developmental Biology* 33: 577-599; Klein, S. L., Pekosz, A. (2014). "Sex-based biology and the rational design of influenza vaccination strategies." *Journal of Infection Diseases* 3: S114-119.

151 *"Sou bastante patriota para me dar o trabalho"*: Weiss, R. A., Esparza, J. (2015). "The prevention and eradication of smallpox: A commentary on Sloane (1755) 'An account of inoculation'." *Philosophical Transactions of the Royal Society of London — Series B: Biological Sciences* 370: 1666.

153 *Maitland recebeu uma licença real para fazer uma experiência*: Stone, A. F., Stone, W. D. (2002). "Lady Mary Wortley Montagu: Medical and religious controversy following her introduction of smallpox inoculation." *Journal of Medical Biography* 10(4): 232-236.

153 *A* Philosophical Transactions of the Royal Society *publicou alguns artigos*: Weiss, R. A., Esparza, J. (2015). "The prevention and eradication of smallpox: A commentary on Sloane (1755) 'An account of inoculation'." *Philosophical Transactions of the Royal Society of London — Series B: Biological Sciences* 370: 1666.

154 *Usando a técnica desenvolvida pelo pai*: Embora não tivesse formação médica ou científica, Sutton inoculou milhares de pessoas contra a varíola e fez várias observações interessantes. Para saber detalhes de sua intrigante vida, veja: Boylston, A. (2012). "Daniel Sutton, a forgotten 18th century clinician scientist." *Journal of the Royal Society of Medicine* 105(2): 85-87.

154 *"O ar do palácio estava infectado"*: Essa citação foi extraída de Weiss, R. A., Esparza, J. (2015). "The prevention and eradication of smallpox: A commentary on Sloane (1755) 'An

account of inoculation'." *Philosophical Transactions of the Royal Society of London — Series B: Biological Sciences* 370: 1666.

155 *As células B têm cerca de 100 mil cópias idênticas*: Bruce Alberts, Alexander Johnson, Julian Lewis, Martin Raff, Keith Roberts e Peter Walter. (2002). *Molecular Biology of the Cell*. 4. ed. Nova York: Garland Science; Li, J., Yin, W., Jing, Y., Kang, D., Yang, L., Cheng, J., Yu, Z., Peng, Z., Li, X., Wen, Y., Sun, X., Ren, B., Liu, C. (2019). "The coordination between B cell receptor signaling and the actin cytoskeleton during B cell activation." *Frontiers in Immunology* 9: 3096.

157 *As mulheres costumam sentir mais dor e ter mais efeitos colaterais*: Klein, S. L., Pekosz, A. (2014). "Sex-based biology and the rational design of influenza vaccination strategies." *Journal of Infection Diseases* 209 Suppl 3: S114-9; Klein, S. L., Marriott, I., Fish, E. N. (2015). "Sex-based differences in immune function and responses to vaccination." *Transactions of the Royal Society of Tropical Medicine and Hygiene* 109(1): 9-15.

158 *Em termos geográficos, a cidade de Atlanta, nos Estados Unidos*: Nalca, A., Zumbrun, E. E. (2010). "ACAM2000: The new smallpox vaccine for United States Strategic National Stockpile." *Drug Design, Development and Therapy* 4: 71-79; Nagata, L. P., Irwin, C. R., Hu, W. G., Evans, D. H. (2018). "Vaccinia-based vaccines to biothreat and emerging viruses." *Biotechnology & Genetic Engineering Reviews* 34(1): 107-121; Petersen, B. W., Damon, I. K., Pertowski, C. A., Meaney-Delman, D., Guarnizo, J. T., Beigi, R. H., Edwards, K. M., Fisher, M. C., Frey, S. E., Lynfield, R., Willoughby, R. E. (2015). "Clinical guidance for smallpox vaccine use in a postevent vaccination program." *MMWR Recommendations and Reports* (RR-02): 1-26; Habeck, M. (2002). "UK awards contract for smallpox vaccine." *The Lancet Infectious Diseases* 2(6): 321; Stamm, L. V. (2015). "Smallpox redux?" *JAMA Dermatology* 151(1): 13-14; Wiser, I., Balicer, R. D., Cohen,

D. (2007). "An update on smallpox vaccine candidates and their role in bioterrorism related vaccination strategies." *Vaccine* 25(6): 976-984.

158 *Algumas de minhas próprias pesquisas diziam respeito ao desenvolvimento*: Para saber mais sobre a história da peste negra, veja um de meus livros anteriores: Shäron Moalem e Jonathan M. Prince. (2007). *Survival of the Sickest: A Medical Maverick Discovers Why We Need Disease*. Nova York: William Morrow.

158 *A letalidade da* Y. pestis *é amplificada*: Muitos patógenos bacterianos e fúngicos que infectam seres humanos e animais e causam doenças dependem da disponibilidade e aquisição de ferro. É interessante observar que muitos desses microrganismos, ou microrganismos relacionados, também infectam plantas, insetos e outras espécies vertebradas. Para mais informações e uma lista de outras bactérias que dependem de ferro para sua patogenicidade, veja os seguintes artigos: Moalem, S., Weinberg, E. D., Percy, M. E. (2004). "Hemochromatosis and the enigma of misplaced iron: Implications for infectious disease and survival." *BioMetals* 17(2): 135-139; Holden, V. I., Bachman, M. A. (2015). "Diverging roles of bacterial siderophores during infection." *Metallomics* 7(6): 986-995; Lyles, K. V., Eichenbaum, Z. (2018). "From host heme to iron: The expanding spectrum of heme degrading enzymes used by pathogenic bacteria." *Frontiers in Cellular and Infection Microbiology* 8: 198; Nevitt, T. (2011). "War-Fe-re: Iron at the core of fungal virulence and host immunity." *BioMetals* 24(3): 547-558; Rakin, A., Schneider, L., Podladchikova, O. (2012). "Hunger for iron: The alternative siderophore iron scavenging systems in highly virulent *Yersinia*." *Frontiers in Cellular and Infection Microbiology* 2: 151.

159 *Se essa bactéria adquirir a capacidade genética de obter*: Perry, R. D., Fetherston, J. D. (2011). "Yersiniabactin iron uptake: Mechanisms and role in *Yersinia pestis* pathogenesis." *Microbes and Infection* 13(10): 808-817.

160-1 *Os homens genéticos que nascem com agamaglobulinemia ligada ao X*: Berglöf, A., Turunen, J. J., Gissberg, O., Bestas, B., Blomberg, K. E., Smith, C. I. (2013). "Agammaglobulinemia: Causative mutations and their implications for novel therapies." *Expert Review of Clinical Immunology* 9(12): 1205-1221.

162 *Alguns receptores de reconhecimento de padrões, como os genes*: Souyris, M., Cenac, C., Azar, P., Daviaud, D., Canivet, A., Grunenwald, S., Pienkowski, C., Chaumeil, J., Mejía, J. E., Guéry, J. C. (2018). "TLR7 escapes X chromosome inactivation in immune cells." *Science Immunology* 3(19).

163 *Infelizmente, vimos o que acontece quando elas não estão funcionando em casos como o de David Vetter*: Para mais informações sobre a vida de David Vetter, veja as seguintes publicações: Berg, L. J. (2008). "The 'bubble boy' paradox: An answer that led to a question." *Journal of Immunology* 181(9): 5815-5816; Hollander, S. A., Hollander, E. J. (2018). "The boy in the bubble and the baby with the Berlin heart: The dangers of 'bridge to decision' in pediatric mechanical circulatory support." *ASAIO Journal* 64(6): 831-832. Há também uma lista de artigos e resumos sobre a história e a doença dele no site da Immune Deficiency Foundation: <https://primaryimmune.org/living-pi-explaining-pi-others/story-david>.

164 *Pode ser que os homens tenham de receber*: Klein, S. L., Pekosz, A. (2014). "Sex-based biology and the rational design of influenza vaccination strategies." *Journal of Infection Diseases* 3: S114-119.

165 *Cerca de 5 milhões de pessoas, na maioria mulheres, têm essa doença no mundo*: Rider, V., Abdou, N. I., Kimler, B. F., Lu, N., Brown, S., Fridley, B. L. (2018). "Gender bias in human systemic lupus erythematosus: A problem of steroid receptor action?" *Frontiers in Immunology* 9: 611.

165 *"O lobo, temo, está me estraçalhando por dentro"*: Donald E. Thomas. (2014). *The Lupus Encyclopedia: A Comprehensive Guide for Patients and Families*. Baltimore: Johns Hopkins University Press.

166 *Estimativas dos National Institutes of Health (NIH)*: Para mais informações sobre doenças autoimunes, veja o *site:* <https://www.niehs.nih.gov/health/materials/autoimmunediseases508.pdf>.

166 *As doenças autoimunes afetam sobretudo as mulheres*: Chiaroni-Clarke, R. C., Munro, J. E., Ellis, J. A. (2016). "Sex bias in paediatric autoimmune disease — not just about sex hormones?" *Journal of Autoimmunity* 69: 12-23; Gary S. Firestein, Ralph C. Budd, Sherine E. Gabriel, Iain B. McInnes, James R. O'Dell. (2017). *Kelley and Firestein's Textbook of Rheumatology*. Nova York: Elsevier.

166 *Em 1900, Paul Ehrlich, que poucos anos depois receberia o Prêmio Nobel*: Mackay, I. R. (2010). "Travels and travails of autoimmunity: A historical journey from discovery to rediscovery." *Autoimmun Rev* 9(5): A251-258; Silverstein, A. M. (2001). "Autoimmunity versus horror autotoxicus: The struggle for recognition." *Nature Immunology* 2(4): 279-281.

168 *Enquanto nossas células B produzem antibióticos para combater patógenos*: Cruz-Adalia, A., Ramirez-Santiago, G., Calabia-Linares, C., Torres-Torresano, M., Feo, L., Galán-Díez, M., Fernández-Ruiz, E., Pereiro, E., Guttmann, P., Chiappi, M., Schneider, G., Carrascosa, J. L., Chichón, F. J., Martínez Del Hoyo, G., Sánchez-Madrid, F., Veigam E. (2014). "T cells kill bacteria captured by transinfection from dendritic cells and confer protection in mice." *Cell Host & Microbe* 15(5): 611-622; Cruz-Adalia, A., Veiga, E. (2016). "Close encounters of lymphoid cells and bacteria." *Frontiers in Immunology* 7: 405.

168 *A maioria das células T não sai viva*: Daley, S. R., Teh, C., Hu, D. Y., Strasser, A., Gray, D. H. D. (2017). "Cell death and

thymic tolerance." *Immunological Reviews* 277(1): 9-20; Kurd, N., Robey, E. A. (2016). "T-cell selection in the thymus: A spatial and temporal perspective." *Immunological Reviews* 271(1): 114-26; Xu, X., Zhang, S., Li, P., Lu, J., Xuan, Q., Ge, Q. (2013). "Maturation and emigration of single-positive thymocytes." *Clinical and Developmental Immunology* . doi: 10.1155/2013/282870.

169 *Tudo tem a ver com um gene chamado regulador autoimune*: Berrih-Aknin, S., Panse, R. L., Dragin, N. (2018). "AIRE: A missing link to explain female susceptibility to autoimmune diseases." *Annals of the New York Academy of Sciences* 1412(1): 21-32; Dragin, N., Bismuth, J., Cizeron-Clairac, G., Biferi, M. G., Berthault, C., Serraf, A., Nottin, R., Klatzmann, D., Cumano, A., Barkats, M., Le Panse, R., Berrih-Aknin, S. (2016). "Estrogen-mediated Downregulation of AIRE influences sexual dimorphism in autoimmune diseases." *Journal of Clinical Investigation* 126(4): 1525-1537; Passos, G. A., Speck-Hernandez, C. A., Assis, A. F., Mendes-da-Cruz, D. A. (2018). "Update on Aire and thymic negative selection." *Immunology* 153(1): 10-20; Zhu, M. L., Bakhru, P., Conley, B., Nelson, J. S., Free, M., Martin, A., Starmer, J., Wilson, E. M., Su, M. A. (2016). "Sex bias in CNS autoimmune disease mediated by androgen control of autoimmune regulator." *Nature Communications* 7: 11350.

172 *O que não sabemos ainda é se a inativação preferencial do X*: Ishido, N., Inoue, N., Watanabe, M., Hidaka, Y., Iwatani, Y. (2015). "The relationship between skewed X chromosome inactivation and the prognosis of Graves' and Hashimoto's diseases." *Thyroid* 25(2): 256-261; Kanaan, S. B., Onat, O. E., Balandraud, N., Martin, G. V., Nelson, J. L., Azzouz, D. F., Auger, I., Arnoux, F., Martin, M., Roudier, J., Ozcelik, T., Lambert, N. C. (2016). "Evaluation of X chromosome inactivation with respect to HLA genetic susceptibility in rheumatoid arthritis and systemic sclerosis." *PLoS One* 11(6): e0158550; Simmonds, M. J., Kavvoura, F. K., Brand, O. J.,

Newby, P. R., Jackson, L. E., Hargreaves, C. E., Franklyn, J. A., Gough, S. C. (2014). "Skewed X chromosome inactivation and female preponderance in autoimmune thyroid disease: An association study and meta-analysis." *Journal of Clinical Endocrinology and Metabolism* 99(1): E127-131.

173 *De acordo com os dados compilados pela American Cancer Society:* Siegel, R. L., Miller, K. D., Jemal, A. (2017). "Cancer statistics, 2017." *CA: A Cancer Journal for Clinicians* 67(1): 7-30.

173 *Os números mais recentes de novos casos de câncer:* Para obter uma lista completa dos tipos de câncer e sua incidência, veja o site do National Cancer Institute's Surveillance, Epidemiology, and End Results (SEER) Program: <https://seer.cancer.gov>.

174 *Tanto o elefante africano como o asiático têm diversas cópias*: Abegglen, L. M., Caulin, A. F., Chan, A., Lee, K., Robinson, R., Campbell, M. S., Kiso, W. K., Schmitt, D. L., Waddell, P. J., Bhaskara, S., Jensen, S. T., Maley, C. C., Schiffman, J. D. (2015). "Potential mechanisms for cancer resistance in elephants and comparative cellular response to DNA damage in humans." *The Journal of the American Medical Association — JAMA* 14(17): 1850-1860.

175 *Os elefantes também têm cópias extras de um gene*: Vazquez, J. M., Sulak, M., Chigurupati, S., Lynch, V. J. (2018). "A zombie LIF gene in elephants is upregulated by TP53 to induce apoptosis in response to DNA damage." *Cell Reports* 24(7): 1765-1776.

176 *Elas têm genes supressores de tumor que escapam da inativação do X*: Dunford, A., Weinstock, D. M., Savova, V., Schumacher, S. E., Cleary, J. P., Yoda, A., Sullivan, T. J., Hess, J. M., Gimelbrant, A. A., Beroukhim, R., Lawrence, M. S., Getz, G., Lane, A. A. (2017). "Tumor-suppressor genes that escape from X-inactivation contribute to cancer sex bias." *Nature Genetics* 49(1): 10-16; Wainer Katsir, K., Linial, M. (2019). "Human

genes escaping X-inactivation revealed by single cell expression data." *BMC Genomics* 20(1): 201; Carrel, L., Brown, C. J. (2017). "When the Lyon(ized chromosome) roars: Ongoing expression from an inactive X chromosome." *Philosophical Transactions of the Royal Society of London — Series B: Biological Sciences* 372(1733).

6 | Bem-Estar: Por Que a Saúde das Mulheres Não É Igual a dos Homens?

179 *A conduta médica sempre se pautou por estudos*: Veja os artigos a seguir para uma introdução a esse tópico: Lee, H., Pak, Y. K., Yeo, E. J., Kim, Y. S., Paik, H. Y., Lee, S. K. (2018). "It is time to integrate sex as a variable in preclinical and clinical studies." *Experimental & Molecular Medicine* 50(7): 82; Ramirez, F. D., Motazedian, P., Jung, R. G., Di Santo, P., MacDonald, Z., Simard, T., Clancy, A. A., Russo, J. J., Welch, V., Wells, G. A., Hibbert, B. (2017). "Sex bias is increasingly prevalent in preclinical cardiovascular research: Implications for translational medicine and health equity for women; A systematic assessment of leading cardiovascular journals over a 10-year period." *Circulation* 135(6): 625-626; Rich-Edwards, J. W., Kaiser, U. B., Chen, G. L., Manson, J. E., Goldstein, J. M. (2018). "Sex and gender differences research design for basic, clinical, and population studies: Essentials for investigators." *Endocrine Reviews* 39(4): 424-439; Shansky, R. M., Woolley, C. S. (2016). "Considering sex as a biological variable will be valuable for neuroscience research." *The Journal of Neuroscience* 36(47): 11817-11822; Weinberger, A. H., McKee, S. A., Mazure, C. M. (2010). "Inclusion of women and gender-specific analyses in randomized clinical trials of treatments for depression." *Journal of Women's Health* 19(9): 1727-1732.

180 *Em relação a metais como zinco e ferro*: Para mais informações sobre ferro e as diferentes necessidades de homens

e mulheres, veja as informações dos National Institutes of Health: <https://ods.od.nih.gov/factsheets/Iron-HealthProfessional>. Quanto ao zinco, o site correspondente pode ser encontrado em: <https://ods.od.nih.gov/factsheets/Zinc-HealthProfessional/>.

181 *A FDA publicou um documento*: As orientações a seguir para o setor foram publicadas em 1987. Para mais informações, veja U. S. Food and Drug Association. (Fevereiro de 1987). "Format and content of the nonclinical pharmacology/toxicology section of an application", disponível em: <https://www.fda.gov/downloads/Drugs/GuidanceComplianceRegulatoryInformation/Guidances/UCM079234.pdf>.

181 *O documento continha a seguinte declaração*: A citação foi extraída do site da FDA e pode ser encontrada em: <https://www.fda.gov/scienceresearch/specialtopics/womenshealthresearch/ucm472932.htm>.

182 *Pesquisas realizadas nas décadas de 1980 e 1990 para analisar as solicitações de registro de novos medicamentos*: Para uma visão geral histórica e uma atualização mais recente sobre a inclusão e exclusão de mulheres em estudos clínicos, veja Thibaut, F. (2017). "Gender does matter in clinical research. *European Archives of Psychiatry and Clinical Neuroscience* 267(4): 283-284; Zakiniaeiz, Y., Cosgrove , K. P., Potenza , M. N., Mazure, C. M. (2016). Balance of the sexes: Addressing sex differences in preclinical research." *Yale Journal of Biology and Medicine* 89(2): 255-259; FDA. Gender studies in product development: Historical overview, disponível em: <https://www.fda.gov/ScienceResearch/SpecialTopics/WomensHealthResearch/ucm134466.htm>.

182 *Em 1993, essa discrepância levou o National Institutes of Health*: Para mais informações, veja National Institutes of Health. Políticas e diretrizes do NIH sobre inclusão de mulheres e minorias como participantes de estudos clínicos, disponível em: <https://grants.nih.gov/grants/funding/women-min/guidelines.htm>.

182 *A última pesquisa a abordar a questão de inclusão de mulheres*: Ainda existem muitas discussões sobre se as mulheres são sub-representadas em todas as fases dos estudos clínicos. Há muito trabalho a ser feito, sobretudo na Fase I e na Fase II, para que haja igualdade de sexo em todos os estudos clínicos de medicamentos e tratamentos que serão prescritos para homens e mulheres. Veja o seguinte estudo e comentário para obter informações mais detalhadas sobre esse tópico: Gispen-de Wied, C., De Boer, A. (2018). "Commentary on 'Gender differences in clinical registration trials; is there a real problem?' by Labots *et al*." *British Journal of Clinical Pharmacology* 84(8): 1639-1640; Labots, G., Jones, A., De Visser, S. J., Rissmann, R., Burggraaf, J. (2018). "Gender differences in clinical registration trials: Is there a real problem?" *British Journal of Clinical Pharmacology* 84(4): 700-707; Scott, P. E., Unger, E. F., Jenkins, M. R., Southworth, M. R., McDowell, T. Y., Geller, R. J., Elahi, M., Temple, R. J., Woodcock, J. (2018). "Participation of women in clinical trials supporting FDA approval of cardiovascular drugs." *Journal of the American College of Cardiology* 71(18): 1960-1969.

183 *Em abril de 2013, a FDA enfim reconheceu*: Norman, J. L., Fixen, D. R., Saseen, J. J., Saba, L. M., Linnebur, S. A. (2017). "Zolpidem prescribing practices before and after Food and Drug Administration required product labeling changes." *SAGE Open Medicine*. doi: 10.1177/2050312117707687; Booth, J. N. III, Behring, M., Cantor, R. S., Colantonio, L. D., Davidson, S., Donnelly, J. P., Johnson, E., Jordan, K., Singleton, C., Xie, F., McGwin Jr, G. (2016). "Zolpidem use and motor vehicle collisions in older drivers." *Sleep Medicine* 20: 98-102.

185 *Até mesmo medicamentos isentos de prescrição médica como o Tylenol (paracetamol)*: Rubin, J. B., Hameed, B., Gottfried, M., Lee, W. M., Sarkar, M.; Acute Liver Failure Study Group. (2018). "Acetaminophen-induced acute liver failure is more common and more severe in women." *Clinical Gastroenterology and Hepatology* 6(6): 936-946.

185 *Nem sempre os estudos clínicos levam em consideração*: Clayton, J. A., Collins, F. S. (2014). "Policy: NIH to balance sex in cell and animal studies." *Nature* 509(7500): 282-283; Miller, L. R., Marks, C., Becker, J. B., Hurn, P. D., Chen, W. J., Woodruff, T., McCarthy, M. M., Sohrabji, F., Schiebinger, L., Wetherington, C. L., Makris, S., Arnold, A. P., Einstein, G., Miller, V. M., Sandberg, K., Maier, S., Cornelison, T. L., Clayton, J. A. (2017). "Considering sex as a biological variable in preclinical research." *The FASEB Journal* 31(1): 29-34; Ventura-Clapier, R., Dworatzek, E., Seeland, U., Kararigas, G., Arnal, J. F., Brunelleschi, S., Carpenter, T. C., Erdmann, J., Franconi, F., Giannetta, E., Glezerman, M., Hofmann, S. M., Junien, C., Katai, M., Kublickiene, K., König, I. R., Majdic, G., Malorni, W., Mieth, C., Miller, V. M., Reynolds, R. M., Shimokawa, H., Tannenbaum, C., D'Ursi, A. M., Regitz-Zagrosek, V. (2017). "Sex in basic research: Concepts in the cardiovascular field." *Cardiovascular Research* 113(7): 711-724.

185 *Durante muitos anos, as mulheres tomaram medicamentos como Seldane (terfenadina), um anti-histamínico*: Para ver a lista dos medicamentos que foram retirados do mercado norte-americano entre 1997 e 2000 por causa de evidências de maior risco à saúde das mulheres, consulte este site: <https://www.gao.gov/new.items/d01286r.pdf>.

185 *Mas sabemos, por exemplo, que leva muito mais tempo para as mulheres genéticas eliminarem*: Waxman, D. J., Holloway, M. G. (2009). "Sex differences in the expression of hepatic drug metabolizing enzymes." *Molecular Pharmacology* 76(2): 215-228; Whitley, H. P., Lindsey, W. (2009). "Sex-based differences in drug activity." *American Family Physician* 80(11): 1254-1258.

186 *Na prática, isso quer dizer que as mulheres precisam esperar mais tempo*: Beierle, I., Meibohm, B., Derendorf, H. (1999). "Gender differences in pharmacokinetics and pharmacodynamics." *International Journal of Clinical Pharmacology*

and Therapeutics 37(11): 529-547; Datz, F. L., Christian, P. E., Moore, J. (1987). "Gender-related differences in gastric emptying." *The Journal of Nuclear Medicine* 28(7): 1204-1207; Islam, M. M., Iqbal, U., Walther, B. A., Nguyen, P. A., Li, Y. J., Dubey, N. K., Poly, T. N., Masud, J. H. B., Atique, S., Syed-Abdul, S. (2017). "Gender-based Personalized pharmacotherapy: A systematic review." *Archives of Gynecology and Obstetrics* 295(6):1305-1317.

186 *Zelnorm (tegaserode) é um exemplo*: Chey, W. D., Paré, P., Viegas, A., Ligozio, G., Shetzline, M. A. (2008). "Tegaserod for female patients suffering from IBS with mixed bowel habits or constipation: A randomized controlled trial." *The American Journal of Gastroenterology* 103(5): 1217-1225; Tack, J., Müller-Lissner, S., Bytzer, P., Corinaldesi, R., Chang, L., Viegas, A., Schnekenbuehl, S., Dunger-Baldauf, C., Rueegg, P. (2005). "A randomised controlled trial assessing the efficacy and safety of repeated tegaserod therapy in women with irritable bowel syndrome with constipation." *Gut* 54(12): 1707-1713; Wagstaff, A. J., Frampton, J. E., Croom, K. F. (2003). "Tegaserod: A review of its use in the management of irritable bowel syndrome with constipation in women." *Drugs* 63(11): 1101-1120.

186 *Do mesmo modo, em uma recente reunião do Conselho Consultivo de Saúde da Mulher*: McCullough, L. D., Zeng, Z., Blizzard, K. K., Debchoudhury, I., Hurn, P. D. (2005). "Ischemic nitric oxide and poly (ADP-ribose) polymerase-1 in cerebral ischemia: Male toxicity, female protection." *Journal of Cerebral Blood Flow & Metabolism* 25(4):502-512. Para saber mais, veja National Institutes of Health. "Sex as biological variable: A step toward stronger science, better health", disponível em: < https://orwh.od.nih.gov/about/director/messages/sex-biological-variable>.

188 *Os sintomas dela na verdade não pareciam ser sintomas de incontinência de esforço*: Schierlitz, L., Dwyer, P. L., Rosamilia, A.,

Murray, C., Thomas, E., De Souza, A., Hiscock, R. (2012). "Three-year follow-up of tension-free vaginal tape compared with transobturator tape in women with stress urinary incontinence and intrinsic sphincter deficiency." *Obstetrics & Gynecology* 119(2 Pt 1): 321-327; Kalejaiye, O., Vij, M., Drake, M. J. (2015). "Classification of stress urinary incontinence." *World Journal of Urology* 33(9): 1215-1220.

188 *No final, o verdadeiro "problema" não era incontinência, mas ejaculação feminina*: Para mais informações sobre ejaculação feminina, veja este livro e artigo: Shäron Moalem. (2009). *How Sex Works: Why We Look, Smell, Taste, Feel and Act the Way We Do*. Nova York: HarperCollins; Wimpissinger, F., Stifter, K., Grin, W., Stackl, W. (2007). "The female prostate revisited: Perineal ultrasound and biochemical studies of female ejaculate." *The Journal of Sexual Medicine* 4(5): 1388-1393.

189 *Há mais de 1.500 anos, no entanto, Aristóteles e Galeno*: Korda, J. B., Goldstein, S. W., Sommer, F. (2010). "The history of female ejaculation." *The Journal of Sexual Medicine* 7(5): 1965-1675; Moalem, S., Reidenberg, J. S. (2009). "Does female ejaculation serve an antimicrobial purpose?" *Medical Hypotheses* 73(6): 1069-1071.

189 *No século XVII, Regnier de Graaf, anatomista e médico holandês*: Biancardi, M. F., Dos Santos, F. C. A., De Carvalho, H. F., Sanches, B. D. A., Taboga, S. R. (2017). "Female prostate: Historical, developmental, and morphological perspectives." *Cell Biology International* 41(11): 1174-1183; Korda, J. B., Goldstein, S. W., Sommer, F. (2010). "The history of female ejaculation." *The Journal of Sexual Medicine* 7(5): 1965-1975.

189 *O inglês William Smellie, médico*: Heath, D. (1984). "An investigation into the origins of a copious vaginal discharge during intercourse: 'Enough to wet the bed': That 'is not urine'." *The Journal of Sex Research* 20(2): 194-210.

190 *Se você procurar por "Skene" em um livro de anatomia clínica*: John T. Hansen (2018). *Netter's Clinical Anatomy*. Nova York: Elsevier; Wimpissinger, F., Tscherney, R., Stackl, W. (2009). "Magnetic resonance imaging of female prostate pathology." *The Journal of Sexual Medicine* 6(6): 1704-1711.

190 *Em 2001, o Comitê Internacional Federativo de Terminologia Anatômica*: Shäron Moalem. (2009). *How Sex Works: Why We Look, Smell, Taste, Feel and Act the Way We Do*. Nova York: HarperCollins.

190 *Sabemos também que o fluído liberado por algumas mulheres*: Dietrich, W., Susani, M., Stifter, L., Haitel, A. (2011). "The human female prostate-immunohistochemical study with prostate-specific antigen, prostate-specific alkaline phosphatase, and androgen receptor and 3-D remodeling." *The Journal of Sexual Medicine* 8(10): 2816-2821.

192 *O urologista ao qual eu a encaminhei, especialista em câncer urológico*: Como falei no texto, relatos de adenocarcinoma do duto de Skene (câncer de próstata feminina) são raríssimos, alguns deles com elevação concomitante dos níveis séricos de antígeno específico da próstata (PSA). Para ler mais sobre esse tópico, veja estes artigos: Dodson, M. K., Cliby, W. A., Keeney, G. L., Peterson, M. F., Podratz, K. C. (1994). "Skene's gland adenocarcinoma with increased serum level of prostate-specific antigen." *Gynecologic Oncology* 55(2): 304-307; Korytko, T. P., Lowe, G. J., Jimenez, R. E., Pohar, K. S., Martin, D. D. (2012). "Prostate-specific antigen response after definitive radiotherapy for Skene's gland adenocarcinoma resembling prostate adenocarcinoma." *Urologic Oncology* 30(5): 602-606; Pongtippan, A., Malpica, A., Levenback, C., Deavers, M. T., Silva, E. G. (2004). "Skene's gland adenocarcinoma resembling prostatic adenocarcinoma." *International Journal of Gynecological Pathology* 23(1): 71-74; Tsutsumi, S., Kawahara, T., Hattori, Y., Mochizuki, T., Teranishi, J. I., Makiyama, K., Miyoshi, Y., Otani, M., Uemura, H. (2018).

"Skene duct adenocarcinoma in a patient with an elevated serum prostate-specific antigen level: A case report." *Journal of Medical Case Reports* 12(1): 32; Zaviacic, M., Ablin, R. J. "The female prostate and prostate-specific antigen. (2000). Immunohistochemical localization, implications of this prostate marker in women and reasons for using the term 'prostate' in the human female." *Jornal of Histology & Histopathology* 15(1): 131-142.

193 *Minhas pesquisas se concentravam de modo específico*: Moalem, S., Weinberg, E. D., Percy, M. E. (2004). "Hemochromatosis and the enigma of misplaced iron: Implications for infectious disease and survival." *BioMetals* 17(2): 135-139; Galaris, D., Pantopoulos, K. (2008). "Oxidative stress and iron homeostasis: Mechanistic and health aspects." *Critical Reviews in Clinical Laboratory Sciences* 45(1): 1-23; Kander, M. C., Cui, Y., Liu, Z. (2017). "Gender difference in oxidative stress: A new look at the mechanisms for cardiovascular diseases." *Journal of Cellular and Molecular Medicine* 21(5): 1024-1032; Pilo, F., Angelucci, E. (2018). "A storm in the niche: Iron, oxidative stress and haemopoiesis." *Blood Reviews* 32(1): 29-35.

194 *O gene associado à hemocromatose*: Feder, J. N., Gnirke, A., Thomas, W., Tsuchihashi, Z., Ruddy, D. A., Basava, A., Dormishian, F., Domingo Jr, R., Jr, Ellis, M. C., Fullan, A., Hinton, L. M., Jones, N. L., Kimmel, B. E., Kronmal, G. S., Lauer, P., Lee, V. K., Loeb, D. B., Mapa, F. A., McClelland, E., Meyer, N. C., Mintier, G. A., Moeller, N., Moore, T., Morikang, E., Prass, C. E., Quintana, L., Starnes, S. M., Schatzman, R. C., Brunke, K. J., Drayna, D. T., Risch, N. J., Bacon, B. R., Wolff, R. K. (1996). "A novel MHC class I-like gene is mutated in patients with hereditary haemochromatosis." *Nature Genetics* 13(4): 399-408.

194 *A razão disso é que a maior parte das mulheres perde ferro*: Para saber mais sobre a relação biológica entre ferro e saúde humana, veja o seguinte livro: Shãron Moalem com

Jonathan M. Prince. (2007). *Survival of the Sickest: A Medical Maverick Discovers Why We Need Disease*. Nova York: William Morrow.

195 *Ainda hoje, o tratamento de hemocromatose*: Embora novos tratamentos estejam sendo testados atualmente, além de mudanças nos hábitos alimentares, a flebotomia ou sangria terapêutica ainda é o tratamento mais usado para hemocromatose. Para saber mais sobre esse tópico, leia estes materiais: Robert Root-Bernstein, Michele Root-Bernstein. (1997). *Honey, Mud, Maggots, and Other Medical Marvels: The Science Behind Folk Remedies and Old Wives' Tales*. Boston: Houghton Mifflin; Kowdley, K. V., Brown, K. E., Ahn, J., Sundaram, V. (2019). "ACG Clinical Guideline: Hereditary Hemochromatosis." *The American Journal of Gastroenterology* 114(8): 1202-1218. Para um artigo sobre a história do derramamento de sangue, veja Seigworth, G. R. (1980). "Bloodletting over the centuries." *New York State Journal of Medicine* 80(13): 2022-2028.

198 *A razão pela qual os ventrículos da Venerina têm a mesma espessura*: Mazzotti, G., Falconi, M., Teti, G., Zago, M., Lanari, M., Manzoli, F. A. (2010). "The diagnosis of the cause of the death of Venerina." *Journal of Anatomy* 216(2): 271-274.

198 *Estudos descobriram uma grande variação na capacidade dos médicos*: Wernli, K. J., Henrikson, N. B., Morrison, C. C., Nguyen, M., Pocobelli, G., Blasi, P. R. (2016). "Screening for skin cancer in adults: Updated evidence report and systematic review for the US Preventive Services Task Force." *The Journal of the American Medical Association — JAMA* 316(4): 436-447; Wernli, K. J., Henrikson, N. B., Morrison, C. C., Nguyen, M., Pocobelli, G., Whitlock, E. P. (2016). "Screening for skin cancer in adults: An updated systematic evidence review for the U.S. Preventive Services Task Force." *USPSTF: Agency for Healthcare Research and Quality*. Disponível em: <http://www.ncbi.nlm.nih.gov/books/NBK379854/>.

199 *O melanoma maligno é o tipo menos comum de câncer de pele*: Geller, A. C., Miller, D. R., Annas, G. D., Demierre, M. F., Gilchrest, B. A., Koh, H. K. (2002). "Melanoma incidence and mortality among US whites, 1969-1999." *The Journal of the American Medical Association — JAMA* 288(14): 1719-1720; Rastrelli, M., Tropea, S., Rossi, C. R., Alaibac, M. (2014). "Melanoma: Epidemiology, risk factors, pathogenesis, diagnosis and classification." *In Vivo* 28(6): 1005-1011.

199 *É por isso que existem variações na localização do melanoma.* Embora ainda seja possível o desenvolvimento de melanoma em áreas do corpo que não ficam expostas ao sol (cavidade oral e seios paranasais, por exemplo), em geral a lógica da localização da maior parte dos casos de melanoma é maior exposição aos raios ultravioleta. Veja estes artigos para saber mais sobre esse assunto: Chevalier, V., Barbe, C., Le Clainche, A., Arnoult, G., Bernard, P., Hibon, E., Grange, F. (2014). "Comparison of anatomical locations of cutaneous melanoma in men and women: A population-based study in France." *British Journal of Dermatology* 171(3): 595-601; Lesage, C., Barbe, C., Le Clainche, A., Lesage, F. X., Bernard, P., Grange, F. (2013). "Sex-related location of head and neck melanoma strongly argues for a major role of sun exposure in cars and photoprotection by hair." *Journal of Investigative Dermatology* 133(5): 1205-1211.

200 *O câncer colorretal é mais comum em homens*: Chacko, L., Macaron, C., Burke, C. A. (2015). "Colorectal cancer screening and prevention in women." *Digestive Diseases and Sciences* 60(3): 698-710; Li, C. H., Haider, S., Shiah, Y. J., Thai, K., Boutros, P. C. (2018). "Sex differences in cancer driver genes and biomarkers." *Cancer Research* 78(19): 5527-5537; Radkiewicz, C., Johansson, A. L. V., Dickman, P. W., Lambe, M., Edgren, G. (2017). "Sex differences in cancer risk and survival: A Swedish cohort study." *European Journal of Cancer* 84:130-140.

201 *Estamos começando a perceber que o traumatismo cranioencefálico*: Resch, J. E., Rach, A., Walton, S., Broshek, D. K. (2017). "Sport concussion and the female athlete." *Clinics in Sports Medicine* 36(4): 717-739; Covassin, T., Moran, R., Elbin, R. J. (2016). "Sex differences in reported concussion injury rates and time loss from participation: An update of the National Collegiate Athletic Association Injury Surveillance Program from 2004-2005 through 2008-2009." *Journal of Athletic Training* 51(3): 189-194.

202 *Estudos sobre esportes que têm regras semelhantes para homens e mulheres*: Dick, R. W. (2009). "Is there a gender difference in concussion incidence and outcomes?" *British Journal of Sports Medicine* Suppl 1: i46-50; Yuan, W., Dudley, J., Barber Foss, K. D., Ellis, J. D., Thomas, S., Galloway, R. T., DiCesare, C. A., Leach, J. L., Adams, J., Maloney, T., Gadd, B., Smith, D., Epstein, J. N., Grooms, D. R., Logan, K., Howell, D. R., Altaye, M., Myer, G. D. (2018). "Mild jugular compression collar ameliorated changes in brain activation of working memory after one soccer season in female high school athletes." *Journal of Neurotrauma* 35(11): 1248-1259.

202 *Além disso, de modo geral, as proporções físicas do pescoço e da cabeça*: Resch, J. E., Rach, A., Walton, S., Broshek, D. K. (2017). "Sport concussion and the female athlete." *Clinics in Sports Medicine* 36(4): 717-739; Tierney, R. T., Sitler, M. R., Swanik, C. B., Swanik, K. A., Higgins, M., Torg, J. (2005). "Gender differences in head-neck segment dynamic stabilization during head acceleration." *Medicine & Science in Sports & Exercise* 37(2): 272-279.

204 *Nas mulheres, um nível de hemoglobina abaixo de 12 gramas por decilitro está associado à anemia*: J. Larry Jameson, Anthony S. Fauci, Dennis L. Kasper, Stephen L. Hauser, Dan L. Longo, Joseph Loscalzo. (2018). *Harrison's Principles of Internal Medicine*. 20. ed. Vols. 1 e 2. Nova York: McGraw-Hill Education.

206 *Os poucos estudos feitos até agora*: Harmon, K. G., Drezner, J. A., Gammons, M., Guskiewicz, K. M., Halstead, M., Herring, S. A., Kutcher, J. S., Pana, A., Putukian, M., Roberts, W. O. (2013). American Medical Society for Sports Medicine position statement: Concussion in sport. 47(1): 15-26.

206 *Um exemplo disso pode ser visto nos resultados*: Sollmann, N., Echlin, P. S., Schultz, V., Viher, P. V., Lyall, A. E., Tripodis, Y., Kaufmann, D., Hartl, E., Kinzel, P., Forwell, L. A., Johnson, A. M., Skopelja, E. N., Lepage, C., Bouix, S., Pasternak, O., Lin, A. P., Shenton, M. E., Koerte, I. K. (2017). "Sex differences in white matter alterations following repetitive subconcussivo head impacts in collegiate ice hockey players." *NeuroImage: Clinical* 17: 642-649.

208 *No campo das doenças cardiovasculares, está comprovado*: Chauhan, A., Moser, H., McCullough, L. D. (2017). "Sex differences in ischaemic stroke: Potential cellular mechanisms." *Clinical Science* 131(7): 533-552; King, A. (2011). "The heart of a woman: Addressing the gender gap in cardiovascular disease." *Nature Reviews Cardiology* 8(11): 239-240; Angela H. E. M. Maas, C. Noel Bairey Merz, orgs. (2017). *Manual of Gynecardiology: Female-Specific Cardiology*. Nova York: Springer; Regitz-Zagrosek, V., Kararigas, G. (2017). "Mechanistic pathways of sex differences in cardiovascular disease." *Physiological Reviews* 97(1): 1-37.

210 *Mais de 90% das pessoas diagnosticadas com miocardiopatia de Takotsubo*: A miocardiopatia de Takotsubo foi descrita pela primeira vez pelo dr. Hiraku Sato, em 1990, em uma publicação escrita em japonês. Veja os seguintes artigos para ter mais informações sobre esse tópico: Berry, D. (2013). "Dr. Hikaru Sato and Takotsubo cardiomyopathy or broken heart syndrome." *European Heart Journal* 34(23): 1695; Kurisu, S., Kihara, Y. (2012). "Tako-tsubo cardiomyopathy: Clinical presentation and underlying mechanism." *Journal of Cardiology* 60(6): 429-37; Tofield, A. (2016). "Hikaru Sato

and Takotsubo cardiomyopathy." *European Heart Journal* 37(37): 2812.

211 *Atualmente, cerca de 100 mil pessoas aguardam*: Para a lista mais atualizada do número de pacientes que aguardam um transplante de órgão nos Estados Unidos, acesse este site: <https://unos.org/data/transplant-trends/waiting-list-candidates-by-organ-type/>.

211 *De um modo geral, os rins dos homens contêm mais néfrons*: Tsuboi, N., Kanzaki, G., Koike, K., Kawamura, T., Ogura, M., Yokoo, T. (2014). "Clinicopathological assessment of the nephron number." *Clinical Kidney Journal* 7(2): 107-114.

212 *São os homens que mais precisam de um rim novo*: Lai, Q., Giovanardi, F., Melandro, F., Larghi Laureiro, Z., Merli, M., Lattanzi, B., Hassan, R., Rossi, M., Mennini, G. (2018). "Donor-to-recipient gender match in liver transplantation: A systematic review and meta-analysis." *World Journal of Gastroenterology* 24(20): 2203-2210; Puoti, F., Ricci, A., Nanni-Costa, A., Ricciardi, W., Malorni, W., Ortona, E. (2016). "Organ transplantation and gender differences: A paradigmatic example of intertwining between biological and sociocultural determinants." *Biology of Sex Differences* 7: 35.

212 *Vários estudos clínicos descobriram que o fato de receber*: Martinez-Selles, M., Almenar, L., Paniagua-Martin, M. J., Segovia, J., Delgado, J. F., Arizón, J. M., Ayesta, A., Lage, E., Brossa, V., Manito, N., Pérez-Villa, F., Diaz-Molina, B., Rábago, G., Blasco-Peiró, T., De La Fuente Galán, L., Pascual-Figal, D., Gonzalez-Vilchez, F.; Spanish Registry of Heart Transplantation. (2015). "Donor/recipient sex mismatch and survival after heart transplantation: Only an issue in male recipients? An analysis of the Spanish Heart Transplantation Registry." *Transplant International* 28(3): 305-313; Zhou, J. Y., Cheng, J., Huang, H. F., Shen, Y., Jiang, Y., Chen, J. H. (2013). "The effect of donor-recipient gender mismatch on short- and long-term graft survival in kidney transplantation: A systematic review and meta-analysis." *Clinical Transplantation* 27(5): 764-771.

213 *Algumas dessas diferenças em relação ao desfecho*: Foroutan, F., Alba, A. C., Guyatt, G., Duero Posada, J., Ng Fat Hing, N., Arseneau, E., Meade, M., Hanna, S., Badiwala, M., Ross, H. (2018). "Predictors of 1-year mortality in heart transplant recipients: A systematic review and meta-analysis." *Heart* 104(2): 151-160; Puoti, F., Ricci, A., Nanni-Costa, A., Ricciardi, W., Malorni, W., Ortona, E. (2016). "Organ transplantation and gender differences: A paradigmatic example of intertwining between biological and sociocultural determinants." *Biology of Sex Differences* 7: 35.

Conclusão: A Importância dos Cromossomos Sexuais

217 *A bactéria* Salmonella typhi *pode causar uma infecção terrível*: Yang, Y. A., Chong, A., Song, J. (2018). "Why is eradicating typhoid fever so challenging: Implications for vaccine and therapeutic design." *Vaccines (Basel)* 6(3). Veja também o site da World Health Organization para mais informações: <https://www.who.int/ith/vaccines/typhoidfever/en/>.

217 *A julgar pela diferença de reação física à vacina*: Fischinger, S., Boudreau, C. M., Butler, A. L., Streeck, H., Alter, G. (2019). "Sex differences in vaccine-induced humoral immunity." *Seminars in Immunopathology* 41(2): 239-249; Flanagan, K. L., Fink, A. L., Plebanski, M., Klein, S. L. (2017). "Sex and gender differences in the outcomes of vaccination over the life course." *Annual Review of Cell and Developmental Biology* 33: 577-599; Giefing-Kröll, C., Berger, P., Lepperdinger, G., Grubeck-Loebenstein, B. (2015). "How sex and age affect immune responses, susceptibility to infections, and response to vaccination." *Aging Cell* 14(3): 309-321; Schurz, H., Salie, M., Tromp, G., Hoal, E. G., Kinnear, C. J., Möller, M. (2019). "The X chromosome and sex-specific effects in infectious disease susceptibility." *Human Genomics* 13(1): 2.

219 *Pesquisas recentes descobriram que homens e mulheres usam*: Gershoni, M., Pietrokovski, S. (2017). "The landscape of sex-differential transcriptome and its consequent selection in human adults." *BMC Biology* 15(1): 7.

219 *Vamos rever os números: "Genetic males begin life*: The sex-ratio-at-birth data is available for almost all countries worldwide and is kept by the UN", disponível em: < http://data.un.org/Data.aspx?d=PopDiv&f =variableID%3A52>.

220 *Por volta dos 40 anos de idade, o número de mulheres e homens*: Para mais artigos sobre pesquisas, veja: Dulken, B., Brunet, A. (2015). "Stem cell aging and sex: Are we missing something?" *Cell Stem Cell* 16(6): 588-590; Marais, G. A. B., Gaillard, J. M., Vieira, C., Plotton, I., Sanlaville, D., Gueyffier, F., Lemaitre, J. F. (2018). "Sex gap in aging and longevity: Can sex chromosomes play a role?" *Biology of Sex Differences* 9(1); Ostan, R., Monti, D., Gueresi, P., Bussolotto, M., Franceschi, C., Baggio, G. (2016). "Gender, aging and longevity in humans: An update of an intriguing/neglected scenario paving the way to a gender-specific medicine." *Clinical Science (London)* 130(19): 1711-1725. Para saber mais sobre o cenário demográfico entre homens e mulheres, veja: <https://unstats.un.org/unsd/gender/downloads/WorldsWomen2015_chapter1_t.pdf>.

220 *Das quinze principais causas de morte nos Estados Unidos*: Como a proporção sexual de indivíduos mais velhos não é de 1:1, comparações entre os sexos como esta são sempre pareadas por idade e sexo. Veja o seguinte estudo para saber mais detalhes: Austad, S. N., Fischer, K. E. (2016). "Sex differences in lifespan." *Cell Metabolism* 23(6): 1022-1033.

220 *A história de Tanaka é um exemplo da vantagem de sobrevivência das mulheres*: Se quiser ver algumas fotos e ler mais sobre a vida admirável de Tanaka, acesse estes sites: <http://www.guinnessworldrecords.com/news/2019/3/worlds-oldest-person-confirmed-as-116-year-old-kane-tanaka-from-japan>;

<https://www.bbc.com/news/video_and_audio/headlines/47508517/oldest-living-person-Kane-tanaka-celebrates-getting-the-guiness-world-record>.

221 *Pesquisas recentes que estudaram a proporção por sexo na população adulta de 344 espécies*: Pipoly, I., Bokony, V., Kirkpatrick, M., Donald, P. F., Szekely, T., Liker, A. (2015). "The genetic sex-determination system predicts adult sex ratios in tetrapods." *Nature* 527(7576): 91-94.

Agradecimentos

Sou muito grato a todos os participantes e pacientes de pesquisas que doaram generosamente seu tempo, sangue, tecido e material genético, possibilitando, assim, a realização de muitos dos estudos descritos neste livro e minhas pesquisas sobre as diferenças entre os sexos genéticos. Minha gratidão também a todas as fundações e agências governamentais que financiam doenças raras, por apoiarem meu trabalho de pesquisa. Dentre os muitos colegas pesquisadores, estudantes de doutorado e pós-doutorado, gostaria de agradecer em especial ao professor Jason T. C. Tzen (曾志正), da National Chung Hsing University (NCHU). As discussões e correspondências que mantive durante muitos anos com Jason sobre estratégias biológicas de enfrentamento de várias espécies de plantas e animais a estressores ambientais extremos foram bastante produtivas quando a premissa teórica deste livro começou a tomar forma. Como nossas conversas sempre me lembravam, ainda há muito a descobrir sobre a *Camellia sinensis sinensis*, onde quer que ela cresça.

Gostaria de fazer uma menção especial à grande hospitalidade com que o Centro Internacional de la Papa (CIP) sempre me recebeu. Obrigado, Maria Elena Lanatta, cuja capacidade organizacional estelar forneceu orientação e estrutura às minhas visitas e ao meu trabalho com todo o pessoal do centro. Como muitas das importantes culturas do mundo são originárias dos Andes, por exemplo, a batata, o trabalho do CIP no sentido de proteger a biodiversidade andina e, dessa forma, garantir segurança alimentar para todos nós nunca foi tão essencial. Se há uma coisa que podemos aprender com a história é que é preciso estar sempre muito bem preparados para a eventualidade de outro patógeno destruir nossas plantações e a fome voltar.

Continuo impressionado com o trabalho dos Guardiões da Batata. Ao contrário de muitas outras culturas, as batatas são propagadas por meio de "batatas-sementes", e a estocagem e a proteção de milhares de variedades de batata pelos Guardiões *é* uma apólice de seguro fundamental para toda a humanidade. Como sempre, os Guardiões foram de uma hospitalidade impecável, e a generosidade deles durante as minhas visitas foi comovente. Eu não conseguiria fazer essas pesquisas importantíssimas sem a Associación ANDES, com sua programação e valiosa coordenação profissional. Alejandro Argumedo fez muito mais do que apenas me guiar incessantemente pelo pitoresco Vale Sagrado e o magnífico Peruvian Potato Park. Nossas conversas, durante os longos trajetos de carro em meio a uma belíssima paisagem natural, deram-me muito sobre o que refletir enquanto eu analisava a relação entre condições adversas de plantio e resiliência biológica, e me perguntava o que as batatas poliploides poderiam nos ensinar sobre genética humana.

Agradeço ao *chef* Yoshihiro Murata, do restaurante Kikunoi, cujo domínio da cozinha japonesa é inigualável. Em particular, o grande conhecimento do *chef* Murata sobre uma prática de pesca milenar pouco conhecida me fez ver sob uma ótica inteiramente nova algumas das diferenças na determinação sexual cromossômica entre aves e mamíferos e suas implicações. Nossas conversas sobre as práticas de cultivo históricas e contemporâneas no Japão, e em todo o mundo, foram extremamente enriquecedoras. Um agradecimento especial a todos os agricultores, produtores e pequenos artesãos que me dedicaram seu tempo e transmitiram seus conhecimentos. A devoção inspiradora de vocês à produção incansável de todos os ingredientes especiais usados no *washoku* continua a apoiar e a possibilitar a existência da cozinha japonesa.

Obviamente, sou grato a todos os meus antigos e atuais colaboradores, de pesquisas e operacionais, que me deram o apoio necessário para que eu tivesse tempo de escrever. Por sua extrema eficiência e dedicação, um agradecimento especial a Claire Matthews, minha assistente-executiva. Nos últimos meses, enquanto eu viajava, escrevia e pesquisava, tive de fazer muito malabarismo com os fusos horários, com alguns furacões e um grande terremoto no meio, e ela sempre me manteve na linha e no horário (ou quase sempre) para pegar os voos, comparecer às reuniões e cumprir os prazos.

Sem Colin Dickerman, meu editor na Farrar, Straus e Giraux (FSG), grande entusiasta deste projeto desde o início, este livro não teria sido escrito. Colin, a sua paciência enquanto eu tentava cumprir meus compromissos e arrumar tempo para escrever foi lendária. Sou grato a sua competência e aos seus comentários editoriais de alto nível, que enriqueceram o texto. Ainda estou impressionado com todos os profissionais que tive a oportunidade de conhecer e com os quais trabalhei na FSG, e gostaria de expressar minha gratidão ao restante da equipe, que se dedicou de corpo e alma a este livro: Ian Van Wye, assistente editorial; Janine Barlow, editora de produção; Rodrigo Corral, capista; Richard Oriolo, diagramador; Devon Mazzone, diretor de direitos internacionais; e Lottchen Shivers, minha agente publicitária.

Agradeço também a Laura Stickeney, da Penguin do Reino Unido, cujo entusiasmo em relação a este projeto era palpável e contagioso desde a primeira apresentação, e cujas observações sagazes e comentários editoriais sobre o texto foram fundamentais. Sou imensamente grato também a toda a talentosa equipe do Reino Unido, inclusive a Holly Hunter, assistente editorial; Julie Woon, gerente de marketing; e Kae Smith, minha agente publicitária no Reino Unido.

Meus sinceros agradecimentos a Amanda Moon, minha talentosa editora. Amanda, sou muito grato aos seus conselhos inteligentes e ao seu olhar clínico. Suas perguntas ponderadas, persistentes e perspicazes e suas sugestões foram inestimáveis. Obrigado por me desafiar a ser bastante claro e a me conectar com o leitor.

Agradeço a todos aqueles que leram o texto e fizeram observações e comentários valiosos. Agradeço em especial ao professor Han Brunner, cujo importante trabalho científico me ajudou a refletir e a escrever sobre a relação entre genética humana, desenvolvimento cerebral e as consequências de ter apenas um cromossomo X. Sou grato ao dr. Brunner também por ler cuidadosamente o texto, prestando especial atenção às áreas em que ele é especialista. Obrigado, professor William J. Sullivan, por todo o tempo e energia intelectual que me dedicou com suas reflexões, comentários e opiniões sobre o texto ainda nos estágios preliminares. Bill, você é um comunicador científico talentoso e apaixonado, e um ser humano muito generoso.

Como sempre, agradeço ao meu agente e bom amigo Richard Abate da 3 Arts. Richard, sou eternamente grato aos seus sábios conselhos e à sua inteligência criativa, e ao seu senso de humor, que me ajudou a ficar concentrado ao longo de todo este projeto e de todos os outros em que trabalhamos juntos. E agradeço à indispensável Rachel Kim da 3 Arts, que sempre se certificou de que nos mantivéssemos dentro da programação, fôssemos organizados e razoavelmente pontuais no cumprimento dos nossos vários prazos.

Agradeço a todos os meus amigos e a minha família, por seu amor inabalável e apoio ao longo dos anos. Por fim, não preciso dizer que este livro foi inspirado e dedicado à minha cara-metade, a minha metade melhor.

Impresso por :

Graphium
gráfica e editora

Tel.:11 2769-9056